Wolf W. Lasko · Frank Busemann · Peter Busch

Zehnkampf-Power für Manager

Wolf W. Lasko
Frank Busemann
Peter Busch

Zehnkampf-Power für Manager

Wie Sie
die Erfolgsprinzipien des Sports
für sich und Ihr Business nutzen

GABLER

Bibliografische Information Der Deutschen Bibliothek
Die Deutsche Bibliothek verzeichnet diese Publikation in der Deutschen Nationalbibliografie; detaillierte bibliografische Daten sind im Internet über <http://dnb.ddb.de> abrufbar.

1. Auflage 2005

Lektorat: Barbara Möller

Der Gabler Verlag ist ein Unternehmen von Springer Science+Business Media.
www.gabler.de

Umschlaggestaltung: Nina Faber de.sign, Wiesbaden
Fotos von Frank Busemann:
Rolf Kosecki, Photographie & Sportbildagentur, Bonn. S. 221 privat
Satz: ITS Text und Satz Anne Fuchs, Pfofeld-Langlau
Druck und buchbinderische Verarbeitung: Wilhelm & Adam, Heusenstamm
Gedruckt auf säurefreiem und chlorfrei gebleichtem Papier
Printed in Germany

ISBN 3-409-14267-3

Für unsere Frauen und Kinder:
Katrin, Kathi, Claudia, Lara, Tom und Paula

Inhalt

Was haben Management und Zehnkampf gemeinsam?

Der Auftrag

Gefordert: Ein herausragender Event

Es begann im September 2003 mit dem Auftrag eines neuen Kunden, eines Unternehmens aus der Verpackungsindustrie. Der Vertriebsleiter stellte unser Beratungsunternehmen vor eine anspruchsvolle Aufgabe: „Wir brauchen für unsere Frühjahrstagung etwas ganz Besonderes. Es soll um das Thema Neukundengewinnung gehen, und wir wollen einen richtigen Knaller." Die Frühjahrstagung war seit jeher so etwas wie Kulturgut, ein Teil der Corporate Identity der Firma. Schon zu Anfang, als der Betrieb gerade mal zehn Mitarbeiter zählte, hatte man sich auf diesen Weg begeben. Jedes Jahr ließ sich die Geschäftsleitung ein Highlight einfallen, um der Belegschaft etwas zu bieten. Man veranstaltete Outdoor-Events, Lachseminare, baute ein gallisches Dorf à la Asterix & Obelix auf und vieles mehr. Mit der Größe der Belegschaft wuchs auch der Anspruch an die Events. Entsprechend hoch angesiedelt war die Vorgabe, als wir den Auftrag annahmen.

Bei dieser Tagung sollten wir also das Thema Neukundengewinnung zu einem positiven Seminar-Erlebnis machen – und das Ganze sollte auch noch Spaß bringen. Wir sammelten Ideen im Brainstorming und ließen uns von der Location des Events für das Veranstaltungsmotto inspirieren: die Tagung sollte im Hotel Atlanta in Leipzig stattfinden. Der Gedanke an Sport lag da nahe. Leipzig war 2003/2004 mitten in der Bewerbungsphase für die Olympischen Spiele 2012. Der Name des Hotels sollte übrigens später noch eine entscheidende Rolle spielen ...

Leipzig war von einer Olympia-Euphorie ergriffen, die sich sofort auf uns übertrug. Also würde auch unser Kunde sich davon mitreißen lassen. Die Richtung war klar: Wir sind in Leipzig und haben die Olympia-Begeisterung. Also werden wir die Tagung in einen sportlichen Kontext stellen. Doch Olympia als Ganzes ist nicht konkret genug, also suchten wir nach einer sportlichen Disziplin oder mehreren, die uns einen engeren Rahmen liefern würden. Wir einigten uns schließlich auf den Zehnkampf. Der Zehnkampf bot die besten Analogien zu unseren Seminar- und Trainingsthemen, zum Beispiel den drei mal zehn Erfolgshebeln des Resultings[1]. Bei der vertiefenden Vorbereitung stellten wir erstaunt fest: Jede Einzeldisziplin des Zehnkampfes ließ sich in bestechender Weise in Zusammenhang mit den Erfolgsdisziplinen der eigenen Persönlichkeit und denen im Business setzen.

Schritt für Schritt gingen wir immer weiter in die Details und fanden sehr spannende Parallelen. Doch es fehlte noch ein spektakulärer Ansatz, ein originelles Überraschungsmoment. Wie könnten wir noch mehr Lebendigkeit in das Programm bringen?

Die Lösung: Ein Medaillengewinner musste her!

Wir mussten einen Experten finden, der etwas von der sportlichen Thematik verstand. Und das war der Punkt, wo der Name des Hotels den Hinweis lieferte. Atlanta, Austragungsort der Olympischen Spiele 1996. Ein Bild eines Zehnkämpfers blieb uns damals im Gedächtnis haften, und zwar das Gesicht eines 21-jährigen Bengels auf dem Podium, der mit einem verschmitzten Lächeln in seine Medaille beißt, um zu testen, ob sie denn auch wirklich echt sei. Eine sympathische Szene, die uns und vielen anderen in Erinnerung geblieben war.

Im Januar 2004 stellten wir den Kontakt zu Frank Busemann her. Wir erklärten ihm, dass wir vorhatten, unsere Stärken, die Business-Erfolgsfaktoren, thematisch mit seinem Spezialgebiet, den zehn Mehrkampfdisziplinen, zu verheiraten. Frank Busemann war sofort begeistert angesichts der bestechenden Analogien. Auch unser Kunde war sehr überrascht, wie plastisch und transparent die Angelegenheit werden würde. Doch wir wollten noch ein paar Extras drauflegen, etwas, das noch nie da gewesen war. So führten wir im Vorfeld der Veranstaltung einige Interviews mit den Mitarbeitern, und das brachte uns auf den Mehrwert, den wir liefern würden.

---

1 Unter „Resulting" verstehen wir ein ganzheitliches, an den Resultaten orientiertes Projektmanagement. Dieses Konzept wird beschrieben in Wolf W. Lasko/Peter Busch: Resulting – Projektziel erreicht!, Wiesbaden 2003.

Mitte Februar 2004 fand der Event statt. Natürlich unter dem Aspekt der Arbeit am Thema Neukundengewinnung. Mit rund 160 Personen erarbeiteten wir Ideen und Vorgehensweisen. Doch wer von den Mitarbeitern erwartet oder gehofft hatte, damit sei's das gewesen, der sah sich getäuscht. Meist laufen solche Events so ab, dass man jede Menge Spaß hat, ein bisschen lernt, und ab Montag sitzt jeder wieder im Büro. Man erinnert sich noch gern an das tolle Unterhaltungsprogramm am Wochenende, doch dann geht man an die Arbeit und alles bleibt beim Alten. Nicht so bei diesem Event! Denn hier gingen wir sofort in die Festschreibung und Umsetzung eines Programms zur Neukundengewinnung.

Faszinierend: Die Parallelen zwischen Sport und Management

Ausgehend vom Erfolgsfaktor Kreativität sammelten wir Ideen, schrieben konsequentes und selbstverantwortliches Vorgehen fest, vereinbarten Transparenz, forderten Commitments ein auf die entsprechende Zielgruppenakquise und integrierten die Wahlfreiheit in der Form, dass die Mitarbeiter sich ganz bewusst gegen diverse Kanäle, aber zu Gunsten eines bestimmten Akquisekanals entschieden. Schnell machten wir ihnen klar, dass dieser Kanal auch seine Hemmnisse barg, und so waren wir schon mitten im Thema Rote Linie und Mut. Ganz offen wurden mögliche Hemmungen angesprochen, denn uns ging es um Kooperation im Team, politische Spielchen sollten keinen Platz haben. Diese Arbeit mündete direkt in Spielregeln, die für jeden aufgestellt wurden, an die sich jeder zu halten verpflichtete. Am Ende war somit der erste Schritt auf dem Resultateweg getan. Die Parallelen aus der Welt des Zehnkämpfers Frank Busemann machten das Programm dermaßen eindringlich und anschaulich, dass hier nicht der geringste Zweifel am künftigen Erfolg der Strategie aufkommen konnte.

Wenn wir uns die Verhaltensweisen der wirklich erfolgreichen Unternehmenslenker und Manager ansehen, lassen sich erstaunliche Analogien zum Spitzensport feststellen.

Diese Parallelen ließen uns auch in der Folge nicht mehr los, und wir begannen, noch tiefer zu forschen. Dabei verfestigte sich folgende Erkenntnis immer mehr: Wenn wir uns die Verhaltensweisen der wirklich erfolgreichen Unternehmenslenker und Manager ansehen, lassen sich erstaunliche Analogien zum Spitzensport feststellen. Das Gleiche gilt auch für die Umsetzungsebene in den Unternehmen – die Projekte also. Wann ist ein Projekt erfolgreich und wann ist es gescheitert? Hat das jeweilige Ergebnis etwas zu tun mit dem Verhalten der einzelnen Mitwirkenden? Sind das nicht auch die gleichen Faktoren, die wir von Spitzensportlern kennen? *Selbstverantwortung, Kreativität, Commitment, Disziplin, Mut* ..., um nur einige zu nennen.

Die Idee für dieses Buch

Daraus entstand die Idee für dieses Buch: Als Team aus der unternehmerischen Praxis und dem Spitzensport möchten wir herausarbeiten, welche Erfolgsfaktoren für den Sport wie auch für das Top-Management gleichermaßen gelten. Unser Ziel ist es, Ihnen ein in doppelter Hinsicht bewährtes Instrumentarium an die Hand zu geben, damit Sie Ihr Unternehmen, Ihre Projekte und Ihre Karriere in Zukunft noch erfolgreicher managen können. Der besondere Kick: Sie bekommen gleichzeitig einen spannenden Einblick in die Welt des modernen Zehnkampfs und erfahren, mit welchen mentalen Techniken ein Ausnahmeathlet wie Frank Busemann die sportlichen Herausforderungen gemeistert hat. Beste Zehnkampf-Power für Ihre unternehmerische Praxis!

Erfolgsfaktoren auf drei Ebenen

Dieses Buch funktioniert auf drei Ebenen, die jeweils aufeinander aufbauen. Die Ebene 1 beschreibt die sportliche Seite durch authentische Schilderung der selbst erlebten Erfolgsfaktoren eines Spitzensportlers in den zehn Disziplinen. Was hat es ausgemacht, die Bestzeit über 110 m Hürden zu laufen? Was ist der entscheidende Moment beim Stabhochsprung? Durch welche kreative Idee gelang es Frank Busemann, die Kugel trotz aller widrigen Umstände noch ein paar Meter weiter zu stoßen?

Die zweite Ebene leitet über auf eine Meta-Plattform und arbeitet konkret die Quintessenz der Disziplinen heraus, anhand von Beispielen, unter Hinzuziehung von Biografien mehr oder weniger erfolgreicher Menschen. Diese Ebene bietet Metaphern und Bilder an, um die Erfahrungen aus dem Spitzensport zu transformieren auf eine Umsetzungsebene – die Ebene drei.

Die Umsetzung ins Business wird in Ebene 3 beschrieben, zum Teil anhand aktueller, praxisorientierter Schilderungen von wirklichen Projekten, zum Teil geben wir konkrete Vorschläge, wie Sie die identifizierten Erfolgsfaktoren für das Tagesgeschäft nutzbar machen können. Wir zeigen konkret, wie die Anwendung dieser Faktoren funktionieren kann.

Ein Fallbeispiel zu Beginn der zehn Disziplinen sorgt für einen authentischen Einstieg in das jeweilige Thema, berichtet aus der selbst erlebten Praxis der Autoren. Die drei Autoren kommen jeweils in den drei Ebenen zu Wort. Frank Busemann beschreibt die Erlebnisse auf dem Sportplatz, Wolf W. Lasko leitet über auf die Meta-Plattform der Persönlichkeitsentwicklung, und Peter Busch beschreibt anhand von Umsetzungsprojekten die Transformation in die Tagespraxis.

Start frei für den unternehmerischen Zehnkampf

Den einzelnen Macher-Disziplinen ist jeweils eine bestimmte Disziplin aus dem Zehnkampf zugeordnet. Damit folgt der Aufbau dieses Buches der Reihenfolge, wie sie das Wettkampfregelement für die entsprechenden Zehnkampf-Disziplinen vorgibt.

Sehr wichtig erschien uns die Frage der Zuordnungen: Welcher sportlichen Disziplin entspricht am bestechendsten die unternehmerische? Ein Beispiel: Schon beim ersten Brainstorming dachten wir bei Stabhochsprung sofort an *Mut.* Mit einem Stab seinen eigenen Körper ohne Seil und doppelten Boden auf bis zu sechs Meter Höhe zu katapultieren und dann im freien Fall den Rückweg anzutreten. Das ist mutig!

Konsequentes, unternehmerisches Handeln hat auch mit Mut zu tun. Mit vollem Einsatz zu spielen und z. B. für eine Geschäftsidee auch ein unternehmerisches Risiko einzugehen, vielleicht viel Geld aufs Spiel zu setzen, das ist ebenfalls mutig. So war die erste Zuordnung geboren. Sicherlich werden Sie in diesem Buch Kombinationen finden, die offensichtlich für einander bestimmt sind – andere könnte man an verschiedenen Stellen platzieren und sie erscheinen dem kritischen Leser möglicherweise beliebig gewählt.

Auch kann es inhaltlich zu Überschneidungen kommen. Gehört nicht auch eine Menge *Mut* dazu, sein ganzes Leben umzukrempeln und voll und ganz einer Sache zu widmen, wie wir es unter dem Aspekt *Leidenschaft* beschreiben? So ließen sich diese Beispiele auch auf andere Disziplinen übertragen. Wichtig war für uns, sämtliche identifizierten Erfolgsmerkmale einzufangen und in einen Kontext zu bringen.

Wir laden Sie nun ein, mit uns zum sportlichen und unternehmerischen Zehnkampf anzutreten. Haben Sie Lust, in dieser Königsdisziplin zu starten? Dann viel Spaß beim Lesen und Umsetzen!

Wolf W. Lasko
Frank Busemann
Peter Busch

Frank Busemann – der Zehnkämpfer

Vielen wird der Name Frank Busemann ein Begriff sein. Damit Sie zum Einstieg in dieses Buch aber noch ein bisschen besser vertraut mit seinem Lebens- und Karriereweg werden und seine Berichte zu den einzelnen Disziplinen in ein Gesamtbild einordnen können, beschreibt er hier kurz seine bisherigen Stationen:

Früh übt sich ...

„Gleich nach meiner Geburt im Jahr 1975 schrieb mich mein Vater im Recklinghausener Sportverein ein, dann erst meldete er mich beim Standesamt an. Diese Anekdote zeigt schon, wie prägend der Sport für meine Familie und meine Entwicklung war. Meine Eltern waren sportlich sehr aktiv und hatten sich im Recklinghausener Sportverein kennen gelernt. In jungen Jahren hatte meine Mutter zunächst die Schwimm-Nationalmannschaft unterstützt, wechselte dann zur Leichtathletik, wo sie es im Kugelstoßen und im Sprint zu einigen Titeln brachte. Mein Vater war Westfalenmeister im Zehnkampf.

Die Welt des Sports hat mich von klein auf fasziniert. Ich imitierte schon damals die Großen, immer neugierig auf das, was ich gezeigt bekam. Schon in der Kindergartenzeit zeigte ich meinem Großvater beim Spaziergang zum Spielplatz, wie toll ich rennen konnte, und lief immer erst einmal um den ganzen Platz, bevor ich ihn betrat. Mit Beginn der Grundschule 1982 stellten sich dann erste Erfolge ein.

Erste Titel ...

Ich stieg zunächst mit Fußball, nach kurzer Zeit auch mit Leichtathletik aktiv ins Sportleben ein. Am 01. Mai 1982 bestritt ich meinen ersten Wettkampf. Mit neun Jahren sprang ich mit 4,80 Metern Weite einen inoffiziellen Europarekord.

Als ich mit zehn Jahren aufs Gymnasium wechselte, erlebten meine schulischen Leistungen eine Wende. Aus Angst vor Fehlern schränkte ich, der ich vorher ein recht guter Schüler gewesen war, meine Mitarbeit ein und wurde ein wenig ruhiger. Als Ausgleich trainierte ich immer intensiver und verbesserte mich schnell. Das kam mir später zu Gute, als ich mit 13 Jahren meinen ersten Westfalenmeistertitel erkämpfte.

... und erste Schmerzen

Weitere Titel folgten, so zum Beispiel der nächste Westfalenmeistertitel 1989. Doch schon in diesem Jahr kündigte sich leise an, was sich später unglücklich durch meine ganze Karriere ziehen würde. Durch muskuläre Dysbalancen kamen die ersten Verletzungen, die mich immer wieder aufhielten und vor schwierige Entscheidungen stellten. Schon damals sagten die Ärzte, ich müsse mein Training stark reduzieren, sonst sei mit fatalen körperlichen Folgen zu rechnen. Damals nahm mein Vater mir die Entscheidung ab und erlaubte mir bis zur Heilung meiner Verletzungen nur noch das Laufen.

Mit der Zeit wurde mir das Laufen jedoch einfach zu langweilig. Darum stellte ich zur Auflockerung Hürden auf die Bahn. Daraus ergab sich meine spätere Spezialdisziplin. Bis 1994 war ich ein Hürdenläufer mit vielen nationalen und internationalen Meistertiteln. Meinen ersten Zehnkampf absolvierte ich zum Ende der Saison 1994 und trug mich mit einer Jahres-Weltbestleistung in die Annalen ein.

Nach Abitur und Wehrdienst begann ich eine Ausbildung zum Bankkaufmann, denn schließlich würde ich nicht bis zur Rente von den Preisgeldern leben können. Abends trainierte ich. In diesen Jahren um 1995 herum traten immer wieder Verletzungen auf, manche davon so mysteriös, dass sie die Ärzte ratlos dreinblicken ließen.

Der Höhepunkt: Atlanta 1996

1996 war ein gutes Jahr in zweierlei Hinsicht: Ich entschied mich für den Zehnkampf und gewann bei den Olympischen Spielen in Atlanta die Silbermedaille. Zudem lernte ich an der Berufsschule eine junge Frau kennen, die mein Leben beeinflussen würde.

Die Weltmeisterschaft in Athen 1997 beendete ich als Dritter. Da sich der Abschluss der Ausbildung ankündigte, konzentrierte ich mich nun voll auf den Sport. 1998 begann ich auch ein Wirtschaftsstudium. Das allerdings nur nebenbei.

Das Verletzungspech hielt an. Die zahlreichen Operationen in den Jahren ab 1999 ließen mich erkennen, dass es eine Grenze für den Körper gibt, hinter der keine Regeneration mehr möglich ist. Diese Grenze hatte ich immer wieder gesucht und überschritten. Im Mai 2003 dachte ich zum ersten Mal über ein Ende der Karriere nach, Ende Juni äußerte ich das Ende öffentlich. Kurze Zeit später heiratete ich die junge Frau, die – obwohl selbst keine aktive Sportlerin – seit der Berufsschule an meiner Seite mitgefiebert und mich in allen schwierigen Situationen unterstützt hatte.

Und heute?

Heute gestaltet sich mein Alltag so vielseitig wie mein Zehnkampf früher. Seit einigen Jahren begleite ich die ARD zu den Höhepunkten der Leichtathletik, schreibe für Zeitungen und Zeitschriften und berichte in Unternehmen über meine Erfahrungen. Sportlich bin ich repräsentativ und beratend unterwegs und genieße das Dasein als Hobby-Marathoni."

Vor dem Start: Die Mission

Ohne Feuer kann nichts brennen

Es ist eine kluge Unternehmensweisheit: Wir setzen Ziele, wir vereinbaren in einem Mitarbeitergespräch das Commitment, dann legen wir die Meilensteine fest und controllen diese Umsetzungsschritte. Und dann wird das Ziel erreicht! Tatsächlich? Wie viele deutsche Unternehmen haben in den letzten fünf, sechs, acht Jahren ihre Ziele verfehlt? Aber fröhlich wurden Ziele definiert, verkündet und heruntergebrochen. So auch in einem Konzern der Investitionsgüterindustrie, den wir als Kunden akquiriert hatten. Das Unternehmen hatte bereits eine Menge getan: Man hatte neue Wachstumsziele gesetzt, die Renditenanforderungen erweitert, Anweisungen herausgegeben, die den Außendienststäben die Betreuung von Kleinstkunden verbaten, ebenso wie die Beantwortung von Anfragen von Kleinstkunden. Man hatte sich stärker auf den Export konzentriert, weil hier im Gegensatz zum Inlandsgeschäft und zum Absatz im deutschsprachigen Raum größere Zusatzwachsraten erwartet werden konnten.

Die Organisation war kräftig verändert worden. Bestehende Niederlassungen wurden geschlossen, neue wurden im Ausland eröffnet und alles im Rahmen einer kühlen, klaren, strategischen Vorgehensweise. Alles war berechnet, die Zahlen waren korrekt, die Marktanalysen waren richtig herausgearbeitet worden. Trotzdem schlug die ganze Neuorganisation fehl. Die Renditen ließen sich nicht erreichen.

In den Einzelexportländern eröffnete Büros brachten riesige Minuszahlen rein. Was war geschehen? Nun, um es mit einfachen Worten zu sagen: Der Einzelne identifizierte sich nicht mit den gesetzten Zielen, er verstand sie nicht. Er verstand nicht die Dringlichkeit, er konnte für sich keine persönliche, emotionale Perspektive ableiten. Keine Sogkraft zog ihn in ein Handeln hinein, die Ziele vermittelten kein Wollen, kein Feuer. Nirgends war ein Generator, der Motivation spuckte.

Das, was wir hier beobachten konnten, gilt auch für viele andere Unternehmen: Das Wichtigste, das Feuer, die *Mission,* welche die egoistische Natur des Einzelnen unterstreicht, seinen Antrieb in Gang bringt, fehlt! Nur dann wird das Ganze gelingen. Aber wie geht das? Wie schafft man es, einen solchen Stern an den Himmel zu zeichnen, der wie ein Magnet das Denken und Handeln in die Richtung zieht, wo die Märkte sind?

Der Zehnkampf

Woraus zieht ein Zehnkämpfer das Feuer, das immer wieder seine Motivation schürt? Was ist seine *Mission?* Dazu Frank Busemann:

„Leichtathletik ist für mich eine der faszinierendsten Sportarten, weil sie die elementarsten Bewegungsformen der Menschen (laufen – springen – werfen) in den unterschiedlichsten Variationen beinhaltet. Dabei ist der Name etwas irreführend, weil die Athletik dominiert und die Ausführung, setzt man ein gewisses Maß an Können voraus, alles andere als „leicht" ist.

Die Disziplinen des Zehnkampfes

- 100-Meter-Lauf, Weitsprung, Kugelstoß, Hochsprung, 400-Meter-Lauf am ersten Tag und
- 110-Meter-Hürden, Diskuswurf, Stabhochsprung, Speerwurf und 1 500-Meter-Lauf am zweiten Tag,

repräsentieren einen guten Querschnitt durch die Anforderungen, die die Leichtathletik an die Sportler stellt.

Ein Kurzsprint (100 m), ein Langsprint (400 m), eine Ausdauerstrecke (1 500 m), ein Stoß (Kugelstoß), ein Drehwurf (Diskuswurf), ein Schlagwurf (Speerwurf), ein Horizontalsprung (Weitsprung), ein Vertikalsprung (Hochsprung), ein Vertikalsprung mit Hilfsmittel und turnerischen Anforderungen (Stabhochsprung) und ein Sprint über Hindernisse mit höchsten athletischen und koordinativen Anforderungen (110-Meter-Hürdenlauf) – das alles muss, obwohl es sich in Training und Wettkampf durch die unterschiedlichsten Anforderungen teilweise gegenseitig auszuschließen scheint, gekonnt, beherrscht und geleistet werden.

Der Zehnkampf fordert deshalb den ganzen Athleten, ist wegen der vielfältigen Aufgabenstellungen für jeden aktiven oder passiven Beteiligten hochinteressant und in meinen Augen ein echtes Abenteuer.

Die Strukturen des Wettkampfes und der einzelnen Disziplinen, das „WWW" der äußeren Bedingungen (Wind, Wetter, Wettkampfanlagen), die eigenen Möglichkeiten und die der Gegner, die Länge des Einsatzes und die Gewissheit, nur einige wenige Wettkampfmöglichkeiten innerhalb eines Jahres nutzen zu können – das alles führt zu höchsten Anforderungen mit vielen Un-

Zehnkampf verlangt ein großes Maß an Vorbereitung, Geduld, Erfahrung und gleicht nicht selten einem Drahtseilakt. Nicht umsonst werden Zehnkämpfer ehrfurchtsvoll „Könige der Athleten" genannt.

wägbarkeiten. Aber das ist es ja gerade, was die „Königsdisziplin der Leichtathletik" so reizvoll macht: Der Zehnkampf ist eine Herausforderung, wie man sie nur selten antrifft.

Ich habe es immer als meine Mission empfunden, mich dieser Herausforderung zu stellen, mit meinem Können dagegenzuhalten und mein Bestes zu geben. Denn das ist es, was am Ende ein kaum zu beschreibendes Gefühl der Zufriedenheit und des Glücks aufkommen lässt."

Die Mission als Motor allen Handelns

Wie findet jeder Einzelne seine *Mission* und wie setzt er sie um? Fakt ist, dass in jedem von uns mehr schlummert, als wir leichtfertig annehmen. Jeder Mensch hat besondere Fähigkeiten und Begabungen – Talente. Talente sind jegliche menschlichen Qualitäten, ganz gleich ob künstlerisch, technisch, organisatorisch oder im Bereich des Sozialen oder, oder, oder ... Erfolgreiche Menschen haben ihre Begabung, ihren Weg und ihre Berufung gefunden. Sie leben im Hier und im Jetzt, reiten auf einer Welle der Begeisterung über das, was sie tun und sind davon überzeugt, das Richtige zu tun. Ihr Leben ist für sie ein faszinierendes Abenteuer, bei dem sie jederzeit die Kontrolle behalten, weil sie jedes Detail ganz bewusst wahrnehmen. Und jedes Detail ist ein weiterer Mosaikstein zur Vollendung des Lebenswerkes – ihres persönlichen Glücks.

Gibt es in Ihrem Leben Bereiche, wo Sie mit Ihrer Entwicklung ins Stocken geraten sind, wo Sie sich mehr Zufriedenheit, mehr Erfolg wünschen? Überlegen Sie einmal: Was oder wer hindert Sie daran, die Talente zu erkennen und zu fördern, die Sie von klein auf in sich tragen? Nichts und niemand! Außer Ihnen selbst. Alles, was Sie tun müssen, ist, erkennen und akzeptieren, dass es eine Welt außerhalb der eigenen gibt. Eine Welt der Glücklichen und Erfolgreichen. Dort müssen Sie eintreten wollen. Machen Sie das zu Ihrer persönlichen Vision vom Erfolg. Sie müssen bereit sein, eine Zäsur zu machen und aus der derzeitigen Daseinsform auszubrechen.

Programmieren Sie Ihren Verstand neu

Dazu müssen Sie sich zunächst einmal klarmachen, wer Sie eigentlich sind und wo Sie stehen. Die Person, die jeden Morgen aus dem Spiegel zu Ihnen herüberschaut, wer ist das eigentlich?

Wir alle sind Produkte einer wie auch immer gearteten Erziehung und „Programmierung". Dieser Prozess der Programmierung hört nie auf. Nach den Eltern sind es die Lehrer, Professoren, Ausbilder, Vorgesetzte. Und auch Partner, Freunde, Bekannte und Kollegen weisen uns fleißig darauf hin, was richtig sei – und uns somit in die Schranken. Ständig werden wir in den Verhaltensweisen bestätigt, die konform sind, die niemanden stören, die anderen genehm sind, die andere von uns erwarten. Manchmal so subtil, dass die Manipulation nicht einmal auffällt. Das alles kann uns in der Entfaltung unserer Persönlichkeit behindern. Aber es gibt auch eine gute Nachricht: Sie können etwas daran ändern!

Sie bestimmen, was Sie sehen wollen

Unser Verstand hat die Eigenschaft, immer Recht haben zu wollen. Was bedeutet das? Wenn Sie Ihre Umwelt betrachten und die Eindrücke mit den Ihnen eigenen Programmen bewerten, werden Sie hauptsächlich Dinge wahrnehmen, die positiv Ihren Programmen (Vorstellungen) entsprechen, bei denen Sie mit Ihrer Einschätzung Recht behalten. Auf diese Weise bestätigen Sie ständig die in Ihnen ablaufenden Programme. Ergebnis: Sie werden zum Spiegelbild Ihrer Umgebung.

Wenn Du ein Schiff bauen willst, dann trommle nicht Männer zusammen, um Holz zu beschaffen, Aufgaben zu vergeben und die Arbeit einzuteilen, sondern lehre sie die Sehnsucht nach dem weiten, endlosen Meer.

Antoine de Saint-Exupéry

Überspitzt formuliert: Wenn Sie gelernt haben, ausschließlich Grün wahrzunehmen, werden Sie in einer Welt mit Millionen Farben auch nur Grün sehen (wollen). Wenn Sie gelernt haben, dass Karrierestreben unsozial ist, werden Sie höchstwahrscheinlich ewig auf einer mittleren Hierarchie-Ebene fest kleben. Und wenn man Ihnen das Programm mitgegeben hat, dass ein eigenes Haus im Wert von rund 250 000 Euro erstrebenswert sei, dann werden Sie genau dieses bekommen. Nicht aber die Traumvilla im Süden für eine Million. Und warum? Weil andere gesagt haben, das sei gut so. Für Sie genau das Richtige. Blödsinn!

So eine Programmierung ist weder sinnvoll noch zeitgemäß. Sie hindert Menschen an der Entfaltung ihrer Persönlichkeit, ihrer

Möglichkeiten und konserviert Traditionen und Verhaltensweisen, die nicht mehr in diese Welt passen. Denn was wir zuerst lernen, unsere ersten Programme im Kindesalter, rührt her aus dem Leben und der Erfahrungswelt der Älteren.

Entwerfen Sie eine neue Vision für sich

Aber Sie haben die Möglichkeit, eine alte Programmierung zu überwinden. Wie? Ersetzen Sie sie durch eine neue! Dazu benötigen Sie eine Vision, eine Vorstellung Ihrer persönlichen Zukunft. Die Frage ist zunächst: „Sind Sie glücklich?“ Einige von Ihnen werden, wenn sie ehrlich sind, mit „nein“ antworten. Nächste Frage: „Wie werden Sie es?“ Und dazu benötigen Sie eine klare Vorstellung von dem Zustand, den Sie erreichen wollen.

Wenn das Leben keine Vision hat, nach der man strebt, nach der man sich sehnt, die man verwirklichen möchte, dann gibt es auch kein Motiv, sich anzustrengen.

Erich Fromm

Eine solche Vision ist die begeisternde Lebensorientierung. Sie gibt dem Leben Sinn für die Dinge, die zu tun sind und hinter denen man hundertprozentig stehen kann. Gleichzeitig wird sie dadurch vorangetrieben, dass sie als solche klar umrissen erkannt ist. Beschränken Sie sich bei der Suche und Formulierung Ihres Lebensinhaltes nicht auf Bekanntes und Erreichbares. Vergrößern Sie den Radius auf Gebiete, die Ihnen noch nicht so geläufig sind. Nur so wachsen Sie selbst über Ihr bisheriges Lebensumfeld hinaus. Und damit wird sich die Begeisterung für die neuen Möglichkeiten einstellen. Eine Spannung wird Sie erfassen, die Stress, vielleicht Angst, aber auch sehr viel Energie frei setzt. Eben diese Energie ist es, die Ihnen die Kraft zum Sprung in das Neue, das Unbekannte gibt.

Denn auch wenn Sie Ihr Ziel vor sich sehen, wenn Sie Ihre Vision gefunden und sich entschieden haben, den Weg dorthin zu gehen, werden Sie zunächst in ein inneres Chaos geraten, in einen Übergangsbereich, wo intensives Nachdenken über eine neue Ordnung notwendig ist. Sobald sich der neue Weg als richtig erweist, sich erste Erfolge einstellen, werden Sie Geschmack daran bekommen, alte Programme hinter sich zu lassen und der Fremdbestimmung den Rücken zu kehren. Woraus wiederum neue Energie entsteht, die Sie weiter vorantreibt.

Starten Sie Ihr Projekt „Ich"

Visualisieren Sie also Ihre Ziele. Stellen Sie sich vor, was Sie selbst glücklich machen würde. Wenn der Gedanke an einen Ferrari Ihnen gefällt, dann lassen Sie der Vorstellung freien Lauf. Nehmen Sie den Sportwagen in die Liste Ihrer Ziele auf. Wenn Sie Ihr Glück im privaten Bereich zu finden glauben, bei Freundschaft, Liebe und Familie, dann setzen Sie diesen Punkt ganz oben ein. Wichtig ist zunächst auch gar nicht, ob die Wünsche erreichbar und vernünftig sind, sondern dass Sie den Gedanken daran überhaupt zulassen. Es geht nicht um real zu erreichende Endpunkte, sondern im ersten Schritt darum, die eigenen Grenzen zu überwinden, Ihren Horizont zu erweitern und Kreativität zu wecken. Denken Sie ruhig auch einmal an die Millionen teure Traumvilla. Denken Sie das Unmögliche, und schon sieht es gar nicht mehr so unmöglich aus.

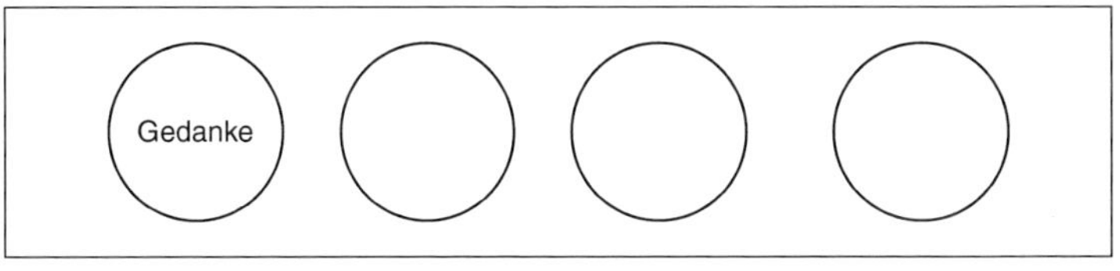

Am Anfang steht der Gedanke, die Idee.

Schön, dass Sie wissen, wohin Sie kommen möchten. Wenn man nur oft genug sein Denken auf dieses Ziel ausrichtet, wird man es erreichen. Sagt die Theorie und sagen viele kluge Menschen. Ein wesentlicher Aspekt fehlt hierbei jedoch: Sie müssen sich natürlich auch in Bewegung setzen. So einfach und banal das auch klingt, so unumgänglich ist es. Und dafür müssen Sie sich zuallererst den Auftrag dazu erteilen, Ihre Ziele auch wirklich realisieren zu wollen. Das heißt, Sie müssen sich verpflichten, Ihre Zukunft selbst zu bestimmen und in die Hand zu nehmen. Werden Sie Manager des Projektes „Ich"!

Sie haben eine Verpflichtung für sich selbst!

Niemand verlangt von Ihnen, den Weg zu gehen, außer Sie selbst – und genau das ist der entscheidende Unterschied; Sie „committen" sich nicht, weil andere es von Ihnen erwarten. Nein, es ist ganz alleine Ihre eigene Entscheidung, etwas tun zu wollen, Ihr Ziel zu erreichen, sich selbst zu managen. Sie geben sich selbst das

Wort zu Gunsten Ihrer Glaubhaftigkeit und Ihres Respekts sich selbst gegenüber. Automatisch wird sich das Tun verändern, um den Gedanken mit Leben zu erfüllen. Wenn Sie anderen von Ihrer Entscheidung erzählen, kann das nur von Vorteil sein, denn damit richten Sie gleichzeitig ein Controlling ein, das Sie unerbittlich zum Erfolg des Projektes „Ich" mahnt. Ein Abweichen vom eingeschlagenen Weg wird dadurch natürlich ungleich schwieriger.

Geben Sie sich selbst das Versprechen, Ihre Idee in die Tat umzusetzen.

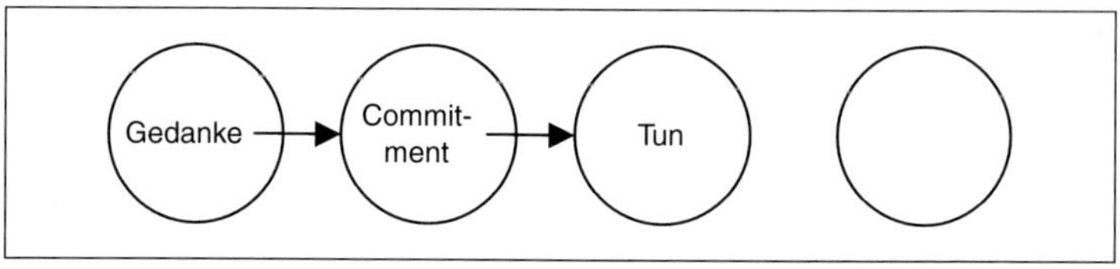

Nun heißt es, den Wirkungsgrad Ihrer Strategie zu erhöhen. Dass es nicht mit einer Aktion alleine getan sein kann, ist klar. Stellt sich hier ein Hindernis in den Weg, gerät die ganze schöne Planung ins Wanken. Lautet der Name Ihres Projektes beispielsweise *Gehaltserhöhung*, könnte ein überraschend neu eingestellter Mitarbeiter dieses Vorhaben scheitern lassen. Gut, wenn Sie sich vorausschauend auf mehrere Arten wertvoll gemacht haben. Demzufolge sind mehrere Aktionen parallel zu fahren, die alle darauf abgestimmt sind, in der Gesamtheit zur Zielerreichung, der Realisierung Ihrer Vision beizutragen.

Handlungen, die am ehesten Ihren Talenten entsprechen, werden Sie am Ende auch dem Ziel nahe bringen.

Der amerikanische Startrainer Anthony Robbins sagte einmal, man müsse, um die persönliche Energie zu nutzen, „dramatische Handlungen unternehmen". Was übersetzt bedeutet, dass Handlungen konsequent, ja hemmungslos durchgeführt werden müssen. Nur so entsteht die Schubkraft, die nötig ist, sich aus der Anziehungskraft des Gewohnten herauszubewegen. Es wird sich dabei zeigen, dass die Handlungen, die am ehesten Ihren Talenten entsprechen, die den meisten Spaß machen und die größte Euphorie entfachen, Sie am Ende auch dem Ziel sehr, sehr nahe bringen.

Und dazu müssen Sie genau erkannt haben, was Sie dafür tun wollen, wie Sie es tun wollen und wann, welche Ihre Begabungen, Ihre Talente sind, die Sie einsetzen werden.

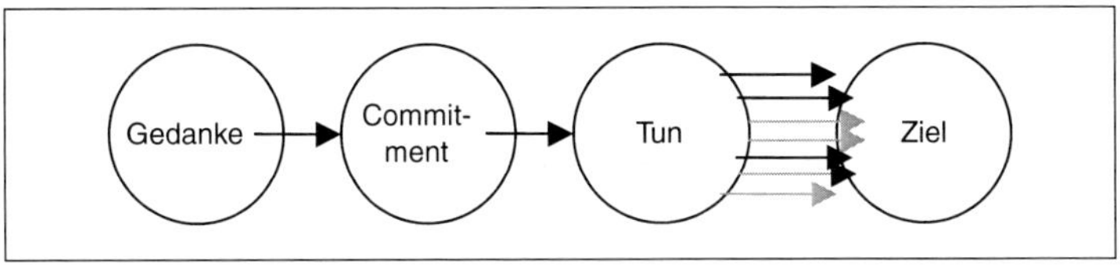

Auch wenn der eine oder andere Weg nicht direkt zum Ziel führt, einige tun es.

Eine Vision besteht aber aus mehr als ein paar Wünschen und Absichten. Sie ist vielmehr klar formuliert und durch Zielsetzungen konkretisiert. Sie kann nur mit konkreten Strategien verwirklicht werden. Richten Sie dazu Ihr ganzes Denken, Ihre Wahrnehmung auf das aus, was der Zielerreichung dienlich ist. Fokussieren Sie! Es ist genauso einfach wie das Radio auf den Sender einzustellen, der Ihre Lieblingsmusik spielt. Voraussetzung ist, dass Sie wissen, was Sie hören wollen.

Das K-B-P-Schema

Ein Schema soll hier helfen, das wir vor mehr als zehn Jahren entwickelt haben und das sich immer wieder extrem erfolgreich anwenden lässt: die Talentformel „K-B-P". Sie wird Sie befreien von alten Denkmustern und Mutlosigkeit. Sie stärkt Ihren Willen und klärt den Blick auf Ihre Talente. Wer dieses System nutzt, erhält eine Anleitung dafür, wie man auf die Überholspur wechselt.

Die Buchstaben K-B-P stehen für *Körper, Beziehungen* und *Profession.* Damit bezeichnen wir die drei wesentlichen Bereiche, die Eckpfeiler dessen, was Leben gestaltet und Ihrer Vision ein konkretes Fundament gibt.

Natürlich darf Ihr persönliches K-B-P auch eine andere Bezeichnung tragen. Zum Beispiel: „Mein Weg zum Glück". Unumgänglich ist allerdings, dass die werthaltigsten Schwerpunkte in Ihrem Leben hier ihren Eintrag finden. Auch die sechs Oberbegriffe können Sie selbst bestimmen. Hauptsache, es lässt sich alles einbinden, was zur Verwirklichung Ihrer Vision beiträgt. Passt der Begriff *Gesundheit* in Ihre Vision? Dann tragen Sie darunter möglicherweise *Joggen* oder *Ernährung* ein. Und zu *Geld* gehören für Sie vielleicht *Altersvorsorge* und *Höheres Gehalt* dazu.

Wenn man nun jedem Bereich mehrere Dinge zuordnet, die einem wirklich erstrebenswert erscheinen, wird man sehr schnell einen Überblick darüber erhalten, wo künftig mehr und wo weni-

Das K-B-P-Schema

ger Energie eingesetzt werden muss. Auch werden Sie feststellen, dass manches nicht zu erreichen ist, wenn in einem anderen Bereich nicht für entsprechende Voraussetzungen gesorgt ist. Einfaches Beispiel: Sie wollen die Karriereleiter hinauf, mehr Geld verdienen. Aber wie, wenn Sie Ihrem Körper mit Alkohol und Nikotin jegliche Energie entziehen, die dringend für den Job nötig wäre? Und wenn Sie Ihren Schwerpunkt auf ein glückliches Zusammenleben innerhalb der Familie legen, gilt es zu überlegen, ob Sie dafür auch ausreichend Zeit zur Verfügung haben. Oder verbringen Sie vielleicht doch zu viele Stunden im Büro oder bei Bekannten? Kein Wunder, dass Ihre Kinder Sie selten zu Gesicht bekommen. Finden Sie die Balance über alle sechs Bereiche. Da jeder Bereich mit jedem anderen eng verbunden ist wie in einer Spirale, funktioniert das System nur, wenn alle zeitgleich und gleichmäßig bedient werden.

Wie Sie die Mission für Ihr Unternehmen finden und umsetzen

Wie lassen sich diese Erkenntnisse auf die Unternehmensziele übertragen? Unsere These: Es geht darum, die Ziele des Einzelnen und die des Unternehmens weitestgehend zu harmonisieren. Das erscheint vielleicht unmöglich. Fakt ist allerdings, dass der Einzelne, wenn er nicht einen Vorteil für sich persönlich aus den vereinbarten Zielen ableiten kann, bestenfalls versuchen wird, das Ziel für andere zu erreichen. Aber er wird es nicht für sich selber verfolgen und damit auch nicht dauerhaft angehen. Die Klugheit und die Kreativität des einzelnen Mitarbeiters, des Managers, der Führungskraft ist es, eben diese beiden Interessen zusammenzuführen. Es ist eine wesentliche Führungsaufgabe, dem Einzelnen bewusst zu machen, ob er auf dem richtigen Spielfeld spielt. Ob er das, was er tut, wirklich will, oder ob er anderen ungenutzten Alternativen oder Träumereien nachhängt. Ob er es schafft, mit der eigenen persönlichen Lebenszielsetzung die Ziele des Unternehmens zu vereinbaren, und ob es ihm gelingt, den Auftrag, den er im Unternehmen übernommen hat, mit dem eigenen, dem privaten Lebensauftrag, den er sich gegeben hat, in Deckung zu bringen. Glücklich ist ja eben der, dessen Beruf seine Berufung ist. Wer erkannt hat, dass es eine Möglichkeit gibt, sein Leben wirklich so einzurichten, sieht die Welt aus einem völlig anderen Blickwinkel.

Mein Job ist weniger die Kontrolle als vielmehr die Ermutigung und die Übergabe von Macht an Leute mit Träumen und Visionen.

Jack Welch

Das bedeutet: Motivierte Organisationen erreicht man durch motivierte Einheiten und Abteilungen. Motivierte Einheiten oder Abteilungen schafft man durch motivierte Mitarbeiter. Und motivierte Mitarbeiter erreicht man durch Schaffen eines persönlichen Vorteils, wenn Ziele erreicht werden. Also im Umkehrschluss: Wer Ziele dauerhaft im Unternehmen erreichen will, der muss die Unternehmensziele mit den Mitarbeiterzielen harmonisieren.

Ein Beispiel

Ein Beispiel dazu aus dem Unternehmen der Verpackungsindustrie, das wir in der Einführung vorgestellt haben: Wenn das Ziel für dieses Unternehmen ist, mehr Neukunden zu gewinnen, dann ist das für die einzelnen Mitarbeiter vielleicht eher lästig und unangenehm, vielleicht sogar mit unterschiedlicher Priorität zu werten. Beim Projektstart stellten wir dort den Verantwortlichen folgende Fragen: „Wollen Sie wirklich Neukunden gewinnen? Welche Konsequenzen hat das für die Renditeentwicklung in den ersten zwei bis drei Jahren?“ Neue Kunden zu gewinnen heißt im Verdrängungswettbewerb auch, dass Margen nach unten gehen. Und weiter „Wollen Sie höhere Akquisitionskosten für Neukunden in Kauf nehmen? Haben Sie dafür ein Budget eingestellt? Wollen Sie Ihrem Außen- und Innendienst auch die nötige Zeit für die Neukundengewinnung einräumen? Was passiert bei zeitlichen Konflikten? Muss diesbezüglich eventuell umorganisiert werden? Warum genau wollen Sie Neukunden gewinnen? Was passiert mit dem Unternehmen, mit den einzelnen Regionen, mit den Mitarbeitern, wenn auf welcher Zeitstrecke keine Neukunden gewonnen werden können? Was genau werden wir ernten? Kann Neukundengewinnung auch Spaß machen?"

Im Fall dieses Unternehmens haben wir auf der Basis der Antworten auf diese Fragen eine gemeinsame Strategie entwickelt, von der auch der einzelne Außendienst-Mitarbeiter profitiert hat. Folgende Mission wurde formuliert: „Wir wollen der beste Vertrieb in der Branche werden! Wir wollen als Vertriebsprofis den Markt in den nächsten Jahren dominieren! Unser Unternehmen ist ein Arbeitgeber, der diese Möglichkeit bietet. Neukundengewinnung ist die Königsdisziplin im Vertrieb. Wenn ich als einzelner Mitarbeiter hier bestehe, kann ich Neukundengewinnung beliebig multiplizieren und meinen persönlichen Marktwert drastisch steigern!"

Diesen Link zwischen Unternehmensziel und Mitarbeiterziel konnten wir bei diesem Unternehmen in 79 Prozent der Fälle erreichen. Wie Führungskräfte mit den restlichen 21 Prozent umgehen, dazu mehr im Kapitel zur 10. Disziplin.

Ziel – Strategie – Aktionsprogramm

Wenn man im Unternehmen die Firmen- und die Mitarbeiterziele miteinander in Einklang bringen will, muss man sich natürlich fragen: Wie sehen die Lebensziele für den Einzelnen, den Mitarbeiter, die Führungskraft aus? Sind sie darüber hinaus in eine Formulierung gebracht worden, dass sie sich in umfassender Klarheit darstellen? Zudem ist das Wesen dieser Ziele zu identifizieren und mit den Zielen des Unternehmens zu vergleichen. Die Kunst besteht also darin, die Unternehmensziele als die eigenen Ziele zu identifizieren. Wenn das gelingt, dann besteht auch die Voraussetzung dafür, dass eine individuelle Sogkraft entsteht, welche die Menschen unweigerlich in Bewegung bringt.

Die Kunst besteht also darin, die Unternehmensziele als die eigenen Ziele zu identifizieren.

Aber Achtung! Manche verwechseln Karriereversprechen oder Sanktionen, Druck, Leistungseinforderung, Geld- und Statusanreize mit der Art von Mission, wie wir sie meinen. Die Wirkung von ersteren ist oftmals gleich Null. Denn dies sind allenfalls Anreize, aber keine nachhaltigen Motivationssysteme, die bei jedem eine Saite zum Schwingen bringen können. Hiermit triggert man längst keine innere Sinngebung oder Talententwicklung.

Voraussetzung ist also, das eigene Talent ständig neu zu entdecken, ja, es überhaupt zu entdecken, es dann weiter zu schreiben gemäß der eigenen Entwicklung, weil man permanent einer Veränderung unterworfen ist.

Analog geht allen unternehmerischen Aspekten eins vorweg, und zwar die Identifizierung des Potenzials. Welche Märkte mit welchen entsprechenden Zukunfts-, Wachstumschancen mit entsprechenden attraktiven Renditen und mit geringen Kostenstrukturen des Markteintritts sind sinnvoll? Verstehen Sie, egal in welcher Position Sie sich im Unternehmen befinden, die Chance, die Ihnen diese Potenziale liefern, dann können Sie auch die daraus abgeleiteten Ziele verstehen sowie die daraus abgebildete Strategie mit ihren Aktionsprogrammen. Ist man nicht in der Lage, die Mission mit diesem Ausgangspunkt zu versehen, wird die Abbildung dieser Zielkonstrukte auch nicht gelingen und die Erreichung erst recht nicht. Das Potenzial ist der absolute Kernschlüssel. Schafft es ein Unternehmen, das deutlich zu machen, vor allen Dingen auch die neuen Märkte aufzuzeigen, dann wird auch die Mission klar und mit ihr die egoistische Triebkraft des Einzelnen aktiviert. Sofern der Einzelne sich in der Mission wiederfindet.

Das Potenzial ist der Kernschlüssel.

Dafür werden Aktionsprogramme gebildet, um die Schlüsselprojekte zu identifizieren und um zu beschreiben, was monatlich zu leisten ist. Letztendlich sind diese Aktionsprogramme nur eine andere Darstellung der Gesamtziele in kurzfristigeren Zeiträumen.

Jeder Bereich eines Unternehmens hat seine Aufgabe und Strategie. Dabei muss das Kerninteresse darin liegen, die Bewegung und die Dynamik des Marktes mitzumachen. Thema ist, die Evolution der dynamischen Märkte innerhalb von Unternehmen so abzubilden, dass man mit dieser Entwicklung Schritt halten kann. Ist die Gesamtstrategie verstanden, lassen sich auch die einzelnen Aktionsschritte, die Kernschlüsselträger, ableiten, als die eigenen individuellen Ziele verstehen und für sich selbst in Beschlag nehmen. All das fordert Sie zur Eigeninitiative auf, die Schlüssel in einer eigenen Mission zu verankern und sie selbst auf den eigenen Zeitkorridor abzubilden.

Zum Weiterdenken

Finden Sie Ihre Mission!

- Wo liegen Potenziale für Ihr Unternehmen oder Ihren Bereich? Welche Märkte sind sinnvoll und welche Chancen bieten sie?
- Greifen Sie einen konkreten umgrenzten Bereich heraus: Welche Ziele und welche Strategien lassen sich daraus ableiten? Warum sind diese Ziele gerade jetzt für Ihr Unternehmen wichtig? Wie hoch ist die Dringlichkeit? Was passiert, wenn Sie sich dieses Ziel nicht vornehmen? Welche Konsequenzen hat das für Ihr Unternehmen? Wen brauchen Sie für die Umsetzung? Welchen Mehrwert können Sie den Umsetzern (Mitarbeitern) anbieten? Warum sollten sie sich für dieses Ziel einsetzen? Was machen Sie mit denjenigen, die diese Veränderung nicht mittragen wollen oder können?
- Formulieren Sie daraus eine Mission, die sowohl Unternehmens- wie auch Einzelziele miteinander verbindet.
- Wie kann ein entsprechendes Aktionsprogramm aussehen (wer macht was wann?)?
- Welche Kontrollmechanismen zur Aufgabenerfüllung können implementiert werden?

1. Disziplin: Energie

Zu viele Schauplätze kosten Kraft

Kennen Sie diese Situation: Ein äußerst dringliches Projekt steht an, es ist detailliert geplant – und dann verpufft diese Energie, weil alle einbezogen werden sollen, aber jeder gegen jeden arbeitet. So etwas konnten wir bei einem unserer Beratungskunden beobachten, der große Umsatzrückgänge zu verbuchen gehabt hatte und deshalb ein sehr wichtiges Vertriebsprojekt aufgesetzt hatte. Dieses Projekt sah vor, schnell 450 Mitarbeiter auszusenden, um in neuen Märkten vertriebliche Erfolge zu erzielen. Ein knallhartes, erfolgsorientiertes Konzept wurde entwickelt.

Die zehn Gebote Gottes sind deshalb so eindeutig, weil sie nicht erst auf einer Konferenz beschlossen wurden.

Konrad Adenauer

Währenddessen begannen die internen Kompetenzgerangel. Alle wollten mitreden; viele operative Einheiten waren in die Aktion eingebunden, deren Interessen heiß diskutiert wurden. Alle unternehmenspolitischen Größen sollten integriert werden. Die wiederum wollten sich nicht in die Karten schauen lassen und lieferten keine, falsche oder unvollständige Kennzahlen zum Status quo. Der Tod für jedes Vertriebsprojekt!

Eigentlich war allen klar: Das Projekt muss durchgezogen werden. Aber wie? Gut, starten wir mit einem Pilotprojekt, lautete die Entscheidung. Großes Aufatmen allerorts. Denn hiermit ergab sich für die Seilschaften und Drahtzieher die Möglichkeit, den Piloten in die eine oder andere Richtung zu lenken, um damit im Nachgang das eigentliche Projekt nach Belieben entweder zu unterstützen oder abzuschießen.

Die Phasen eins bis drei des Pilotprojekts brachten wie erwartet keine relevanten Ergebnisse, außer einem enormen Zeitverlust. Dadurch, dass so viele Interessen integriert werden mussten, konnte nicht in aller erforderlichen Schärfe auf den Status quo geschaut werden. Wertvolle Zeit wurde am Markt verschenkt, weil nicht alle Kräfte auf den Punkt, auf die Zielerreichung konzentriert wurden. Als das Projekt schließlich noch gestartet wurde, war es fast zu spät. Der Anfangselan war in Zockereien verpufft, die Ergebnisse blieben weit hinter den Erwartungen.

Im Ergebnis brachte das Projekt rund 40 Prozent nicht realisierten Gewinn. Letztlich waren 60 Prozent immer noch erfreulich, aber eher enttäuschend gegenüber dem Quantensprung, der möglich gewesen wäre. Profitieren konnten nur diejenigen, die mit voller *Energie* am Start waren. Und die Mitbewerber, die sich über kampflosen Terraingewinn freuten.

Der 100-Meter-Lauf

Von null auf hundert: Gerade in der ersten Zehnkampf-Disziplin, dem 100-Meter-Lauf, ist es wichtig, die nötige *Energie* „auf Knopfdruck“ parat zu haben. Dazu Frank Busemann:

„Wenn die körperliche Vorbereitung abgeschlossen ist, hat sich mit der Zeit und dem Näherrücken des Wettkampfes eine starke emotionale Spannung aufgebaut und die Gedanken sind auf das Ereignis fokussiert. Da der Zehnkampf 100 Prozent Leistung und geistige Fitness verlangt, beginnt er sehr viel früher. Die Erfahrungen, dass Schmerzen auftreten werden, rücken in den Hintergrund. Der Körper wird in den Tagen vor dem Zehnkampf extrem geschont und die Kraftreserven werden zu einem Maximum aufgeladen. So viel Energie lechzt danach, frei gesetzt und explosiv in Leistung umgewandelt zu werden. Die Vorfreude ist so groß, dass die Nächte vorher sehr unruhig sind und zu einer Belastung werden können. Um nach monatelangem Training gut vorbereitet und beruhigt in einen Zehnkampf zu gehen, hat man im Vorfeld einige Tests absolviert, kennt somit seinen Trainingsstand. Am Tag des Wettkampfes gibt es nur diese eine Chance und sie wird so schnell nicht wiederkommen. Doch Input und Output werden nach der zweitägigen Strapaze in Einklang kommen und die Gewissheit, seine Mission umgesetzt zu haben, macht trotz Muskelkater glücklich und zufrieden.

Der Startschuss

Auf Grund der seltenen Möglichkeiten, einen (wichtigen) Zehnkampf zu bestreiten, ist es absolut notwendig, alle Kräfte, Emotionen, Nerven und Willen in diese zwei Tage zu legen. Der Athlet hat mit einem sehr großen zeitlichen und körperlichen Aufwand diese zwei Tage vorbereitet und kann jetzt aus eigener Kraft etwas vollbringen, was ihn stolz, glücklich und zufrieden macht. Er kann sich hohe Ziele gesteckt haben, deren Verwirklichung nun allein in seiner Hand liegen. Dazu muss der Körper in der Vorbereitung bestens trainiert sein und am Tag des Wettkampfes auch funktionieren – und das kann nur im Einklang mit dem Kopf gehen. Ein Athlet, der seine Nerven nicht im Griff hat, kann unter Umständen schon bei der ersten Disziplin die monatelang währende Arbeit des Trainings zerstören, indem er zu viele Fehlstarts produziert oder vergisst, die Schnürsenkel richtig zu binden.

Der erste Eindruck entscheidet

Mit den 100 Metern steht man am Fuße eines Berges, der bezwungen werden will. Es ist die erste Disziplin und vom Anspruch her gleich die schnellkräftigste. An den Reaktionszeiten der Läufer kann man schon erkennen, wie konzentriert und fokussiert sie sind und mit welcher Geschwindigkeit die Sinne den Bewegungsapparat beschleunigen können.

In der Leichtathletik entscheidet eine hundertstel Sekunde über Sieg und Niederlage. Deshalb muss ein Sportler sofort zu Beginn mit vollster Konzentration zu Werke zu gehen.

Da in der Leichtathletik eine hundertstel Sekunde über Sieg und Niederlage entscheidet, ist es absolut notwenig, sofort zu Beginn mit vollster Konzentration zu Werke zu gehen. Jeder Sportler verfolgt mit seinem Tun ein bestimmtes Ziel, und das will er unter allen Umständen realisieren. Zu Beginn einer Trainingsperiode, die dann im Wettkampf endet, hat er sich einen Auftrag gegeben, den er erfüllen will. Ob dieses Vorhaben gelingt, ist von vielen Faktoren abhängig. Die berühmte Tagesform ist im Sport ein überschätzter Abhängigkeitsfaktor. Wenn ich alles mir Mögliche getan habe, wenn ich versucht habe, all meine Fähigkeiten zu synchronisieren, dann wird mich mein Bestreben zum Erfolg führen. Ob es regnet oder stürmt, ist für den, der sich seiner Sache sicher sein kann, unwichtig. Wer Ausreden sucht, wird welche finden, und wer unsicher ist, wird nicht gewinnen – nur wer weiß, dass er seine Möglichkeiten komplett ausschöpft, wird ein Sieger sein. Denn nur dann ist er sich seiner Sache so sicher, dass er sich nichts vorwerfen kann. Und genau dann ist seine Mission erfüllt.

Die 100 Meter sind auch deshalb so wichtig, weil sie als Initialzündung für die kommenden neun Disziplinen zählen. Ein Zehnkämpfer weiß ungefähr elf Sekunden nach dem Startschuss, wie gut er sich vorbereitet hat und wie erfolgreich das Training war. Er kann im Vergleich mit anderen seine erste Leistung einschätzen, und einem Siegertyp bleiben dann drei Möglichkeiten:

1. nach einer guten Zeit will er in den nächsten Disziplin dort anknüpfen,

2. bei einer „normalen" Zeit will er es in den nächsten Disziplinen besser machen und
3. bei einer schlechten Zeit will er die verlorenen Zehntel in den nächsten Disziplinen wieder aufholen.

Also schaut er nur ehrgeizig nach vorn. Da er sich schon Wochen im voraus auf diesen Zehnkampf eingestimmt hat, wird er in der Gewissheit der Einmaligkeit auf sich selbst vertrauen und keine Ausreden finden können, wenn er sich sicher sein kann, dass er alles ihm Mögliche getan hat."

Energiequellen und Energieräuber

Haben Sie Lust auf eine kleine Übung? Legen Sie bitte das Buch zur Seite, stellen Sie sich aufrecht hin, strecken Sie beide Arme so weit wie möglich über Ihren Kopf hinaus. Versuchen Sie, Ihren Körper in Jubelstellung zu bringen. Ungefähr so, wie wenn Schumi auf dem Podest steht: aufrecht, beide Arme in Richtung Himmel gereckt, stolz! Haben Sie's? O.K. Dann versuchen Sie bitte, während dieser körperlichen Haltung emotional schlecht drauf zu sein. Na los, probieren Sie es! Schlecht drauf sein! Sie haben keine Laune, keine Energie, aber bitte so stehen bleiben! Wie, das fällt Ihnen schwer? Eine Übung

Gut. Dann zum 2. Teil der Übung: Bitte spreizen Sie die Beine ein wenig auseinander und lassen Sie Arme, Kopf und Oberkörper nach unten baumeln (bitte ohne sich den Rücken zu verrenken!). Haben Sie die Stellung eingenommen? Prima! Jetzt versuchen Sie bitte, sich bei unveränderter Haltung in einen emotionalen Spitzenzustand zu bringen! Haben Sie's? Wie, das geht nicht?

Danke fürs Mitmachen! Irgendwie scheint das nicht zu funktionieren – sich körperlich in Siegerstellung zu bringen und dabei emotional schlecht drauf zu sein und umgekehrt. Es scheint also etwas mit uns selber zu tun zu haben, wie wir unseren Energiehaushalt „aufstellen". Es hängt von uns selbst ab, ob wir mit Energie an den Start gehen oder mit Energieeinschränkungen.

Um die optimalen Voraussetzungen für sich zu schaffen, für neue Aufgaben, neue Projekte oder einfach für jeden neuen Tag, sollten Sie zwei Fragen für sich beantworten. Erstens: Was bringt Ihnen Energie, welche Möglichkeiten haben Sie, Ihr Depot aufzufüllen?

Und weil wir uns auf eine längerfristig ausgelegte Strategie einlassen, sollten Sie sich zweitens darüber klar werden, wie Sie diese Energie verbrauchen, wie Sie jetzt mit ihr umgehen und wie Sie sie künftig managen.

Energiequellen nutzen

Hierzu einige Kriterien. Die Kraft zum Leben beziehen wir aus vier Komponenten, von denen jeweils zwei die körperlichen und zwei die mentalen Ansprüche bedienen.

Energiegewinn

- Nahrung
- Luft/Wasser
- Sinneseindrücke
- Emotionen

1. Nahrung

Wer gesund und leistungsfähig bleiben will, der muss sich um seine Ernährung bewusst kümmern.

Natürlich wissen wir mittlerweile alle, dass Pommes frites, viel Fleisch und leckere Soßen nicht gerade förderlich sind für unsere Gesundheit. Und doch verführen uns die lieben Gewohnheiten immer wieder dazu, nach all den ungesunden Dingen zu greifen. Übernehmen Sie die Verantwortung dafür, dass Sie Ihrem Körper, der täglich Höchstleistung bringen soll und muss, die Dinge geben, die er braucht und gut verwerten kann. Hier ein paar Grundregeln:

- Ausgewogene Ernährung mit ausreichend Vitaminen, Mineralien und Spurenelementen sorgt für einen reibungslosen Stoffwechsel. Die einfache Formel lautet: **„5 am Tag"**. Essen Sie tagsüber zwei Stück Obst – das kann auch reiner Fruchtsaft (Direktsaft) sein –, mittags Gemüse als Beilage oder einen kleinen Salat, und zwischendurch knabbern Sie eine rohe Karotte oder Kohlrabi oder trinken ein Glas Tomatensaft (Bioware).
- Beachten Sie die **Aktivitätszyklen Ihres Körpers**. Geben Sie Ihrem Körper die Chance, seine Verwertungstätigkeit zur rechten Zeit zu erledigen. Das heißt: Essen nur bis 20 Uhr und nicht vor 12 Uhr, von Obst einmal abgesehen. In den acht Stunden

zwischen 12 und 20 Uhr ist der Körper ganz auf Nahrungsaufnahme eingestellt. Während die nächste Schicht der Verarbeitung dient, erledigt die Frühschicht ab 4 Uhr den Abtransport der Schlacken und Gifte. Würden wir in dieser Zeit essen, müsste der Körper mehr Ressourcen bereitstellen, was wiederum zu Lasten des Energiedepots ginge.

- Achten Sie bei der Auswahl der Nahrungsmittel auf den **glykämischen Index**. Nahrungsmittel mit schnell verwertbaren Zuckerverbindungen schaden dem Körper. Der glykämische Index beschreibt, wie schnell Zucker aus verschiedenen Lebensmitteln ins Blut gelangt. Je schneller der Zucker aufgespalten wird, desto rascher gelangt er ins Blut und umso schädlicher wirkt er auf den Organismus. Nahrungsmittel mit einem hohen glykämischen Index (wie z.B. Weißmehlprodukte, Industriezucker) enthalten eine hohe Menge an Einfachzucker, der schnell ins Blut gelangt. Dadurch wird das Hormon Insulin ausgeschüttet. Aber so abrupt wie der Blutzuckerspiel nach dem Genuss von bestimmten Nahrungsmitteln steigt, so rapide sackt er kurze Zeit später auch wieder ab. Die Folge: Sie werden träge, schläfrig, antriebsarm – und haben erneut ein starkes Verlagen nach Süßigkeiten oder Koffein, um den Blutzuckerspiegel wieder anzuheben. Bevorzugen Sie deshalb vor allem Nahrungsmittel mit einem niedrigen glykämischen Index, wie z.B. Vollkornprodukte, Müslimischungen ohne Zucker, Tomaten, grünes Gemüse, Zucchini, Auberginen, die meisten Obstsorten, Hülsenfrüchte, ungesüßter Joghurt, Quark, Hüttenkäse. Fleisch und Fisch haben einen niedrigen glykämischen Index, hier sollten Sie fettarme Sorten wählen, rotes Fleisch höchstens zwei- bis dreimal die Woche verzehren.
- Und schließlich: **Genießen Sie Ihr Essen**. Versuchen Sie einmal, jenseits aller Geschmacksverstärker und Zusatzstoffe den natürlichen Geschmack der unterschiedlichen Nahrungsmittel wieder zu entdecken.

2. Atmung und Wasser

Auch wie wichtig **Atmung und Wasseraufnahme** für uns Menschen sind, ist inzwischen hinlänglich bekannt. Folgendes möchten wir Ihnen jedoch noch einmal in Erinnerung rufen, weil es allzu häufig vergessen wird: Mediziner raten zu drei bis vier Litern Wasser pro Tag, was manchem als sehr reichlich erscheinen mag.

Bedenken Sie aber, dass unser Körper zu rund 65 Prozent aus Wasser besteht, das Gehirn sogar zu über 90 Prozent. Dort sitzt Ihre zentrale EDV. Nur wenn die ausreichend mit Energie versorgt wird, kann sie zufrieden stellend arbeiten. Gerade bei kreativen Prozessen ist es deshalb wichtig, stets genug zu trinken. Mineralhaltige Wässer mit geringem Salzgehalt sind ideal und belasten nicht.

Die Atmung bedient zwei Aspekte. Erstens holen wir aus der Luft den nötigen Sauerstoff, der Grundlage für alle lebenswichtigen Oxidations- und Verbrennungsprozesse ist. Er sorgt für ein funktionierendes Immunsystem, für Muskelkraft und Denkfähigkeit. Verunreinigte Luft verursacht dagegen einen erhöhten Verbrauch an Energie. Spüren Sie, dass die Luft, die Sie umgibt, Sie krank macht? Dann packen Sie Ihre Sachen! Ziehen Sie um, dorthin, wo Sie befreit aufatmen können, wo es ein Genuss ist, die Lungen zu füllen.

Der zweite Aspekt besteht darin, dass die richtige Atmung auch die Seele entspannt. Atem ist reine Lebensenergie, wenn die Technik stimmt. Ruhiges, tiefes Atmen befreit uns von Stress, Angst und Aggression und weckt die geistige Vitalität.

Eine einfache Atemübung zum Entspannen

Hier eine einfache **Übung** zur wechselseitigen Nasenatmung aus dem Yoga, die Sie zur Entspannung in Stresssituationen, bei Kopfschmerzen oder Schlaflosigkeit einsetzen können:

Setzen Sie sich aufrecht hin. Heben Sie Ihre rechte Hand und verschließen Sie mit dem Ringfinger Ihr linkes Nasenloch. Atmen Sie tief durch das rechte Nasenloch ein und zählen Sie dabei im Sekundenrhythmus bis vier. Verschließen Sie jetzt mit dem Daumen das rechte Nasenloch und halten Sie den Atem ein bis vier Sekunden lang an. Öffnen Sie das linke Nasenloch und atmen Sie vier bis acht Sekunden lang aus. Je länger Sie ausatmen, desto besser. Konzentrieren Sie sich darauf, Ihre Lungen vollkommen zu entleeren. Atmen Sie durch das gleiche Nasenloch (also das linke) ein und zählen Sie dabei bis vier. Schließen Sie das Nasenloch wieder mit dem Ringfinger und halten Sie den Atem ein bis vier Sekunden an. Jetzt atmen Sie durch das rechte Nasenloch aus (vier bis acht Sekunden). Das ergibt einen vollständigen Atemturnus. Wiederholen Sie diesen Turnus fünfmal oder zehn Minuten lang. Halten Sie zuerst einen 4:4:8 Atemrhythmus, später 8:4:8, und schließlich, nach einigen Monaten, 8:8:8. Noch ein Hinweis: Erzwingen Sie beim Atemanhalten oder beim Steigern des Rhythmus nichts; das wird ganz allmählich und ohne Mühe kommen. Atmen Sie rhythmisch, langsam, ruhig und geräuschlos.

3. Sinne und Emotionen

Die beiden nächsten Energielieferanten, **Sinne und Emotionen**, sind meist eng miteinander verknüpft. Was wir sehen, löst Empfindungen, Emotionen in uns aus. Was wir hören ebenso. Auch Fühlen, Riechen und Schmecken verbinden wir in unserer Erfahrungswelt mit Emotionen. Sich wohl fühlen hängt maßgeblich davon ab, wie Sinnesreize bewertet werden. Da gibt es große Unterschiede regionaler und kultureller Natur. Während der eine ein Leben auf dem Land liebt, zieht der andere eine lärmende Metropole vor. Der eine mag Fisch, während er Süßigkeiten nichts abgewinnen kann.

Erfolgreiche Sportler rufen im entscheidenden Moment positiv besetzte Erinnerungen ab und versetzen sich so in eine entsprechende Grundstimmung.

Gestalten Sie also Ihre Umgebung, in der Sie die meiste Zeit des Tages verbringen, so wohltuend wie möglich. Wünschen Sie sich schon lange neue Tapeten? Dann nichts wie weg mit den alten. Ersetzen Sie kühle Plastik- durch warme Holzoberflächen. Sorgen Sie für angenehmen Blüten- oder Früchteduft in den Räumen. Zünden Sie zum Frühstück eine Kerze an, wenn Sie Kerzenlicht mögen. Bestimmte Pflanzen wie die Grünlilie können das Raumklima verbessern. Wichtig ist, dass Sie wissen, was Sie brauchen, um sich wohl zu fühlen, und dass Sie alles dafür tun, es auch zu bekommen.

Emotionen können aber auch ohne direkte Sinnesreize geweckt werden. Meist rufen wir ganz unbewusst Erinnerungen ab und bringen uns genauso unbewusst entweder in eine positive oder in eine negative Grundhaltung. Die Geburt der Tochter, der Abschlussball, die letzte Gehaltserhöhung, ein erfolgreich abgeschlossenes Projekt und das Lob vom Chef – alles Erlebnisse, an die wir uns gern erinnern, weil sie angenehm waren, uns in irgendeiner Form aufgewertet haben und uns zum Zeitpunkt des Ereignisses einen gehörigen Energieschub gegeben haben. Erfolgreiche Menschen, Sportler, Unternehmer, Vertriebsmitarbeiter, nutzen diesen Effekt ganz bewusst aus. Sie rufen bei Bedarf, im entscheidenden Moment, positiv besetzte Erinnerungen ab, denken an kleine und große Erfolge oder schöne Erlebnisse, um sich auf diese Weise praktisch auf Knopfdruck in eine positive Grundstimmung zu versetzen. Sie heben sich so auf das Energiepotenzial, das sie benötigen, um erfolgreich zu sein. So gelingt ihnen der „große Wurf".

Das funktioniert sogar in die andere Richtung: Wer bewusst oder unbewusst eine negative Erfahrung bei einem Gesprächspartner wachruft, kann diesen mühelos auf einen „schlechten Trip" schicken. Jedem sei freigestellt, diese Taktik einmal zu versuchen.

Energieräuber ausschalten

Wichtig ist auch, dass Sie Ihre Energieräuber kennen, damit Sie sie aus Ihrem Umfeld verbannen können. Hier eine kleine Liste:

Energieverlust

- Lebenswandel
- Krankheiten
- Räumliche Umgebung
- Einstellung
- „Leichen im Keller"

Finden Sie heraus, wo Ihre Energielecks sind. Räumen Sie auf, wenn Sie „Leichen im Keller" haben. Ziehen Sie den Kreis Ihrer Bekannten enger. Nicht alle Beziehungen sind es wert, sie zu pflegen. Gehen Sie schleunigst zum Zahnarzt, wenn Zahnschmerzen Ihnen auf den Nerv gehen, Sie sich aber vor der Spritze fürchten und den Termin immer wieder hinausschieben! Bringen Sie sich in Ordnung!

Es ist unmöglich, jemandem ein Ärgernis zu geben, wenn er es nicht nehmen will.

Friedrich von Schlegel

Schieben Sie nichts auf die lange Bank, das Sie belastet und Ihnen die Power für die eigene Entwicklung raubt. Je schneller Sie sich Klarheit verschaffen über das, was Sie wirklich wollen, desto kürzer ist die Zeit, in der Probleme an Ihrem Energiedepot zehren.

Besonders nachteilig für unsere Lebenspower machen sich die lieben kleinen Laster bemerkbar, denen so mancher von uns frönt: Das Rauchen zum Beispiel versetzt unseren Köper in einen ständigen Abwehrkampf gegen die zerstörerische Wirkung von Teer und Nikotin. Dass Rauchen „ganz nebenbei" Viren und Bakterien die Tür zu unserem Blutkreislauf sperrangelweit öffnet, tut ein Übriges. Sicher findet jeder, der ehrlich zu sich ist, das eine oder andere, was abzustellen wäre, um unnötigen Energieaufwand zu vermeiden.

Ein ganz wesentlicher Punkt, wo Sie Energie gewinnen oder verlieren können, ist Ihre eigene **Einstellung**. Ist Ihr Glas halb leer oder halb voll? Denken Sie problem- oder lösungsorientiert?

Ein Test

In Seminaren machen wir immer wieder folgenden Test: Ein großes Stück Papier wird zusammengeknäuelt und in die Mitte des Raumes auf den Boden geworfen. Ein ziemlich unansehnlicher, deformierter Ball. Nun werden die Teilnehmer aufgefordert, sich in die Sichtweise dieser Papierkugel hinein zu versetzen. Sie sollen in Stichworten beschreiben, wie sie die Welt aus dieser Perspektive sehen. Jeder fängt also an, nachzudenken und zu schreiben. Nach einiger Zeit sind alle fertig und wir verteilen rote und grüne Stifte. Wir bitten nun die Seminaristen, mit Rot alle Worte zu umkreisen, die Negatives bedeuten. Ein paar Minuten später sollen sie mit grünem Stift alle Worte markern, die Positives ausdrücken. Das Ergebnis: Jeder Teilnehmer hält nun seinen eigenen Energiehaushalt vor sich. Die Farbe, die auf dem Blatt überwiegt, zeigt, mit welcher Einstellung derjenige die Welt sieht. Die Außenwelt ist nun einmal der Spiegel des eigenen Innenlebens. Was man in die Welt hinein interpretiert, ist die Energie, die man sich selber zugesteht.

Nutzen Sie die Erkenntnis: Sie sind Ihr eigener Energie-Manager! Wenn Sie sich die oben genannten Faktoren bewusst machen, können Sie vieles dafür tun, um Ihr Energieniveau konsequent anzuheben.

Zum Weiterdenken

Schenken Sie sich Energie!

- Überlegen Sie, welche Aktivitäten Ihnen als Jugendlicher Spaß gemacht haben. Sind Sie gern tanzen gegangen, haben Sie gemalt oder waren Sie ein begeisterter Radfahrer? Was davon praktizieren Sie heute noch? Suchen Sie eine Möglichkeit, zumindest eines Ihrer früheren Hobbies wieder in Ihren Alltag aufzunehmen, z.B. durch einen Tanzkurs, eine Malreise oder die Anmeldung zu einer Radrundfahrt, und tragen Sie den Termin fest in Ihren Kalender ein.
- Schauen Sie sich einmal an Ihrem Arbeitsplatz um. Gefallen Ihnen noch alle Bilder, die an den Wänden hängen? Steht Krimskrams herum, den Sie eigentlich gar nicht brauchen und mit dem Sie auch keine angenehmen Erinnerungen verbinden? Wo gibt es Stapel unerledigter Papiere? Räumen Sie auf und verschaffen Sie sich Luft.
- Die Wissenschaft der Kinesiologie bietet einen Energietest an: den so genannten Muskeltest. Der geht so: Heben Sie Ihren linken Arm ausgestreckt, parallel zum Oberkörper, auf Schulterhöhe an. Vereinbaren Sie mit einem Partner folgende Spielregel: Sie schauen auf einen Gegenstand, z.B. ein Bild. Nach einiger Zeit des Einprägens versucht Ihr Partner, Ihren Arm am Handgelenk durch Druck nach unten zu bringen. Gefällt Ihnen das Bild, wird er/sie sich wahrscheinlich an Ihren Arm hängen können. Ihr Arm wird dem Druck standhalten – Sie sind in einem energievollen Zustand! Gefällt Ihnen das Bild nicht, wird der Arm bei etwas Druck wie weiche Butter einfallen. Sie haben keine Energie für dieses Bild. Überprüfen Sie damit Ihr Umfeld auf Ihren persönlichen Energiehaushalt! Eliminieren Sie alle Gegenstände Ihres täglichen Lebens, die Ihnen Energie wegnehmen! Verstärken Sie die Dinge, die Ihnen Energie schenken!

Die Gewinner erkennt man am Start

Energiemanagement in Projekten

Gerade bei Neukunden-Projekten müssen Unternehmen mit hoher Konzentration und Energie an den Start gehen. Ansonsten haben sie im Verdrängungswettbewerb so gut wie keine Chance! Sie müssen etwas Besonderes abliefern, mit einer außergewöhnlichen Anspracheidee überraschen, einen wirklichen Mehrwert oder Nutzen für den Kunden herausarbeiten. Schon beim Initialisieren der Projekte sind Manager und Führungskräfte besonders gefordert, eigene Energie in diese Projekte zu investieren. Sie kennen sicherlich das folgende Augustinuszitat, wenn auch in einem anderen Zusammenhang: „In dir muss brennen, was du in anderen entzünden willst."

Meiner Idee nach ist Energie die erste und einzige Tugend des Menschen.

Wilhelm von Humboldt

Was sind beobachtbare Verhaltensweisen oder Merkmale, an denen man erkennen kann, ob im Unternehmen positives Energiemanagement betrieben wird oder nicht? Machen wir es wieder an einem Projekt klar. Der Start ist entscheidend! Ist allen Beteiligten deutlich gemacht worden, warum dieses Projekt angepackt wird? Sind die Gründe dafür verständlich gemacht worden? Sind Szenarien aufgezeigt worden, was passiert, wenn man sich gegen das Projekt entscheidet oder andere Alternativen wählt? Entscheidend auch: Wer steht dahinter und wie? Wurden andere Projekte von der Priorität abgestuft, um sich voll auf das Prioritätsprojekt konzentrieren zu können? Hat das Projekt einen positiven Namen, mit dem sich die Leistungsträger identifizieren können, vielleicht sogar an der Findung beteiligt waren? Wie viel Energie wurde in die Kommunikation gesteckt? Verändern die Projektleiter ihre eigenen Prioritäten zu Gunsten des Projektes? Hat das Projektteam angenehme, kreative Räumlichkeiten? Sind die Projektmeetings gut vorbereitet und finden sie auch in einem angenehmen Ambiente statt? Quellen die Aschenbecher über oder stehen Obstkörbe überall für zwischendurch zur Verfügung? Überprüfen Sie selbst Projekte, an denen Sie mitgewirkt haben, daraufhin, ob Sie diese Fragen positiv beantworten können. Wie waren Ihre Bereitschaft und Ihre Energie, in diesem Projektteam zu sein und Ihren Beitrag leisten zu können?

Noch ein Wort zu Pilotprojekten: Wenn wir davon ausgehen können, dass in einem Wettbewerb schon mit der ersten Disziplin die Weichen für den weiteren Verlauf gestellt werden, warum dann halbherzig oder mit verhaltener Kraft anfangen? Worin liegt der Vorteil, dass man ein Pilotprojekt macht, wenn man von vorneherein weiß, dass das nachfolgende Projekt „knackig" durchgezogen werden muss?

Leider werden immer wieder diese Pilotluftballons gestartet. Um Zeit zu gewinnen, um Gefolgschaften oder Pfründe zu sichern, um zu sabotieren und zu torpedieren, was das Zeug hält. Ein Pilotprojekt zu starten mit der Absicht, den Sinn oder Unsinn zu ermitteln ist an sich unsinnig. Da vermittelt die Ansage „Wir ziehen ein Projekt durch mit Stufe eins, dann kommt Stufe zwei und Endspurt in Stufe drei" erheblich mehr Motivation und Energie. Den Piloten nimmt keiner Ernst, also setzt keiner mehr Energie rein, als unbedingt notwendig wäre. Ein kompromisslos angesagtes Projekt aber macht unzweifelhaft klar, dass man den Blinker setzt und sich auf die Überholspur, auf die Straße der Sieger begibt.

Auch bei Projekten gilt: mit 100 Prozent Energie an den Start gehen.

Projekte, die mit Management-Power, sprich „Commitment" im positiven Sinne, durchgezogen werden und nicht mit einer Pilotphase, funktionieren in der Regel wie gewünscht. Da wird von Beginn an kein Zweifel daran gelassen, dass es durchgeführt wird, und zwar in zwangsläufig aufeinander folgenden, von einander abhängigen Phasen. Schon psychologisch ist das eine ganz andere Sachlage. Ein gutes Projekt erkennt man daran, dass es vom Start weg sauber geleitet wird, dass die Manager dahinter stehen und dass es überhaupt durchgeführt wird und nicht mit Hilfe eines Pilotprojektes verschleppt wird.

Für den Unternehmenserfolg oder den Projekterfolg ist auch die Energie entscheidend, mit der jeder Einzelne zu Werke geht. Analog gilt nämlich auch hier: Ich muss meinen Energiehaushalt so einrichten, dass ich am Start, im entscheidenden Moment, 100 Prozent zur Verfügung habe. Lege ich einen Fehlstart hin, dann entscheidet sich bereits hier, ob ich am Ende ein Spitzenergebnis erreichen kann oder nicht. Am Start verschenktes Territorium wieder zurückzuholen ist praktisch unmöglich. Außer, der Mitbewerber leistet sich im weiteren Verlauf noch einen Patzer. Verständlich, dass ein anfänglicher Fehlschlag nicht gerade motivationsförderlich ist.

Volle Power von Anfang an

Was für Projekte gilt, lässt sich auch auf Mitarbeiter übertragen. In vielen Unternehmen ist die Unsicherheit groß: Setzen wir auf das richtige Pferd? Amortisieren sich die Ausgaben für Gehalt und Ausbildung dieses neuen Sales-Profis? Wann bringt er den erwarteten ROI (Return on Investment)? Immer wieder fragt man sich: „Kann der/die denn was?“ und „Haben wir die richtigen Leute am Start?“

Die Probezeit geht dem Ende entgegen, und der Umsatz stimmt nicht, und man ist sich noch nicht definitiv schlüssig, ob der Mann/die Frau etwas taugt. Oft sind die Verkaufszyklen nämlich deutlich länger als die Probezeit. Im Investitionsgüterbereich beispielsweise ist der Verkaufszyklus bis zu zwölf Monate lang. Daher gibt es auch noch keine aussagfähigen Umsatzzahlen. So steht man nach fünfeinhalb Monaten vor der Entscheidung, ob man die Probezeit verlängert, ihm/ihr kündigt oder ihn/sie übernimmt – man kann die Leistung einfach nicht richtig einschätzen. Dann vergehen weitere vier, fünf Monate und der Erfolg kommt immer noch nicht, man hat aber beträchtlich investiert. In Gehalt, Ausbildung usw., und es hat sich noch immer nicht ausgezahlt. Man fragt sich also, wie man seine Investition wieder zurückbekommt.

Wie im Zehnkampf erkennt man den Gewinner, den Macher, den guten Verkäufer, bereits am Start. Und zwar an den Dingen, die er fragt, die er fordert, die er als erstes machen will ... also an der Eigeninitiative. An seiner Präsenz und auch an seiner Erfahrung, die er als Potenzial mit einbringt. Hinter diesen Merkmalen steckt die Energie, mit der jemand geladen ist und mit der er an den Start geht.

Der Weltklasse-Tennisprofi André Agassi klagte einmal über sein Formtief. Er suchte Antony Robbins auf, den bereits erwähnten Wundercoach, um sich Rat zu holen. Robbins zeigte Agassi zwei Videos; zunächst ein Match Agassis, welches er gegen einen schlagbaren Gegner haushoch verloren hatte. Deutlich konnte man erkennen, wie Agassi zu Beginn des Matches auf den Platz schlurfte, ständig an seiner Hose zupfte, nicht mit dem Publikum kommunizierte. So saß er wie ein Häufchen Elend auf seiner Bank. Robbins fragte ihn, was er in dem Moment gefühlt habe. Agassi antwortete, er könne sich an die Situation genau erinnern: Er hatte die beiden voran gegangenen Matches gegen diesen Gegner unglücklich verloren und auch im aktuellen Turnier hatte der bereits mehrere starke Gegner ausgeschaltet. Das habe ihn mental beschäftigt.

Das zweite Video zeigte einen völlig anderen André Agassi: Er betritt den Platz, Spannung im ganzen Körper, starke Präsenz, Publikumskontakt, ganz der Champion. Agassi wirft schwungvoll die Tasche neben seine Bank, nimmt den Schläger in die Hand und fängt sofort an, sich warm zu spielen. Am Ende gewann Agassi das Match mühelos. Auch nach diesem Video stellte Robbins die Frage nach Agassis Gedanken zu Beginn. Und Agassi antwortete cool: „Ich weiß es noch, ich dachte, es wäre besser für meinen Gegner gewesen, er wäre nicht angetreten."

Zwei Dinge können wir aus diesem Beispiel lernen. Wer so energiegeladen mit der Überzeugung antritt, dass er als Sieger aus der Aufgabe hervorgehen wird, hat bereits so gut wie gewonnen. Diese Überzeugung resultiert aus einem hervorragend aufgeräumten, ökonomisch gemanagten Energiehaushalt und dem Vertrauen auf die eigene Leistungskraft. Und zweitens: Vergangene Misserfolge können uns Energie rauben. Nur wenn wir lernen, damit umzugehen, können wir das Blatt wenden.

Lassen Sie nicht zu, dass frühere Misserfolge zu einem Energieleck werden.

Beispiel: Nehmen Sie ein Stück Papier. Nun überlegen Sie genau, welche in Ihrem Leben die belastenden Faktoren sind. Haben Sie Ärger mit dem Lebenspartner? Reißen Sie eine Ecke vom Papier ab. Besteht eine offene Rechnung mit einem Freund? Reißen Sie ein weiteres Stück ab. Auch die Auseinandersetzung wegen eines Strafzettels kostet einen Schnipsel. Jedes Problem ist ein Schnipsel vom Papier, der dann auf dem Boden liegt. Diese Probleme haben die unangenehme Eigenschaft, gerade in kritischen Situationen, sich zu formieren, von hinten zu kommen und Nackenschläge auszuteilen. Tritt ein Projektmanager mit diesem Energiehaushalt an, wird er scheitern.

Deshalb ganz wichtig: Lassen Sie nicht zu, dass frühere Misserfolge zu einem Energieleck werden. Das gilt für den Projektstart („Das haben wir früher schon einmal versucht, und es hat nicht funktioniert") wie auch ganz individuell („Wenn ich den Kunden anrufe, kommt wieder nichts dabei heraus"). Wenn Sie sich bei solchen Gedanken ertappen, programmieren Sie sich um: „Dieses XY hat früher einmal nicht funktioniert, weil .... Inzwischen hat sich das geändert. Also bestehen gute Chancen, dass es diesmal klappt. Ich versuche es deshalb einfach immer wieder."

Machen Sie Ihre Projekte zu Energieprojekten!

Zum Weiterdenken

- Listen Sie alle Ihre aktuellen Projekte auf. Welche haben Sie vor, bei welchen sind Sie mittendrin und welche sind vielleicht gerade in der Abschlussphase? Überprüfen Sie, wie viel Energie Sie selber für die einzelnen Projekte haben, in einer Skala von 0 bis 10. 0 bedeutet, Sie haben keinerlei Energie für dieses Projekt – 10 heißt, Sie haben 100 Prozent Energie! Versuchen Sie herauszufinden, welche Gründe Ihr persönliches Energieergebnis hat.
- Wie sind Sie selbst bei den Projekten an den Start gegangen? Was haben Sie investiert? Haben Sie die Dringlichkeit verstanden oder unterstellen Sie bei näherer Betrachtung (möglicherweise sich selber) politische Hintergründe für dieses Projekt? Welche Projekte sind die absoluten Energieprojekte und wie können Sie diese mit noch mehr Energie aufpowern?

2. Disziplin: Selbstverantwortung

Selbstvertrauen alleine reicht nicht

Mit einem unserer Partner gelang es mir (Peter Busch) vor einiger Zeit, einen Auftrag zu gewinnen, wieder einmal im Bereich der Neukundenakquisition. Der Partner strotzte vor Selbstvertrauen, zumal er den Kunden bereits seit mehreren Jahren betreute und von allen Seiten durchweg positive Rückmeldungen erhielt. Nur durch seine Kontakte und sein Wissen um den Kunden war es überhaupt möglich geworden, diesen gemeinsamen Erfolg zu erzielen!

Sicherlich, der Projektauftrag war ein anderer als der, den er bisher sehr erfolgreich ausgeführt hatte. Es ging um konkretes, operatives Coaching eines kompletten Vertriebs und nicht nur um eine reine Trainingsmaßnahme. Wie auch immer, wir beiden Akquisiteure gingen auch gemeinsam in die Umsetzung und starteten das Projekt.

Die Kick-off-Veranstaltung und den Initiierungsworkshop machten wir gemeinsam – mit gutem Erfolg, gemessen am Feedback. Auch die ersten beiden Umsetzungsworkshops gestalteten wir im Team, wobei der Hauptteil inhaltlich auf Grund unserer unterschiedlichen Kompetenzen bei mir lag. Klar war auch, dass nach diesem Start die verschiedenen Teams von uns beiden jeweils einzeln weiter betreut werden sollten.

Wodurch auch immer: Keine 24 Stunden später meldete sich der verantwortliche Vertriebsleiter und wies mich dezent aber bestimmt darauf hin, dass das Feedback der Gruppen insgesamt sehr gut, allerdings meinen Partner betreffend vernichtend sei und dass die Teams bitte nur noch mit mir weitermachen wollten. Mein Partner war damit raus! Der Kunde ist König – der Kundenwunsch war klar geäußert. Eine katastrophale persönliche Niederlage für unseren Partner! Eine Ablehnung, die wie aus heiterem Himmel für ihn kam, nach tatsächlich drei Jahren kontinuierlich guten Feedbacks.

Anfangs suchte er die Schuld bei den anderen, nicht bei sich selbst. „Wie kommen die auf so was? Ich hatte doch gar keine Gelegenheit für dies und jenes ...? usw., usw. Man merkte ihm an, dass er an dieser Situation sehr zu knapsen hatte.

Nach einigen Wochen und mehreren Gesprächen trafen wir uns wieder. Die Situation hatte sich wieder beruhigt, das Projekt lief ohne ihn. Er hatte von seinem deutlichen Übergewicht 25 kg absichtlich abgenommen und machte einen sehr guten Eindruck auf mich. Er erzählte mir seine Geschichte: Er hatte in den letzten Monaten, ohne es zunächst zu wissen, auch mit gesundheitlichen Problemen zu kämpfen gehabt, diese aber durch konsequente Maßnahmen sehr gut in den Griff bekommen. Er machte keine Schuldzuweisungen mehr und berichtete weiter: „Diese Geschichte neulich war meine größte berufliche Niederlage überhaupt. Anfangs hätte ich mich erschießen können, bis mir klar wurde, dass das nur etwas mit mir zu tun hatte! Vielleicht bin ich zu selbstherrlich an die Sache rangegangen, bin zu träge geworden, konnte nicht mehr richtig zuhören ..."

Niemand hat mir Schaden zugefügt außer ich mir selbst.

Napoleon Bonaparte

Ich verstand auf einmal, was passiert war – was die Situation positiv für ihn gedreht hatte: Er hatte die *Verantwortung* für das Geschehene übernommen und konzentrierte sich nun auf das, was er tun konnte, um in Zukunft wieder ganz oben mitzuspielen!

Weitsprung

Da es im Weitsprung nicht 20 parallele Anlaufbahnen gibt und Leichtathletik eine Freiluftsportart ist, wird es immer äußere Einflüsse geben, und die Bedingungen sind nicht hundertprozentig gleich von Event zu Event. Mit etwas Glück erwischt man als einziger die steife Brise von hinten, die einen beim Sprung unterstützt. Doch mit etwas Pech hat man als einziger genau diesen Windstoß von vorn. Eigentlich gute Gelegenheiten, die Verantwortung für das Ergebnis abzuschieben. Frank Busemann beschreibt, was *Selbstverantwortung* beim Weitsprung für ihn bedeutet:

„Für die Vorbereitung beim Weitsprung stehen nur 60 Sekunden zur Verfügung, darum kann man einen widrigen Umstand wie etwa den Windstoß von vorn auch nicht abwarten. Wenn die Uhr abgelaufen ist, muss der Athlet unterwegs sein, sonst ist der Versuch ungültig.

Wenn ich jetzt anfange zu lamentieren und mich zu ärgern, weil ich der einzige mit diesem störenden Wind bin, dann habe ich keine Chance mehr. Ich kann allerdings den Anlauf ein Stückchen nach vorn verlegen, um den Gegenwind auszugleichen, mich auf mich selbst konzentrieren und versuchen, das Beste aus der Situation zu machen.

Ob die Gegner ab jetzt vielleicht auch mit dem umgeschlagenen Wind zu kämpfen haben, weiß ich erst nach meinem Versuch und hat mich somit bei meinen Sprung nicht zu interessieren. Oder ob sie sich bei der achten Disziplin, dem Stabhochsprung, den ganzen Wettkampf über mit drehenden Winden auseinander setzen, kann ich jetzt ebenso wenig wissen. Das Hier und Jetzt ist wichtig, die Gegebenheiten zu 100 Prozent zu akzeptieren und das Beste daraus zu machen.

Wenn ich mich derart über den Wind aufrege, hätte ich als Sportart ja auch das berühmte Hallenhalma wählen können. Ich habe den Zehnkampf für mich gewählt, mitsamt seinen Widrigkeiten, die mir von Beginn an bekannt waren. Also bin ich selbst verantwortlich. Deshalb fange ich nicht an zu zweifeln, da mir die verschwendete Energie nichts als Einbußen in der Weite bringt.

Nicht gefragt: Ausreden

In den zehn Disziplinen des Zehnkampfes gibt es unzählige Momente, die schief gehen oder auch klappen können, so dass es den perfekten Zehnkampf wahrscheinlich nie geben wird.

Ein Leichtathlet findet allerdings immer eine Ausrede. Da diese Sportart so erbarmungslos unsere Stärken und Schwächen aufdeckt, können der Athlet, der Trainer, die Konkurrenten und die Zuschauer spätestens an der Anzeigentafel genau ablesen, wie gut bzw. schlecht man war. Bei den Läufen wird die Reihenfolge noch mit hundertstel Sekunden ausgegeben, in der Sprungweite werden Zentimeter, wenn nicht sogar Millimeter gemessen, und wenn die Weite optimal zu sein scheint, kann in Absprung oder Landung vielleicht der entscheidende Zentimeter doch liegen geblieben sein. Und wann gibt es den perfekten Sprung? Wenn tausend Momente optimal synchronisiert werden.

In den zehn Disziplinen des Zehnkampfes gibt es unzählige Faktoren, die wiederum schief gehen oder auch klappen können, so dass es den perfekten Zehnkampf wahrscheinlich nie geben wird. Wenn der Leichtathlet nur zu 91 Prozent fit ist, wird er anstatt 8706 nur 7922 Punkte erreichen. Ein Fußballer dagegen hat es leichter: Wenn er nur mit Auge und Erfahrung den tödlichen Pass spielt, kann er die fehlenden neun Prozent ausgleichen.

Wenn ich mich also für meine Form und Leistung rechtfertigen muss, dann kann ich sicher sein, nicht alles gegeben zu haben.

Wenn ich jedoch weiß, dass ich nichts hätte verbessern können, dann habe ich alles erreicht, was in meiner Macht stand, und ich muss keine Ausreden suchen. Das geht aber nur, wenn ich mich auf meine Leistung konzentriere und selbstverantwortlich sagen kann: „Unter den gegebenen Umständen, mit der Vorbereitung und dem Umfeld war das das Beste, was ich erreichen konnte. Und da hat kein Wind, kein Kampfrichter und kein Gegner Schuld!"

Keine Ausnahme

Bei kleinen Wettkämpfen darf der Athlet so viele Probesprünge machen, wie er möchte. Die Kampfrichter sperren irgendwann die Anlage und dann erst fängt der eigentliche Wettbewerb an. Bei großen Wettkämpfen wie Weltmeisterschaften und Olympischen Spielen beginnt der Wettbewerb allerdings schon vor dem ersten Sprung. In der Startreihenfolge darf jeder Sportler zwei Sprünge absolvieren und muss mit dieser wirklich knapp bemessenen Anzahl sein Gefühl und die optimale Anlauflänge herausfinden.

Labile Athleten versuchen mit Diskussionen oder Tricksereien noch einen weiteren Sprung herauszuholen. Sie sind sich ihrer Sache nicht so sicher, dass ihnen zwei genügen würden. Manchmal sind die Kampfrichter nett und lassen die Regel Regel sein. Doch wenn alle Überredungskünste oder Nettigkeiten bei den Kampfrichtern nicht ziehen, dann muss der Athlet eben mit den sehr wenigen Probesprüngen zurechtkommen. Wenn ihm das nicht reicht, hat er das selbst zu verantworten. Nicht die Funktionäre, nicht die Kampfrichter und nicht die anderen Athleten. Die Regel bestand schon vorher und er hätte sich im Training darauf vorbereiten müssen. Er hätte sich mental drauf einstellen können und den anderen geht es ja nicht anders. Für mich war immer klar, dass ich durch meine knappe Zeitbemessung meist nur einen Sprung machen würde und es genügen musste. Da ich mir sicher war, in den drei Wettkampfsprüngen mindestens einen guten zu schaffen, ging ich immer mit vollem Selbstvertrauen an den Start – und es klappte.

Leistungsdruck und Nervenkrieg

Einen guten Zehnkämpfer zeichnet aus, nach einem Rückschlag unverdrossen weiterzumachen. Als mir bei meinem allerersten Zehnkampf beim 100-Meter-Lauf der Startblock weggerutscht war, ich stolperte und fast stürzte, begann ich schon nach 20 Metern zu lamentieren und fürchtete um mein gutes Gesamtergebnis.

Aber durch das Missgeschick am Start war mein Adrenalin derart in die Höhe geschossen, dass ich schneller lief, als ich eigentlich konnte. Aus Angst um meine gute Leistung wuchs ich über mich hinaus. Als ich nach 100 Metern das Ziel fast mit Bestzeit (!) erreichte, freute ich mich aber nicht über die gute Leistung, sondern ärgerte mich über die verschenkten Zehntelsekunden. Ich beschäftigte mich in der nächsten Disziplin, dem Weitsprung, mit meinem Missgeschick beim Sprint und konzentrierte mich nicht auf mein Können, sodass der Weitsprung mit zwei ungültigen Versuchen und 40 Zentimetern zu kurz ins Protokoll einging. Ich hatte zu viel Energie mit Lamentieren verplempert.

Der Wechsel zwischen Höhen und Tiefen liegt im Zehnkampf so dicht beieinander, dass es in der eigenen Verantwortung liegt, was man daraus macht.

Charakteristisch für den Zehnkampf ist, dass man immer wieder dazu verleitet wird, im Nervenkrieg den einen oder anderen Konzentrationspunkt zu verlieren. Nur wer die erzielte Leistung akzeptiert, wie sie ist, und sich auf sein Können konzentriert, der wird das Optimale herausholen. Der Wechsel zwischen Höhen und Tiefen liegt hier so dicht beieinander, dass es in der eigenen Verantwortung liegt, was man daraus macht.

Man könnte jetzt sagen, dass der Block keine Dornen hatte und ich das Wegrutschen gar nicht hätte verhindern können. Aber mit ein bisschen Erfahrung hätte ich auf einen neuen Block bestehen können, hätte jemanden bitten können, sich hinter mir auf den Block zu stellen. Es war also nicht die Schuld des Platzwartes, der Herstellerfirma oder des Gegners, sondern ganz allein meine eigene."

Übernehmen Sie die Verantwortung für Ihr Leben!

Täglich müssen wir entscheiden. Zwischen Bus, Flugzeug und Auto, rufe ich an oder nicht, ziehe ich das rote oder das blaue Kleid an, diese oder jene Schuhe, kaufe oder verkaufe ich diese

Aktie oder jenen Fonds. Täglich treffen wir Entscheidungen auf Grund von Wahrnehmungen, die wir mit unseren Denkmustern, unseren Programmen gefiltert und bewertet haben. Muster, die so tief in uns verankert sind, dass wir uns ihrer überhaupt nicht mehr bewusst sind und ihren Ursprung längst vergessen haben. Doch es gibt keinen Grund anzunehmen, dass wir für die Auswirkungen nicht verantwortlich sind. Anders gesagt: Wir sind selbst dafür verantwortlich, wie wir mit einer Situation umgehen.

Du bist nicht für das Universum verantwortlich: du bist verantwortlich für dich selbst.

Arnold Bennett

Unsere Denkmuster bestimmen, was wir wahrnehmen wollen. Und sie blenden aus, was nicht in unser Spektrum passt. So sehen wir in der Hauptsache das, was bereits in uns angelegt ist, wofür wir entsprechende Schubladen haben. Unsere Außenwelt ist demzufolge der Spiegel der eigenen Innenwelt. Die Konsequenz dieser Einsicht ist gleichermaßen dramatisch und hoffnungsvoll: Wollen Sie etwas an der Außenwelt ändern, an dem, was Sie wahrnehmen, dann müssen Sie es bei sich selbst ändern – Ihre Sichtweise ändern. Sie müssen einen Schritt zur Seite machen und eine andere Perspektive einnehmen. Und Sie müssen akzeptieren, dass jeder seine eigene hat. Was auch heißt: Sie sind Ihrer Außenwelt nicht bedingungslos ausgeliefert, sondern Sie können über Ihre Wahrnehmung etwas ändern.

Überlegen Sie einmal, in welchen Situationen beruflich oder privat Sie mehr Selbstverantwortung übernehmen könnten. Ein kleiner Tipp: Halten Sie Ausschau nach Situationen, in denen Sie Sätze formulieren wie zum Beispiel:

Ich bin nicht verantwortlich, weil ...

- ich nicht die Ausbildung habe,
- die Rahmenbedingungen nicht stimmen,
- man mir das nicht gesagt hat,
- ich nicht die exakte Informationsgrundlage hatte,
- ich nicht genug Geld verdiene,
- ich nicht in der richtigen Machtposition bin,
- ich nicht motiviert worden bin,
- ich andere kenne, die das auch nicht müssen,
- ich andere kenne, die das auch immer so tun,
- ich bereits 20 Jahre geleistet habe, und irgendwann muss man auch einmal ernten.

Solche Rechtfertigungen sind ein ganz klares Zeichen dafür, dass Sie Verantwortung abgeben und anderen die Macher-Rolle zubilligen. Damit sind Sie nicht mehr in der Lage, für sich selbst zu bestimmen. Also: Augen und Ohren auf, wenn sich wieder solche Sätze einschleichen und Sie vom Handeln abhalten wollen. Sie haben die Fäden in der Hand. Und wenn Sie eine Suppe auslöffeln müssen, dann haben Sie sie vorher wenigstens selbst ausgesucht.

Wägen Sie ab bei Lob und Tadel

Und es gibt noch ein weiteres Warnsignal, das immer dann erscheint, wenn wir dabei sind, andere für uns bestimmen zu lassen. Was lösen Sätze wie „Das hast du aber toll gemacht!" oder „Sehr gut, Müller, dass Sie die Präsentation gestern nach Feierabend noch fertig gemacht haben. Auf Sie kann man sich einfach verlassen" bei Ihnen aus? Spüren Sie ein warmes Wohlgefühl tief in Ihrem Innern? Möchten Sie mehr davon hören?

Gute Beurteilungen haben etwas Verführerisches. Denn wir alle streben nach Anerkennung und denken, die bekäme man nur von außen. Darum geben wir uns die größte Mühe, dem Bild zu entsprechen, das andere von uns gemalt haben. Doch damit machen wir uns klein und die anderen groß. Denn wer lobt, steht in der Rangordnung über uns. Das gilt für das Tadeln natürlich genauso. Er hat das Recht, uns zu beurteilen. Indem wir das akzeptieren, bestätigen wir die Hierarchie. Wir legitimieren damit das fremde Wertemuster und leugnen das Vorhandensein eines eigenen.

Selbstverständlich möchten wir Sie nicht dahin bringen, hinter jedem Lob oder hinter jeder Kritik einen mehr oder weniger gut versteckten Manipulationsversuch zu vermuten. Ein Lob ist ein Lob, ein Tadel ein Tadel. Es liegt allein an Ihnen, welche Erkenntnis Sie daraus ziehen. Im Sport können Buh-Rufe des Publikums zu Höchstleistungen anstacheln oder den Absturz bringen. Also: Bestimmen Sie selbst, wie Sie damit umgehen, was Sie aus der Beurteilung machen.

Nehmen Sie die Dinge sind, wie sie sind!

Ein Psychologe sagte vor kurzem in einem Radio-Feature: „Wer hat eigentlich die Situation, wie sie ist, in den edlen Zustand eines

Problems erhoben?" Ein Problem hat doch nur derjenige, der für sich keine Lösungen für eine Gegebenheit entwickeln kann. Der sich als Opfer von Umständen fühlt. Würden Sie sich gerne als „Opfer" bezeichnen lassen?

In dem Buch „Personal Power"[2] ist beschrieben, wie sich Menschen in einem Stau auf der Autobahn verhalten. Die Erkenntnis aus dem Beispiel ist so wesentlich, dass sie an dieser Stelle noch einmal deutlich gemacht werden soll.

Die Situation: 30 Kilometer Stau, nichts geht mehr. Sie schauen sich um, entdecken hier eine Frau, die sich die Lippen nachschminkt, dort einen Mann, der Radio hört und lauthals dazu singt. Wieder ein anderer geht noch einmal die Präsentation durch, die er vorbereitet hat. Alle befinden sich also in derselben Situation, nämlich im Stau. Es ist genauso müßig, nach der Ursache des Staus zu forschen wie sich über ihn aufzuregen. Es geht trotzdem nicht weiter. Doch jeder macht etwas anderes daraus. Was bedeutet das?

Was auch passiert, es hat absolut nichts mit Ihnen zu tun, es ist lediglich ein Zusammentreffen von Ereignissen. Das Ergebnis ist eine Situation, die so ist, wie sie nun mal ist. Sie ist neutral, im Grundsatz unproblematisch. Niemand ist dafür verantwortlich. Was Sie daraus machen, dafür sind Sie allerdings auf Grund Ihrer Interpretation der Situation sehr wohl verantwortlich. Es bleibt ganz allein Ihrer Fantasie überlassen, wie Sie das managen.

Wenn Sie die Verantwortung für die Interpretation einer Situation übernehmen, wenn Sie verstehen, dass Situationen einfach sind, wie sie sind, dann gewinnen Sie die Freiheit, inhaltlich handeln zu können. Sie könnten die Gegebenheiten als Anreiz sehen, eine andere Richtung in Ihrem Leben einzuschlagen, etwas Neues zu versuchen. Beispielsweise beim nächsten Mal den Zug zu nehmen, um bei dem genannten Beispiel zu bleiben. Damit bestimmen Sie selbst, wohin die Reise geht. Erweitern Sie Ihr Blickfeld und übernehmen Sie Verantwortung für Ihr Leben. Nur wenn Sie sich nicht von dem, was Sie wahrnehmen, in die Ecke drängen lassen, haben Sie die Freiheit, Lösungen zu finden und Ihr Leben selbst zu gestalten.

2 Wolf W. Lasko: Personal Power, Wiesbaden 1995.

Zum Weiterdenken

Übernehmen Sie Verantwortung!

- Forschen Sie einmal nach: Wann ertappen Sie sich selbst dabei, dass Sie sich rechtfertigen oder nach Lob schielen, statt eigenverantwortlich zu handeln?
- Denken Sie an eine aktuelle Situation, die Sie stark belastet, von der Sie aber glauben, dass sie nicht in Ihrer Verantwortung liegt. Schreiben Sie auf, was Sie genau belastet, was davon geändert werden kann und wer dafür verantwortlich ist. Welchen Part können Sie übernehmen? Wenn Sie feststellen, dass Sie nichts ändern können: Versuchen Sie, Ihre Sichtweise auf die Situation zu verändern, damit Sie besser damit umgehen können.
- Überprüfen Sie genau, ob Sie sich mit dem, was Sie tun, identifizieren können. Tun Sie das für sich selbst oder für Ihre Mutter oder Ihren Chef? Wenn Sie sich nach reiflicher Überlegung klar darüber geworden sind, dass Sie sich nicht identifizieren können mit dem, was Sie tun, sollten Sie schleunigst das Spielfeld wechseln! Überlegen Sie mögliche Alternativen.

Wie Sie Selbstverantwortung im Unternehmen beweisen

Selbstbestimmung und Motivation

Ein Beispiel

Wer bestimmt eigentlich, ob uns unsere Arbeit Spaß macht? Wenn Sie die vorigen Abschnitte aufmerksam gelesen haben, kennen Sie natürlich die Antwort. Wir möchten sie noch einmal durch ein Beispiel belegen, das wir ganz besonders anschaulich finden.

Zwei Kolleginnen stellen eines Tages fest, dass sie ihrer Jobs überdrüssig sind. Sie haben einfach die Nase voll von den unfreundlichen Kollegen, von unprofessioneller Arbeitsweise in der Firma, von ihrem nörgelnden Chef und den mäkeligen Kunden sowieso. Sie entschließen sich zu kündigen. Um den Kollegen zu zeigen, was die verlieren werden, wollen die beiden den Tag, an dem sie ihre Kündigungen abgeben, so richtig zelebrieren. Sie nehmen sich vor, sich besonders gut anzuziehen, nett auszusehen, perfekte

Arbeit abzuliefern, freundlich zu sein und einen rundum guten Job zu machen. Voller Vorfreude gehen die beiden einkaufen.

Am Tag X begrüßen zwei charmante, gut angezogene Damen den Portier. Seit fünf Jahren hatte er das nicht mehr erlebt. Freundlich grüßt er zurück. Aha, der erste hat es bemerkt, denken die beiden bei sich.

Die Kollegen wundern sich über so viel Freundlichkeit, Hilfsbereitschaft und Professionalität, die die beiden an den Tag legen. Der Chef ist fasziniert, weil er zum ersten Mal gefragt wird, ob er denn einen Kaffee möchte. Anrufe werden sofort entgegengenommen, Kunden freundlich empfangen, Arbeiten eigeninitiativ erledigt. Es läuft perfekt! Sogar die Kollegen haben endlich mal mitgedacht, und der Chef lächelt entspannt über den Rand seiner Kaffeetasse.

Schließlich ist es soweit. „Komm, jetzt legen wir dem Alten unsere Kündigungen auf den Tisch.“ sagt die eine. Worauf die andere sie anschaut und sagt: „Nein. Heute war mein schönster Tag. Warum sollte ich kündigen?“

Was ist da passiert? Gleich mehrere Faktoren haben hier zusammengewirkt: Die beiden setzten sich ein persönliches Ziel, lösten sich aus der Fremdbestimmung und veränderten ihre Umgebung, indem sie sich selbst geänderte Kriterien auferlegten.

Das Ziel war, den Ausstieg aus der ungeliebten Umgebung zum persönlichen Siegeszug zu machen. Welch ein Spaß, es allen noch einmal so richtig zu zeigen! An diesem Tag übernahmen die beiden Frauen die Verantwortung für ihr Dasein. Die nörgelnden Kollegen, der griesgrämige Chef, die ungerechten Kunden hatten keinen Einfluss mehr. Die Motivation kam von innen, aus der Taktik, einen perfekten Job zu machen, das persönliche Ziel zu erreichen. Die verblüfften Gesichter der Kollegen gaben zusätzlichen Auftrieb. So wurde der Tag für die beiden Kolleginnen wirklich zum Triumphzug, ohne dass irgendjemand anders aktiv dazu beigetragen hatte. Die veränderte Einstellung machte den Unterschied und brachte den Erfolg.

Tragfähig ist allein die Motivation, die von innen kommt.

Hätten Sie den beiden eine Gehaltserhöhung angeboten, um sie zu halten? Glauben Sie, dass mehr Geld dieselbe Wirkung gehabt hätte? Wir behaupten: Nein. All diese Motivationen über Geld, Karriere, Status und Freizeitversprechen sind die falschen Signale, noch dazu mit kurzer Haltbarkeit. Tragfähig ist allein die Motivation, die aus dem Inneren kommt, aus der Leidenschaft, gut zu sein, einen perfekten Job zu machen.

Lamentieren und sich untätig in die Opferrolle ergeben bringt niemanden weiter. Wie viel Zeit, denken Sie, wird in Unternehmen damit verbracht, professionell unselbstständig, nicht verantwortlich zu sein? Unserer Meinung nach werden 30 bis 40 Prozent der Aktionsenergie fehlinvestiert.

Woran machen wir Selbstverantwortung in Unternehmen fest? Zählen Sie einfach mal die Schuldzuweisungen und Rechtfertigungen in Meetings. Da wurde beispielsweise Material nicht bestellt, weil man noch auf das O.K. vom Chef warten musste, der war aber auf Geschäftsreise und der Geschäftsführer war zu Mittag, außerdem habe man gedacht, der Kollege macht das, der wiederum hatte aber nicht das richtige Formular, welches auch erst wieder in der Druckerei hätte bestellt werden müssen ...

In unseren Seminaren laden wir die Teilnehmer zu einem interessanten Test ein. Sie sollen sich überlegen und jeder für sich aufschreiben, was die Kollegen anders machen sollten, damit die Zusammenarbeit besser funktioniert. In der folgenden halben Stunde gehen die Seminaristen von einem zum anderen, um ihre Vorschläge anzubringen. Dann fordern wir sie auf, objektiv und ehrlich nachzudenken und aufzuschreiben, was denn jeder selbst tun könnte, damit die Zusammenarbeit besser wird. Und – oh Wunder – man stellt erstaunt fest, dass es genau dieselben Dinge sind, die alle von anderen erwarten. Betroffenes Schweigen ...

Nicht treiben lassen, sondern gestalten

Wenn Sie den Menschen Verantwortung geben, dann wachsen sie über sich hinaus. Aus Jungen werden Männer, und aus einigen Männern werden Manager.

Cyril Northcote Parkinson

Hier ein Beispiel, wie man Selbstverantwortung im Unternehmen positiv nutzen kann: Vor noch gar nicht allzu langer Zeit versuchte ein uns sehr gut bekannter Manager einen am Markt freien Top-Verkäufer seiner Branche zu gewinnen. Er führte etliche Gespräche, ging auf den Umworbenen ein, schnürte ein absolut lukratives Leistungspaket, um ihn für das Unternehmen zu begeistern! Der Kandidat sagte zu, unterschrieb die Verträge und hatte noch rund sechs Wochen Frist bis zum Start im Unternehmen. Drei Tage vor Beginn seiner Aufgabe sagte er ab! Er habe ein besseres Angebot bekommen und angenommen, ohne weiteren Kommentar. Der unterschriebene Vertrag lag zerrissen anbei!

Wochen später trafen sich die beiden Verhandler von einst auf einer Branchenmesse und konnten sich auch nicht aus dem Weg gehen. Klar war, der Top-Verkäufer hatte ein sehr schlechtes Gewissen. Er sprach unseren Bekannten an: „Sie sind bestimmt enttäuscht!“ Unser Kontakt, die Selbstverantwortung in Person, antwortete nur: „Jeder entscheidet selbst, ob er enttäuscht ist oder nicht! Guten Tag und ein schönes Leben für Sie“!

Bereits drei Wochen später wurde die vakante Stelle besetzt. Mit der absoluten Nummer eins des Marktes!

Identifikation mit der Aufgabe und den Zielen

Verantwortliches Kommunizieren ersetzt die Diskussion von der berühmten Hol- und Bringschuld! So kann man selbstverantwortliches Handeln daran messen, ob sich jemand all die Informationen, die er selbst braucht, beschafft und damit verantwortlich fühlt und ob er all die Informationen, die er für die Sicherstellung der Ergebnisse weitergeben muss, auch weitergibt und dafür ebenfalls die Verantwortung übernimmt. Er sorgt einfach dafür, dass er selbst informiert ist und dass alle anderen, die er braucht, auch informiert sind. Er macht das. Er ist Schöpfer, nicht Opfer!

Er macht das nur dann, wenn er sich mit der Aufgabe identifiziert. Aber auch daran ist selbstverantwortliches Handeln festzumachen. Er hat schließlich diesen Job gewollt. Er hat zu dieser Aufgabe Ja gesagt. Er ist verantwortlich dafür, ob er sich identifiziert oder nicht.

Nicht-Identifikation und damit gleichbedeutend Nicht-Verantwortung stellt die Frage nach der Schuld, nicht nach der Verantwortung. Nicht-Identifikation bedeutet gleichzeitig auch, Absicherungsszenarien aufzubauen, um seine Schuld (nicht Verantwortung) einzuschränken und im Zweifelsfall, wenn es schief geht, noch ganz gut da zu stehen. Was glauben Sie, wie kommen die Mega-E-Mails zustande, mit 33 Anhängen und 22 Vorgänger-Kommentaren, mit der halben Firma im Verteiler? „Ich habe ja alle informiert!“, ist das gängige Rechtfertigungsszenario, das man üblicherweise hört.

Diejenigen Manager, die sich positiv verbissen für eine Sache einsetzen, die sich mit ihrer Aufgabe hundertprozentig identifizieren, sind zu solchem Verhalten nicht fähig. Sich selber immer wieder die Frage zu stellen: Was kann ich tun, was kann mein Beitrag sein, um die Situation positiv für mich und das angestrebte Ergebnis aufzulösen, welchen Nutzen kann ich den anderen Projektbeteiligten noch zusätzlich vermitteln, damit es funktioniert etc. – das ist die Power, die in selbstverantwortlichem Handeln beobachtbar ist!

Zum Weiterdenken

Praktizieren Sie Selbstverantwortung in Ihrem Unternehmen!

- Nutzen Sie bei einem schwierigen Projekt, das Sie verantwortlich betreuen, die Symbolik der zehn Steine. Sammeln Sie zehn kleine Steine und legen Sie für jede Verantwortlichkeit, die Sie an jemand anderen abgegeben haben, einen Stein zur Seite. Wie viele Steine sind nun noch bei Ihnen und wie viele haben Sie an andere abgetreten? Überlegen Sie, was Sie tun können, um die Steine zurückzubekommen.
- Vereinbaren Sie in Meetings eine Spielregel: Schuldzuweisungen und Rechtfertigungen werden sofort als solche identifiziert. Gemeinsam überlegen Sie dann, welchen Hintergrund diese Nicht-Verantwortlich-Strategie haben könnte und wie Sie stattdessen verantwortlich mit den Aufgaben umgehen können.

3. Disziplin: Kreativität

Der goldene Mülleimer

Vor einiger Zeit rief uns ein junger Mann an mit der Bitte um einen Termin. Da wir den Herrn nicht kannten, baten wir unser Sekretariat um Nachfrage zum Besprechungswunsch. Der Herr wolle uns eine Geschäftsidee vorstellen und bitte diesbezüglich wirklich dringend um einen persönlichen Termin, wurde uns daraufhin mitgeteilt. Da wir guten Ideen gegenüber fast immer aufgeschlossen sind und vielleicht auch ein bisschen Neugierde damit verbunden war, vereinbarten wir also den gewünschten Termin.

Zum Treffen brachte der junge Mann seinen Partner mit. Nach dem üblichen Smalltalk kamen wir dann so langsam zur Sache. Es ging bei der Geschäftsidee um ein Kundenbindungsprogramm, das auf der grundsätzlichen Idee von Lufthansas Miles & More (Punkte sammeln) aufbaut. Allerdings sollte dieses Programm nicht nur für einen Kunden aufgebaut und angeboten werden, sondern für die zwölf wichtigsten Anbieter im deutschsprachigen Europa. Die Einfachheit des Konzepts und die Präsentation und Argumentation der Erfolgshebel beeindruckten uns sehr. Eigentlich war klar: Sollte man die zwölf Geschäftspartner für den Einstieg in dieses Programm gewinnen, musste es ein Riesenerfolg werden (zumindest nach der ersten ungeprüften Euphorie).

Nun entwickelte sich der Termin hin zum Kern des eigentlichen Anliegens. Was sollte unsere Rolle in diesem Spiel sein? Bei uns gibt es zwar auch eine Kernkompetenz für Kundenbindung und Stammkundenmanagement, aber deswegen waren die beiden Herren nicht hier. In ihrer ersten naiven Annahme gingen sie davon aus, dass wir zu den meisten der zwölf Anbieter doch bestimmt in geschäftlicher Verbindung stehen und wenigstens die Hälfte der relevanten Entscheider persönlich kennen müssten. Dieser Gedanke schmeichelte uns zwar, traf allerdings in keiner Weise zu. Es handelte sich hier um die „Crème de la Crème" der deutschen Konsumgüter- und Dienstleistungsindustrie. Die Ansprechpartner, die sich für ein solches Businessmodell wie das vorgestellte interessieren, müssten offensichtlich die erste Reihe sein, also die Vorstandsvorsitzenden, ggf. weitere Vorstände. Nach näherem Beleuchten der einzelnen Zielpersonen stellte sich zwar heraus, dass wir tatsächlich zwei Kontakte vorweisen konnten, allerdings nicht mit der nötigen Beziehungstiefe, um geradewegs einen Termin zu bekommen.

Kreative Idee gesucht

Also, was tun? Eine *kreative Idee* musste her! Wie kommt man mit jemand auf einer „High-Level"-Ebene zusammen, den man bis dahin noch nicht kennt? Die üblichen Vorgehensweisen, wie schlichtes Anrufen und sich durchstellen lassen, versprachen nicht den gewünschten Erfolg. Außerdem hatten die beiden Herren mit ihrem Anliegen nur einen „Schuss"!

Ein kurzes Brainstorming leitete zwar den Kreativprozess ein, ergab aber auch nicht gleich die geniale Idee. Wir verabschiedeten uns von den beiden Partnern und versprachen nachzudenken. Eigentlich war das ja auch kein richtiger Auftrag, aber trotzdem, unser sportlicher Ehrgeiz war geweckt! Zwei Wochen später kam uns plötzlich eine Idee:

Kennen Sie diese amerikanischen „Oscar" Mülltonnen? Es gibt sie in verschiedenen Größen, sie sind rund und haben oben einen Wippdeckel. Sie stehen sehr oft als wirkliches Schmuckstück in Küchen und stellen so auch einen gewissen Wert dar.

Ein solcher Mülleimer in der größten Form, gold glänzend lackiert (ist eine Sonderanfertigung – haben wir später in einer Lackiererei machen lassen), per Kurier im Vorzimmer der Top-Ansprechpartner überreicht, löste eine gewisse Wirkung aus. Mit dem Mülleimer übergab der Kurier einen schlichten Begleitbrief mit folgendem Text:

„Wenn Sie es sich leisten können, eine gute Idee nicht zu kennen, dann nutzen Sie bitte das mitgelieferte Medium, um diesen Brief direkt zu entsorgen! Mit freundlichem Gruß!"

Die Kreativität der Vorgehensweise besiegte den Alltag mit all seiner langweiligen Routine in zehn Fällen (zwei konnten weder mit dem Mülleimer etwas anfangen noch in Verbindung mit dem Anschreiben Kreativität feststellen). Sieben direkte Terminvereinbarungen waren die Folge, drei weitere Termine konnten mit Entscheidungs-Vorbereitern vereinbart und durchgeführt werden.

Kugelstoßen

Wie sehr eine *kreative Änderung* des gewohnten Ablaufs dem sportlichen Erfolg dienen kann, hat Frank Busemann beim Kugelstoßen erfahren:

„Das Kugelstoßen ist eine Disziplin, die vermeintlich simpel und jedem bekannt ist. Nach dem Ballwurf lernt ein jeder Schüler das Kugelstoßen in der Schule. Die ersten Vorübungen ähneln der allseits bekannten Technik des Stoßens lediglich insofern, als die Kugel das zu bewegende Gerät ist und vom Hals gestoßen werden muss. Schnell wird der Lehrer den Schülern die so genannte *Angleittechnik* beibringen, in der man rücklings zur Stoßrichtung einen „Hopser" nach hinten macht, das Stemmbein gegen den Balken setzt, das Druckbein, dann die Hüfte und zuletzt den Oberkörper schnell in Stoßrichtung eindreht, um die Kugel mit maximaler Kraft in den Sektor zu bringen. So lernt es jedes Kind. Da liegt es auf der Hand, dass jeder Athlet diese Technik auch benutzen wird. Mittlerweile wird bei den Spezialisten die effektivere, aber ungemein schwierigere Drehstoßtechnik angewandt. Doch der Zehnkämpfer versucht, die „leichte" Technik des *Angleitens* immer weiter zu perfektionieren.

Ich entwickelte mich beim Kugelstoßen über 12,08 Meter zu 13,24 Meter, bis ich eines Tages aus Versehen 15,00 Meter stieß, wobei alles am Stoß zu 100 Prozent stimmte. Meine eigentliche Leistungsfähigkeit lag damals bei 14 Metern, und dieser 15-Meter-Ausrutscher wollte mir, so sehr ich mich auch bemühte, einfach nicht noch einmal gelingen. Je länger ich mich in diesen Weiten aufhielt, desto ungeduldiger wurde ich, und ich versuchte mit Gewalt, an diesen einen Stoß heranzukommen. Aber anstatt mich zu verbessern, verschlechterte ich mich Woche für Woche.

Ich wurde immer unzufriedener und rätselte über eine Alternative. Wer sagte, dass die *Angleittechnik* Gesetz war? Warum sollte ich nicht mit einer anderen Technik besser klarkommen?

Stetige Abwechslung

In der Zeit der größten Ratlosigkeit und Verunsicherung suchten wir auch den Rat eines externen Trainers, von dem wir uns neue Ideen erhofften. Seine Theorie war so simpel wie einleuchtend:

Um die alten Strukturen der festgefahrenen und fehlerhaften Technik aufzubrechen, sollte ich nun in zwei Stunden bewusst falsch, richtig, vielseitig und abwechslungsreich stoßen. Ich katapultierte eine Kugel nach der anderen in die Kiesgrube und stieß mit rechts, mit links, mit Hüfte, ohne Hüfte, aus dem Arm, aus dem Körper, ohne Arm, nur mit Beinkraft. Seine Ideen schienen unerschöpflich und ermüdeten Psyche und Physis. Wie es schien, suchten wir den „Reset-Knopf", mit dem meine Festplatte vollständig gelöscht und eine neue Technik aufgespielt werden konnte.

In der Vielzahl der unterschiedlichen neuen Reize sollte sich der Körper die effektivste Technik heraussuchen. Es sollte sich das Richtige herauskristallisieren. All das bewusst Falsche sollte durch ein Überangebot verschiedener Reize am Ende durch das Richtige ersetzt werden. Soweit die Theorie. Ich probierte dieses Training genau zwei Mal und entschied mich aus Zeitmangel dagegen.

Rückbesinnung auf eine alte Technik

Da ich ein Zehnkämpfer und kein Spezialist war, hätte dieses Training zuviel Abstriche bei den anderen Disziplinen nach sich gezogen und mein malader Körper hielt nach kurzer Zeit dem zweistündigen Gehetze durch die Kiesgrube nicht stand. Ich krebste nach wie vor bei meinen 13,50 Metern umher und verbrachte schlaflose Nächte mit Kugelstoßträumen. Mein Trainer (mein Vater) und ich zerbrachen uns mit endlosen Lösungsversuchen den Kopf, bis wir auf die *Angehtechnik* kamen und dem altbewährten Angleiten den Rücken kehrten. Diese Technik ließ sich viel besser kontrollieren. Plötzlich stieß ich serienweise 15 Meter und verbesserte mich letzten Endes auf 15,24 Meter. Ohne Angleiten, ohne „Reset-Knopf", nur durch das Besinnen zurück zu den Wurzeln auf eine andere Technik, die jeder Schüler in der Unterstufe beigebracht bekommt.

Zwar wurde ich ab jetzt oft belächelt und die Konkurrenten glaubten, dass ich irgendeine Verletzung mit mir schleppte, weil ich ansonsten bestimmt die „normale" Technik angewendet hätte, doch wegen der rund 70 Punkte mehr, die ich jetzt immer einplanen konnte, lächelte ich mit.

Diese Leistungssteigerung hatte allerdings zur Folge, dass der externe Trainer mich fortan als Beispiel für das Funktionieren seiner Trainingsmethode als Referenz nannte. Dabei hatte er meine neue Angehtechnik überhaupt nicht gesehen. Er sah meine Verbesserung in einer Ergebnisliste und schloss allein anhand der Zahlen, dass ich dieses mit der einzig wahren und von ihm favorisierten Angleittechnik gestoßen haben müsse.

Suche jenseits des Bekannten

Mit dieser Erfahrung einer neuen Technik durchforstete ich alle Disziplinen und versuchte, effektivere Bewegungsabläufe zu erforschen. Warum sollte das Bekannte das Optimale sein? Weshalb sollte nicht Potenzial in solchen Ideen stecken, die so verrückt schienen, dass man sie normalerweise auf den ersten Blick verwirft? Vielleicht waren es nur Nuancen wie ein leicht veränderter Winkel, etwas andere Trainingsmethoden oder Übungen, die von außen gar nicht zu sehen waren, aber eine große Wirkung erzielten. Doch so sehr ich mich auch bemühte, ich musste einsehen, dass es auf dieser Welt genügend Athleten gab, die sich bereits ihren Kopf zerbrochen hatten und in den Jahren Techniken entwickelt hatten, die vom Grundmuster optimal waren. Geringfügig unterschiedlich war allein die Ausführung auf Grund der individuellen anatomischen Gegebenheiten jedes Einzelnen.

Durch meine steife und vollkommen unbewegliche Hüfte musste ich beispielsweise in meinen Jahren als Hürdenspezialist nach Wegen suchen, wie ich über die Hindernisse kam, ohne aus der Bahn zu geraten. Es war nur eine kleine Verwringung in der Lendenwirbelsäule, und meine Ungelenkigkeit wurde durch eine von außen unsichtbare Bewegung ausgeglichen.

Als ich vor einem Länderkampf mit einer starken Muskelverspannung in der Hüfte den Mannschaftsarzt aufsuchte, um mich behandeln zu lassen, fragte er nach meiner Sportart. Als die Antwort „Hürden!" war, guckte er nur ungläubig und versicherte mir, dass er sich das dann kommende Spektakel nicht entgehen lassen wolle, da niemand mit einer solch unbeweglichen Hüfte über die Hürden kommen würde. Ich tat es mit 14,06 Sekunden, was neben den zehn Punkten für Deutschland gleichzeitig Bestleistung bedeutete."

Denken Sie sich erfolgreich!

Kommen Sie leicht und schnell auf gute Ideen? Sprühen Sie vor Geistesblitzen? Glückwunsch, denn die meisten Menschen müssen sich ihre Ideen hart erarbeiten, wie auch das Beispiel von Frank Busemann gezeigt hat. Ideen, die man noch nicht hatte, liegen nämlich nicht einfach in der Schublade des Nachttischchens herum. Sie befinden sich zunächst noch außerhalb unserer Köpfe. Sie werden uns als Geistesblitze erleuchten oder nach und nach das Dunkel erhellen, sowie die Idee im Kopf Gestalt annimmt. Um die Idee im Kopf voran zu bringen, bedarf es grenzenloser Kreativität.

Was ist überhaupt Kreativität? Viele Menschen schmücken sich mit ihr. Künstlern wird besonders viel Kreativität zugeschrieben, Lebenskünstlern, Kreativ- und Art-Direktoren, Fotografen, Architekten, Forschern, ja sogar Handwerkern. Auch von Angestellten wird Kreativität erwartet. „Wie Sie das schaffen, überlasse ich Ihnen. Seien Sie kreativ!" Den Satz kennen Sie, vielleicht haben Sie ihn selber schon oft zu einem Mitarbeiter gesagt. Der eine freut sich dann, dass er seine Ideen umsetzen kann, der andere bekommt Schwitzflecken, weil er genau weiß, dass ihm nichts einfallen wird und er die Aufgabe nicht schaffen wird.

Ich bin ein guter Schwamm, denn ich sauge Ideen auf und mache sie dann nutzbar. Die meisten meiner Ideen gehörten ursprünglich anderen Leuten, die sich nicht die Mühe gemacht haben, sie weiterzuentwickeln.

Thomas Alva Edison

Aber auch von Managern, sprich Führungskräften wird Kreativität verlangt: bei der Projektentwicklung, beim Einsatz von Ressourcen, bei der Erschließung neuer Märkte usw. Also hat Kreativität etwas mit Gestaltung zu tun? Wo ist sie zu finden? Wahrscheinlich steht sie jedem Menschen zur Verfügung. Ideenreichtum, Schöpfergeist, Fantasie – das lässt sich nicht auf eine bestimmte Berufsgruppe, ein Tun oder einen Lebensbereich eingrenzen. Kreativität ist immer da und am eindrucksvollsten zeigt sie sich, wenn aus ihr etwas ganz Neues geboren wird, eine neue Idee entsteht und sich etwas bisher Unbekanntes entfalten kann.

Demnach ist es nicht wirklich kreativ, wenn ein Tischler immer die gleiche Vitrine baut, weil die sich so gut verkauft. Es ist auch nicht kreativ, wenn ein Musiker, Maler oder Dichter sein Werk in ähnlicher Weise wiederholt. Das ist lediglich die Weiterentwicklung von etwas Bekanntem, etwas Bestehendem und Erlerntem. Eine Abfolge von logischen und rationalen Gedankenketten, deren Ursprung in unserem Verstand liegt. Und da liegt der Hase im Pfeffer: Solange Kreativität auf Bekanntes und Bewährtes zurückgreift, hat sie keinen Zugriff auf wirklich neue Ideen. Sie wühlt sich stattdessen durch einen Fundus des Verstandes und der Erfahrungen. Vergleichbar damit: Wenn Sie Ihre Möbel umstellen, mag das letztlich hübscher und praktischer sein, aber etwas völlig Neues sicher nicht.

Die kleine Kreativität

Verschiedene Ideen assoziieren

Wenn man von kleiner Kreativität spricht, meint man in der Regel ein Assoziieren der verschiedenen unterschiedlichen Ideen. Die kleine Kreativität ist meistens auch zu erreichen, wenn man sich in Gruppen zusammensetzt und somit praktisch die eigenen Denkanstöße durch die Denkanstöße anderer vervielfältigt und multipliziert.

Die freie Assoziation ist der Überbegriff für Einzeltechniken wie beispielsweise:

- **Brainstorming:** Für eine konkrete Fragestellung entwickeln die Teilnehmer spontane Lösungsansätze, die sie dem Moderator zurufen oder auf Kärtchen notieren. Wenn die Ideenfindung abgeschlossen ist, werden die Ideen bewertet: Was lässt sich wirklich umsetzen? Was ist nötig, um Idee X weiterzuentwickeln?
- **Brainwriting Pool:** Alle Teammitglieder schreiben ihre Lösungsansätze individuell auf ein Blatt Papier. Sobald jemand mit der spontanen Ideenproduktion fertig ist, legt er sein Blatt in die Mitte. Ein anderes Gruppenmitglied nimmt das Blatt und legt sein eigenes in die Mitte. Beim Durchlesen der Ideen eines anderen werden neue Einfälle produziert, weil man neue Anregungen bekommen hat.
- **Methode 635:** Sechs Teilnehmer tragen drei Ideen in fünf Minuten auf ein Blatt ein, danach wird es weitergegeben, bis jeder Teilnehmer jedes Formular bearbeitet hat.
- Eine weitere gute Technik, um eine Situation auf andere Weise zu betrachten und neue Gedanken zur Problemstellung zu entwickeln, ist die **Analogiesuche**. Analogien sind Bilder, Vorgänge oder Tatbestände aus einem anderen Bereich, die Ähnlichkeiten mit dem vorgegebenen Problem aufweisen. Ein Tipp: Wählen Sie für technische Probleme Analogien aus dem Natur-

bereich, so wie es auch die Wissenschaft der Bionik tut. So ist es beispielsweise gelungen, eine Fassadenfarbe zu entwickeln, die extrem flüssigkeits- und damit schmutzabweisend ist. Wie? Die Forscher beobachteten die Tatsache, dass von einem Blatt der Lotuspflanze praktisch alle wasserlöslichen Substanzen abperlen, und übertrugen diese Prinzipien auf künstliche Oberflächen. Bei zwischenmenschlichen Problemen (z.B. Motivation der Mitarbeiter) können Analogien aus dem technischen Bereich helfen.

Kreativ kann man nur sein, wenn man bereit ist, viele verschiedene Wege zu gehen. Versteifen Sie sich deshalb nicht darauf, die „einzig richtige" Lösung zu finden. Damit blockieren Sie sich nur selbst. Für die meisten Probleme gibt es mehr als nur eine mögliche Lösung. Machen Sie sich und Ihrem Team also beispielsweise zur Vorgabe, zehn Lösungen zu finden. Und lassen Sie sich Zeit, um die gefundenen Ideen „gären" zu lassren. Schlafen Sie darüber, wenn möglich mehrmals. Sie werden Ihre Ideen dann besser beurteilen und die Problemlösung oder neue Arbeitsweise mit Überzeugung anwenden und vertreten können.

Die einzig richtige Lösung gibt es nicht.

Die große Kreativität

Während die kleine Kreativität den Blick auf das Sein lenkt, fokussiert die große Kreativität auf das Werden. Sie ist ausgerichtet auf Unmöglichkeiten und deren Überführung in Möglichkeiten. Dafür ist es notwendig, Logik und Vernunft abzuschalten, den Verstand zu leeren, d.h. ihn von Strukturen, Formeln und Anhänglichkeiten zu befreien. So entstehen Ideen, die jede Erwartungslogik überrumpeln.

Open your Mind

Wie kann man nun Kreativität auf einem höheren Level trainieren? Kreativität ist ein Prozess, der im traditionellen Verständnis in vier Phasen abläuft:

1. **Aufgabenstellung:** Zweifel an einer Lösungsmöglichkeit

   Der Zweifel gibt den Anstoß zum Nachdenken. Zweifel helfen dabei, genau hinzuschauen, sie zerstören Gewohnheiten und alte Wahrheiten.

2. **Stimulation:** Der Verstand reagiert, gerät in Stress

   Der Verstand kämpft um seinen Fortbestand. Es gilt, nach Möglichkeiten zu forschen, die in der Lage sind, sein bisheriges Weltbild zu zerstören.

3. **Inkubation:** Vertrauen auf eine Eingebung, Ruhe, Befreiung

   Alles ist gesagt, alles gedacht, das Denken wird passiv. Ab jetzt treten mentale Ruhe und Entspannung ein. Der Verstand wird befreit und ist offen für etwas Neues.

4. **Elaboration:** Einfälle werden gesammelt, bewertet und zugeordnet

   Sprachliches und anschauliches Aufarbeiten der gesammelten Geistesblitze, um das Neue dauerhaft zu manifestieren. Hier wird analysiert und zugeordnet.

Den Verstand kurzschließen

Tatsache ist, dass die beste Idee, der so genannte *Große Wurf*, der verstandfreien, der dritten Phase entspringt. Dazu muss man wissen, dass Kreativität immer außerhalb dessen zu finden ist, was wir erkannt und definiert haben als unseren Verstand, der unsere Denkmuster beinhaltet.

Wo der Verstand aufhört, da beginnt das wirklich Neue.

Stellen Sie sich einfach eine kreisrunde rote Linie vor. Innerhalb dieses Kreises befindet sich Ihre Gedankenwelt, befindet sich das geschlossene System Ihrer Wertvorstellungen und Denkmuster. Um Kreativität zuzulassen, muss diese Linie überschritten werden, denn Kreativität ist niemals dort zu finden, wo bereits alles bekannt ist, also innerhalb des Kreises. Wie wollen Sie Neues erfinden, neue Wege gehen, wenn Sie sich lediglich bereits bekannter Sachverhalte bedienen? Später werden wir in diesem Zusammenhang noch detailliert auf den Begriff „Rote Linie“ eingehen.

Wo der Verstand aufhört, da beginnt das wirklich Neue, das Unerwartete und Überraschende. Denn das, was wir verstandesmäßig erfasst haben, ist nicht mehr im Bereich der Kreativität. Also muss man den Verstand kurzschließen. Genau wie einen Stromkreis, aber viel weniger gefährlich. Das leisten Paradoxien.

Paradoxien als Kreativitätstechnik

Paradoxien sind Aussagen, von denen jede einzelne durch logische Ableitung sich zwar als wahr erweist, die aber insgesamt in einen Widerspruch führen. Das Denken und Nachweisen verläuft darüber im Kreis, und wer viel Zeit hat, kann sich ein Leben lang damit beschäftigen. Die besten Paradoxe widerstehen jeder Auflösung, gleichgültig, welche Prämisse auch immer aufgegeben wird.

Sobald wir auf eine Paradoxie treffen, ist es uns ein seltsam zwingendes Bedürfnis, sie aufzulösen. Eine Zeit lang macht das Spaß und fordert uns heraus. Aber dann wird es quälend, weil kein Ansatz zu einer Lösung führt. Paradoxien nutzen die Logik, um sie sogleich als unbrauchbar zu entlarven. Berühmt ist das Großvater-Paradoxon:

Das Großvater-Paradoxon

Angenommen, es gäbe die Möglichkeit, in die Vergangenheit zu reisen, dann bestünde auch die Möglichkeit, seinen eigenen Großvater aufzusuchen und zu töten, bevor er Kinder zeugt. Dadurch würde aber auch die Existenz des Zeitreisenden ausgelöscht, der dann natürlich auch nicht in die Vergangenheit reisen wird, um seinen Großvater umzubringen. Dann aber wird der Großvater leben und Nachkommen zeugen, woraus später der mörderische Zeitreisende hervorgeht, der in die Vergangenheit reisen könnte ...

Mittlerweile versuchen einige Naturwissenschaftler, dieses Paradoxon mit Hilfe neuer Theorien zu entkräften. Was in der Physik vielleicht möglich ist, funktioniert aber nicht bei folgendem Beispiel, zitiert von R. M. Sainsbury:

Sokrates sagt in Troja: „Was Platon jetzt in Athen sagt, ist wahr." Zur selben Zeit sagt Platon in Athen: „Was Sokrates jetzt in Troja sagt, ist falsch."

Und weiter aus derselben Sammlung:

Angenommen, dass
A denkt, dass 2 + 2 = 4
B denkt, dass Hunde Reptilien sind
C denkt, dass eine ungerade Anzahl der gegenwärtigen Gedanken von A, B und C wahr ist.
Ist das, was C denkt, wahr?

Paradoxien sind ein schönes Übungsfeld, um sein Denken aus der Linearität herauszuführen, aus der Einfachheit auszubrechen und in die Komplexität einzutreten. Sie werfen Probleme auf, die das Denken fordern, und zwar ein Denken, das sich mit zentralen Fragen auseinandersetzen muss.

Indem man sich mit Paradoxien beschäftigt, sich auf sie einlässt, eröffnet man sich den Weg zu einer überlegenen Kreativität, die jenseits bekannter Methoden und Prinzipien liegt.

„Lassen Sie uns mal spinnen ..."

Das Wesen des kreativen Prozesses ist, das Vertraute als fremd zu betrachten.

Unser Verstand setzt alles daran, Recht zu behalten, um nicht ad absurdum geführt zu werden – zu überleben. Der Verstand kann nun mal mit seinem Denkapparat nicht ins Unbekannte gehen. Das wäre ein Paradoxon. Was er nicht kennt, kann er nicht erfassen, nicht durchdenken, sich nicht vorstellen. Er will es nicht einmal! Also wird er jede kreative Idee boykottieren, die nicht in das gewohnte Muster einzuordnen ist.

Nehmen wir einmal an, Sie wollten Ihr Einkommen verdoppeln, verdreifachen oder gar verzehnfachen. Blanker Unsinn? Eine natürliche Reaktion, denn eine Verzehnfachung der Bezüge liegt in der Regel außerhalb unserer Vorstellungskraft. Interessanterweise aber genau dort, wo das Reich der Kreativität liegt.

Also lassen wir einmal den „Wind der Veränderung" wehen und machen ein Selbst-Brainstorming. Da Sie die Problematik und das Dilemma des Verstandes realisiert haben, können Sie nun bewusst dagegen steuern. „Den Verstand eliminieren" klingt vielleicht ein wenig martialisch, aber zumindest sollten Sie ihm keinen Spielraum zugestehen, wenn es um Kreativität geht. Sie kennen ja sicher den Spruch „Lassen Sie uns mal spinnen ... was wäre, wenn ...", wenn es darum geht, ein paar Strategien weiterzudenken. Ursprünglich anders zu deuten, besagt dieser Satz heute nach einiger Metamorphose, dass der Verstand ausgeschaltet wird und nur das Unreflektierte, das Verrückte sich melden darf.

Im ersten Schritt kommt es lediglich darauf an, genauso wie bei der Suche nach den eigenen Talenten zu Beginn des Buches, einige Möglichkeiten aufzuzählen, viel Geld zu verdienen. Idealerweise sind das solche Möglichkeiten, die irgendwie im Bereich der eigenen Talente und Fähigkeiten liegen. Sie könnten sich also selbstständig machen, freiberuflich arbeiten, ein Unternehmen gründen, auswandern, eine gute Partie suchen und finden, Lotto spielen, und was Ihnen sonst noch zum Thema einfällt. Fangen Sie auf keinen Fall sofort an, diese Ideen zu bewerten!

Selbstverständlich wird sich der Verstand in Gestalt der Vernunft immer wieder einmischen: „Das geht doch nicht!" oder „Das klappt niemals!" Diese Einwände sind nichts weiter als der hilflose Versuch, das eigene Leben innerhalb der gewohnten Umgebung unverändert zu erhalten. Doch was wäre, wenn eine völlig unwahrscheinlich anmutende Idee plötzlich doch zum Erfolg führte, und sei es mit ein bisschen Glück? Wäre das nicht ein Traum, der in Erfüllung geht? Im Voraus können Sie nicht wissen, ob aus einer Idee eine erfolgreiche Unternehmung wird. Im Voraus können Sie das lediglich komplett verhindern, nämlich indem Sie die Idee in der Entstehung verwerfen. Sie zuzulassen und zu Ende zu denken, eröffnet dagegen ein paar Türen zu neuen Räumen, und so könnte es mit der Verzehnfachung vielleicht doch funktionieren. Eine Chance zu nutzen ist besser, als keine zu haben.

Über das Brainstorming, über das Zulassen und Mutieren der Ideen kommt man zu nächsten Schritten: Wenn Sie sich einige attraktive Ideen ausgesucht haben, sehen Sie sofort, in welcher Möglichkeit das größte monetäre Potenzial steckt. Vorausgesetzt, es geht immer noch um die Verzehnfachung Ihrer Einkünfte, stellt sich zwangsläufig die Frage, was zu tun sei, um diese Ideen zu verwirklichen. So ergeben sich ganz automatisch weitere konkrete Schritte wie z.B. bei einer neuen Geschäftsidee eine Rechtsform für das neue Unternehmen ermitteln, das Konzept zu Papier bringen, Kunden identifizieren, feststellen, wer als Partner infrage kommt, Angebote einholen, einen Kostenplan und den Businessplan erstellen. Aus einer Idee, sei sie noch so verrückt, kann ein sehr konkreter Lebens- oder Karriereplan werden, sofern man bereit ist, den Gedanken in die Realität zu transferieren.

Entscheidend ist, welchen Suchraum für mögliche Lösungen Sie betreten. Geht es Ihnen lediglich um eine kleine Gehaltserhöhung, dann überlegen Sie ganz konkret, wie Sie Ihre Forderung durchsetzen können.

Sie könnten auch einen größeren Rahmen aufziehen, wenn zum Beispiel auch ein Jobwechseln infrage käme. Und wenn Sie sich noch weitere Möglichkeiten eröffnen wollen, dann ziehen Sie auch in Betracht, auszusteigen und Ihr Geld in einem toskanischen Landhaus zu verleben.

Der Vorteil eines kleinen Suchraums ist, dass Sie recht schnell zu einem praktikablen Ergebnis kommen. Es wird Ihre bisherige Lebensgewohnheit, Ihre *Komfortzone* nicht sonderlich gefährden. Allerdings könnten Sie auf diese Weise den großen Wurf verpassen.

Lassen Sie am Anfang möglichst viele Alternativen zu.

Darum besser zunächst möglichst viele Alternativen zulassen, denn der Selektionsprozess wird die Menge der Möglichkeiten sowieso schnell einkochen. Der Vorteil ist hier, dass Sie sich ein paar Optionen offen halten und sich im Rahmen Ihrer Wahlfreiheit entscheiden können. Das gibt Ihnen ein größeres Maß an Freiheit und Selbstbestimmung.

Kreative Menschen sind übrigens ...

... nicht mehr oder weniger talentiert als andere. Talent hat mit guten Einfällen nichts zu tun. Diese Menschen haben lediglich einen Zugang zur Ideenquelle gefunden und bedienen sich ihrer nach Belieben.

... nicht intelligenter als andere. Hatten Sie auch einen Mitschüler, der vor ungewöhnlichen Ideen nur so sprühte, aber im Unterricht keine Leuchte war, obwohl ihm so oft ein Licht aufging? Bekannt sind auch Beispiele anerkannter Genies, die oftmals auf anderen Gebieten als ihrer Spezialdisziplin völlige Versager waren.

... mutiger als andere. Sehr anschaulich wird das, wenn wir in die Vergangenheit schauen. Wie viele Menschen landeten für „ketzerische" Aussagen im Kerker oder auf dem Schafott? Und doch gab es immer wieder Vordenker, die sich mit Unglaublichem an die Öffentlichkeit wagten, ja sogar dafür in den Tod gingen. Mutig müssen heute Manager sein, die ein von Krisen geschütteltes Unternehmen wie ein Schiff über das stürmische Weltwirtschaftsmeer steuern. Dass dies nicht ohne schmerzhafte Veränderungen zu machen ist, haben wir bereits hinlänglich erfahren. Dies dennoch durchzuziehen, erfordert Mut.

... freier als andere. Ständig öffnen sie Türen, erkennen Möglichkeiten, die andere nicht sehen. Das gibt ihnen die Freiheit, sich aus dem Füllhorn des Lebens bestens zu bedienen.

... Problemlöser. Kreativität findet qualitativ und quantitativ andere Lösungen, als der Verstand es zu Wege brächte. Der Kreative ist per se nicht in der Vergangenheit zu Hause, also beschwert er sein Denken nicht mit alten, erfolglosen Strukturen. Sein Blick richtet sich nach vorne, auf das Resultat; er ist Vordenker, nicht Nachdenker. Seine Problemlösungen sind individuell, originell, unkonventionell und können einen wahren Quantensprung für ein Unternehmen, für das Privatleben und für viele andere Bereiche des Lebens bedeuten.

Wie Sie kreativ neue Kunden gewinnen

Permanent neue Ideen haben, die Kunden begeistern und nach vorne bringen – dafür gilt es, ein Umfeld zu schaffen, in dem Innovationen immer wieder möglich sind. Dies ist bei gedanklichem Gut sicherlich besser umzusetzen als bei materiellem. Der Geist muss verändert werden. Er muss mit einem großen kreativen Sprung aus dem Status des Vorstellbaren und Mutlosen herauskommen. Die Konzentration liegt hier auf Ideen, Innovationen und dem Gestalten praktikabler Neuerungen.

Grenzenlose Kreativität sinnvoll einsetzen

Kreativität kennt keine Grenzen. Dieser Satz gilt nicht nur beim Vorgang des Kreativseins, wie man üblicherweise annimmt. Kreativität ist auch gefragt, wenn es um das Ausloten von neuen Geschäftsfeldern, Tätigkeiten, Lösungen geht. Die Fragestellung lautet hier: In welchen Bereichen können Sie Ihre grenzenlose Kreativität sinnvoll einsetzen?

Ein Beispiel

Ein Beispiel: Was hat der Bayrische Wald mit Lachs zu tun? Kaum anzunehmen, dass in die kalten Bäche sich je ein Lachs verirrt hätte. Und doch befindet sich in der Nähe der deutsch-tschechischen Grenze – tausende Kilometer entfernt von den Fanggründen – Europas größte Lachsräucherei. Die würde man eher hoch im Norden vermuten, oder?

Eine Idee, die sehr gut funktioniert hat. Wahrscheinlich hätten die wenigsten Menschen den Gedanken an eine scheinbar so abwegige Unternehmung überhaupt zugelassen. Dass die Idee für diese ungewöhnliche Unternehmung bei einem Glas Bier geboren wurde, spricht darüber hinaus für die These von der Unverträglichkeit von Kreativität und Verstand.

Das Unternehmen floriert und steigert seinen Umsatz um 20 Prozent jährlich. Jede zweite Packung Räucherlachs, die in Deutschland in den Regalen der Handelsketten liegt, kommt aus den Öfen der Firma in Bischofsmais. Tonnenweise liefern Karawanen von LKW aus Schottland, Irland und Norwegen die rosa Delikatesse frisch an – und verlassen den Betrieb voll beladen mit dem fertigen Produkt in Richtung Abnehmer.

Marken-Profil gegen Produkt-Einerlei

Schon seit geraumer Zeit ist ein Prozess im Gange, der die Unterschiede zwischen Produkten verschiedener Hersteller verschwinden lässt. Rationalisierung der Fertigung, auslaufende Patente, fortgeschrittenes Know-how bei allen Herstellern tragen dazu bei, dass es beinahe egal ist, wessen Logo auf dem Produkt prangt. Identität gebend wirken lediglich noch Design und Vermarktung. Wenn schon die Produkte sich kaum voneinander unterscheiden, dann muss das die Akquiseform umso effektiver leisten. Ansonsten hat man keine Chance auf dem engen Markt.

Stellen Sie in Ihren Werbemitteln Produkt, Kompetenz, Service, hohe Qualität, Flexibilität und absolute Kundenorientierung heraus? Seien Sie versichert, das tun 99 Prozent Ihrer Mitbewerber auch. Beinahe wortgleich sogar. Es scheint, als ob viele Werbeagenturen ein einziges Formblatt für Prospekte verwenden.

Wenn schon die Produkte sich kaum voneinander unterscheiden, dann muss das die Akquiseform umso effektiver leisten.

Wenn man heute die Aufmerksamkeit potenzieller Kunden gewinnen will, braucht man ein interessantes Thema, einen originellen Aufmacher und einen dazu passenden Mehrwert. Die Überlegung, die dem zu Grunde liegt, ist, wie man Kreativität umsetzen kann in Form von Kundenansprache, um beispielsweise einen Termin zu bekommen. Ein persönliches Mailing ist ein netter Anfang. Ein Gimmick wie in der Einleitungs-Geschichte erregt da schon etwas mehr Aufsehen. Hier kommt Ihre Kreativität ins Spiel. Sie macht den Unterschied. Sie bewirkt, dass Ihr Mailing ankommt und andere nicht. Natürlich hängt der Aufwand für das Gimmick von der Absicht ab und vom zu erwartenden Ergebnis. Das ist vorher abzuwägen.

Wie geht es Ihnen, wenn Sie Werbung im Briefkasten finden? Wie oft haben Sie schon Angebote für tolle Weine, natives Olivenöl, Zeitschriften, Bücher, Pizza und vieles mehr mühsam aus dem Briefkasten gezerrt, einen Blick darauf geworfen und dann sofort entsorgt? Sicher kennen Sie das. Diese Versuche, Ihre Aufmerksamkeit zu bekommen, sind so penetrant wie uneffektiv. Wenn da ein „Kick“ dahinter wäre, eine pfiffige Idee, das wäre etwas anderes! Dann würden Sie denken: „Hoppla, das ist witzig, da hat sich jemand Gedanken gemacht, mal sehn, ob das Angebot genauso interessant ist.“ Diesen Gedanken zu erzeugen war die Absicht des „Goldenen Mülleimers“ aus der Einleitungs-Story. Das hat funktioniert.

Es ist absolut legitim, ja sogar oftmals der einzige Weg zum Kunden, wenn die Ansprache inhaltlich zunächst vom eigentlichen Produkt abgekoppelt wird. Offensichtlich wollten wir keine goldenen Mülleimer verkaufen. Nicht der Umsatz stand im Mittelpunkt der Aktion, sondern der Aufbau einer emotionalen Beziehung. Was nützen teure Hochglanzprospekte gepflastert mit Fotos, auf denen nichts als das Produkt zu sehen ist, wenn diese Art der Präsentation die Sekretärin im Vorzimmer des Entscheidungsträgers völlig kalt lässt? Bei der Flut von Papier, die täglich in die Büros strömt, wundert es nicht, wenn solche Medien durch das Raster fallen.

Die Drei-Schritte-Strategie für kreativere Werbemittel

Um der Entsorgung unserer Werbemittel vorzubeugen und eine Erwartungshaltung beim Empfänger aufzubauen, bedienen wir uns der Drei-Schritte-Strategie (die auch schon mal fünf oder sechs Schritte umfassen kann). Bevor unser Kunde erfährt, worum es geht, erhält er drei Mal einen „Teaser“. Damit soll lediglich Interesse geweckt werden. Der Teaser hat einen thematischen Aufhänger und einen Nutzen für den Empfänger, nicht mehr, aber auf keinen Fall weniger. Der Nutzen muss sehr wertvoll – nicht in materieller Hinsicht – sein. Dagegen kann die Information über unsere Firma völlig im Hintergrund bleiben. Es genügt, eine Visitenkarte beizulegen, denn damit bringt der Kunde uns mit dem Nutzenaspekt in Verbindung. Schließlich ist die Akzeptanz in der Regel soweit hergestellt, dass unser Angebot mit einiger Sicherheit nicht in der Ablage „P“ landen wird.

Wer viele gute Ideen hat, ist nicht nur ideenreich, sondern wirklich reich.

Wer viele gute Ideen hat, ist nicht nur ideenreich, sondern wirklich reich. Eine gute Idee sichert den Vorsprung. Suchen Sie nach Ideen, die Sie für den Kontakt zum Kunden nutzen können. Was lässt sich da verschicken? Sehr nützlich sind jegliche Informationen, von denen Sie wissen, dass Ihr künftiger Kunde sie äußerst interessant finden wird, dass er einen konkreten Nutzen davon hat. Trendermittlungen oder Studien zum Beispiel. Der Hinweis auf eine aktuelle Marktforschung kann unter Umständen entscheidend für Ihren Kunden sein. Verbinden Sie also wertvolle Infos mit Ihrem guten Namen.

1. Vorab recherchieren

Um Ihren Kunden kreativ und individuell ansprechen zu können, bleibt Ihnen eine ausführliche Recherche im Vorfeld nicht erspart. Das ist mit viel Arbeit verbunden, aber da Sie besser sind als andere, wissen Sie, dass für Sie und Ihren Erfolg ein überdurchschnittliches Arbeitspensum *normal* ist. In diesem Zusammenhang verweisen wir gerne auf das Kapitel zur 7. Disziplin: Aktion. Versetzen Sie sich in die Welt Ihres Kunden. Versuchen Sie zu sehen, worauf er achtet, was ihn interessiert, was für ihn wichtig ist. Wie ist er im Markt aufgestellt, wer sind seine Kunden, wer seine Partner, wer seine Konkurrenten. Gibt es eine neue Technologie, die demnächst breit bekannt gemacht wird, stehen gesetzliche oder die Steuer betreffende Veränderungen an? Wie heißen die Medien und Foren, die für ihn zur Informationsgewinnung unverzichtbar sind, welche Messen, Ausstellungen, Sonderveranstaltungen gibt es? Können Sie Ihrem Kunden Einladungen dafür zuschicken? Für welche Testergebnisse könnte er sich interessieren?

2. Den Empfänger persönlich ansprechen

Idealerweise verfügen Sie über Unterlagen, die Ihren Kunden ganz sicher interessieren. Damit allein ist es nicht getan. Denken Sie daran, das Anschreiben zu personalisieren, in Prospekten Wichtiges zu unterstreichen oder zu vermerken. Ein Prospekt mit einer individuellen und persönlichen Bemerkung, die auf den Empfänger zielt, wird mit großer Wahrscheinlichkeit ins Schwarze treffen.

3. Den Sicherheitsabstand wahren

Kommen Sie Ihrem Kunden nahe, treten Sie ihm aber nicht auf die Füße. Wer gleich im ersten Anschreiben zu intim „rüberkommt", braucht sich nicht zu fragen, wenn sich der Empfänger wundert, mit welchem Recht sein natürlicher Sicherheitsabstand unterschritten wird. Fallen Sie also weder mit Ihren durchaus interessanten und wichtigen Informationen ins Haus noch wählen Sie einen unangebracht freundschaftlichen Stil! Auch wenn es schwer fällt: Der Meister übt sich in Geduld. Wählen Sie den fachlichen und emotionalen Abstand aber auch nicht zu groß, sonst entfaltet sich die Wirkung Ihres Akquisemediums nicht. Bleiben Sie eng am geschäftlichen Rahmenthema und würzen Sie mit einer Prise Humor, Information, Beratung und Kollegialität.

Warum drei?

Ein einzelner Kontakt verpufft allerdings, darum sollten Sie mindestens drei Kontakte machen. Ebenso sind vier oder mehr Kontakte möglich, manchmal sogar angebracht. Das hängt vom jeweiligen Fall ab. Zumindest die drei Erstinformationen sollten ein Geschenk enthalten. Alles Weitere, d.h. was sich aus den Kontakten entwickelt, ergibt sich daraus, wie spannend Ihre verschickten Informationen für Ihren Kunden sind. Mehr als zwei Wochen dürfen keinesfalls zwischen den Aussendungen liegen.

Nicht locker lassen – kreativ werden!

Auch bei uns gibt es eine Wunschliste der zu erreichenden Ansprechpartner. Den Schwerpunkt legen wir ganz klar auf die Vorstände der DAX-Firmen. An diese Menschen heranzukommen, ist in der Tat nicht einfach. Noch schwieriger gestaltet es sich, einen persönlichen Termin zu vereinbaren. Auch wenn von dort selten eine Reaktion auf unsere Ansprachen kommt, handeln wir nach Frank Busemanns Wahlspruch und Buchtitel „Aufgeben gilt nicht". So hatten einige Manager bereits etliche Bücher zu aktuellen Themen und mit entsprechendem Mehrwert von uns erhalten, jedoch ohne dass wir den entscheidenden Kontakt herstellen konnten. Unsere Akquise war sowieso ohne konkretes Ziel auf längere Sicht angelegt. Schließlich hätte niemand vorhersehen können, wann genau oder ob es zu dem entscheidenden Termin kommen würde.

Ab und an treffen wir uns zu Meetings, um weitere Maßnahmen zu besprechen. In einem dieser Meetings wurde die Idee geboren, über den Wert der Buchpräsente hinauszugehen und nun der Kundenansprache Struktur zu geben, und zwar in Form eines Buchregals. Also verschickten wir per Kurier Regale mit dem Hinweis, dass man damit dem Know-how in Form unserer bereits gelieferten Bücher einen Rahmen, eine Struktur geben könne. „Struktur" war zu dem Zeitpunkt auch ein relevantes Thema in der Wirtschaftspresse und somit passte die Maßnahme optimal in einen größeren Kontext.

Kreativität: Den Gedanken „Das geht doch nicht!" abschalten und das Unwahrscheinliche ansteuern.

Den Gedanken „Das geht doch nicht!" abschalten und das Unwahrscheinliche ansteuern. Ungewöhnliches Denken zulassen, den daraus gewonnenen Ideenpool eindampfen zu praktikablen Lösungen und die dann in Handeln umsetzen, das ist der Schlüsselhebel. Einem Top-Manager zum Beispiel einen Kuchen schicken? Warum nicht!

Nachdem wir bereits neun Mailings – immer originell, intelligent, mit Mehrwert, aber ohne Response – an eine unserer Zielpersonen gesendet hatten, erhielt sie zum zehnten Kontakt eine Jubiläumstorte mit zehn Kerzen darauf. Unser Kurier zündete sie im Vorzimmer sogar an. Selbstverständlich hatten wir vorher sichergestellt, dass der Empfänger wirklich im Haus sein würde. Auch hier bot das marktwirtschaftliche Umfeld wieder ein „brand"-aktuelles Thema und somit bewegten wir uns im optimalen Kontext. Das Ergebnis: Diesmal hat unser Kunde im wahrsten Sinne des Wortes „angebissen"!

Packende Verpackungen

Und noch ein Beispiel für eine kreative Kundengewinnungsaktion: Das Verpackungsunternehmen aus dem Einführungskapitel hatte sich zum Ziel gesetzt, den polnischen Markt zu erobern. Die Ausgangssituation war, dass Verpackungen in Polen ausnahmslos aus brauner Pappe waren. Die nächsten zwölf Monate sollte noch weiter braune Pappe eingesetzt werden, danach würde der Color-Bereich an Bedeutung gewinnen. Was konnte man tun?

Man entschied sich dafür, zunächst den Markt mit brauner Pappe zu bedienen und ihn gleichzeitig auf Color-Verpackungen vorzubereiten. Die Aktion, die sich an TV-Geräte-Hersteller richtete, bestand aus vier Schritten:

1. Die identifizierten Ansprechpartner erhielten ein Polaroid-Foto mit vier Feldern. Drei der Felder waren nichts sagend braun, eins davon bunt. An diesem bunten Feld klebte ein Post-it, auf dem stand „Interessant?" sowie der Name und die Telefonnummer des Akquisiteurs.

Der Gedanke dahinter war, Muster zu brechen, so dass die Sekretärin nichts damit anzufangen wüsste. Sie sollte beispielsweise denken: „Das ist sicher jemand, der meinen Chef kennt, das lege ich ihm hin. Das muss ja so sein, weil sonst nichts weiter dabei steht." Der Chef würde es sehen, unterbewusst wahrnehmen, dass es um Farbe ging. Er würde drei fade Felder und ein buntes sehen. Dazu einen gelben Zettel. Und er würde sich fragen, wer das wohl sei, vielleicht noch eine Sekunde darüber nachdenken – und dann wahrscheinlich das Mailing vergessen. Wäre danach nichts mehr passiert, wäre die Wirkung verpufft.

2. Drei Tage nach dem ersten Mailing traf das zweite ein, und zwar ein Modell einer TV-Geräte-Verpackung aus Wellpappe. In der Mitte des Kartons war ein farbiges, sehr buntes Bild mit dem Firmennamen des Kunden. Außen herum waren seine Mitbewerber in fadem Braun abgedruckt. Dazu wieder ein gelbes Post-it mit Name und Nummer des Akquisiteurs.

   Der Chef erhielt also ein Verpackungsmuster, auf dem seine Firma in der Mitte herausragend in Farbe abgebildet war, wodurch sein Unternehmen sich deutlich von Mitbewerbern abhob. Damit wurde zum zweiten Mal ein Signal gesetzt. Möglicherweise gefiel dem Chef die Idee bereits und er trug sie zu seinen Kollegen, um deren Meinung abzufragen: „Vielleicht sollten wir die ersten sein, die in Farbe an den Markt gehen."

3. Wiederum drei Tage später erhielt der Chef einen Brief. Hierin wurde das Polaroid, der Karton mit dem bunten Bild, noch einmal visuell dargestellt. Die Vorgehensweise wurde aufgelöst. Inhalt des Briefes: Wir haben eine Idee, wie wir Sie (also den jeweiligen TV-Geräte-Hersteller) mithilfe von Color-Verpackungen im Markt nach vorne bringen können. Hierzu würde ein Anruf erfolgen.

   Dadurch wurde der Ansprechpartner auf kreative Art und Weise vorbereitet, dass es einen konkreten Mehrwert für sein Produkt gäbe.

4. Einen Tag später erfolgte der angekündigte Anruf. Hätte man den normalen Weg gewählt, also z.B. „Wir sind eine Verpackungsfirma, haben tolle Produkte, sind flexibel ...", dann wäre dieser Brief sicherlich sofort im Papierkorb gelandet.

Das Ergebnis: Mithilfe dieses kreativen Mailings gelang dem Verpackungsunternehmen der Eintritt in den polnischen Markt. Denn es konnten nicht nur Präsentationstermine vereinbart, sondern daran anschließend auch konkrete Aufträge gewonnen werden.

Zum Weiterdenken

Werden Sie zum Ideenschmied!

- Überlegen Sie konkret: Wo sind in Ihrem Unternehmen die Felder der Stagnation oder Schwierigkeit, bei denen eine Radikalkur des Denkens angesagt ist? Wie könnte es doch gehen? Was müssen Sie zusätzlich tun? Was können Sie anders machen? Welchen Nutzen können Sie für Ihre Kunden zusätzlich finden? Wie können Sie diesen Nutzen per Kommunikation transportieren?
- An welchen Prozessen (Arbeitsabläufen) in Ihrem Hause sind Sie beteiligt? Wie können Sie diese im Sinne der Ergebnisse anders, besser, effizienter gestalten? Welchen Beitrag können Sie dazu liefern?
- In welchen anderen Bereichen im Unternehmen, in denen Sie nicht direkt integriert sind, sehen Sie Verbesserungspotenziale? Welche genau sind das? Überlegen Sie bitte, wie Sie diese Idee an die Verantwortlichen kommunizieren können.
- Freuen Sie sich in Zukunft auf die Dinge, die offensichtlich für die Allgemeinheit als schwierig einzustufen sind. Diese Felder haben Raum für Kreativität!
- Sammeln Sie all Ihre kreativen Ideen und lassen Sie diese von besonders kritischen Kollegen/Menschen überprüfen, bzw. fragen Sie diese um ihre Meinung. Integrieren Sie deren Kritik in Ihre Konzepte und werden Sie so immer umsetzungsfähiger!

4. Disziplin: Wahlfreiheit

Wir haben ja keine Wahl ... oder vielleicht doch?

Es war kein besonders angenehmer Job, den wir da angenommen hatten – allerdings stellte sich das erst während der Startphase des Workshops heraus. Hoch qualifizierte Mitarbeiter eines Telekommunikationsunternehmens kamen auf Wunsch, oder besser gesagt auf Weisung ihres Chefs zu dieser Maßnahme zusammen, um die hoch kritische Situation des betreffenden Profit Centers zu diskutieren. Des Weiteren um dann geeignete Maßnahmen zu erarbeiten, die eine Trendwende der prekären Ergebnissituation in den nächsten sechs bis neun Monaten deutlich erkennbar machen sollten.

Die Mitarbeiter dieser Abteilung hatten in den letzten drei Jahren schon so einiges erlebt und sich immer wieder auf Veränderungen einstellen müssen. Die ursprüngliche Abteilungsbezeichnung war F & E (Forschung und Entwicklung). Und eigentlich verstanden sie sich auch so: als Forscher und Wissenschaftler, waren sie doch vor diesen ganzen Neuregelungen auch speziell mit diesem Auftrag angetreten. Innerhalb eines sehr großzügigen Budgets war der Auftrag, zukunftsweisende Technologien zu entwickeln, ohne dass der Auftraggeber einen konkreten Rahmen oder Zielvorgaben zu dieser Aufgabenstellung machte.

Das „El Dorado" war früher

Dieses „El Dorado", wo man die Leistungen der Mitarbeiter, nach deren eigener Meinung noch ausreichend würdigte, lag allerdings schon einige Jahre zurück. Seither wurden die Schrauben vom Management immer fester angezogen. Man wurde mehr oder weniger genötigt, immer zielorientierter zu arbeiten, die Leistungen wurden immer stärker hinterfragt und kontrolliert und zu guter Letzt sollte man sich dann auch noch um die Anforderungen und Wünsche der Kunden kümmern. Ein unglaublicher Rollenwechsel, der da verlangt wurde.

Zurück zu unserem Workshop. Diese ehemaligen Forscher und Entwickler, hoch qualifiziert, sollten sich nun auch noch Gedanken machen, welche Erfolg versprechenden Maßnahmen zu starten seien, um aus der Misere wieder herauszukommen, ja sogar zu überlegen, welche vertrieblichen Aktivitäten in Richtung Kunde jetzt in den Vordergrund des Handelns rücken sollten.

Nach einer kurzen Anmoderation und der Nachfrage, ob die Themen und der vorgestellte Rahmen in Ordnung seien, bemerkte ich (Peter Busch) schon die aufgestaute Feindseligkeit des Auditoriums. Danach stellte der Chef des Profit Centers noch mal für alle die prekäre Situation dar und wies auf mögliche Fehlerursachen der Vergangenheit hin sowie auf mögliche Erfolgshebel der Zukunft.

Trotz der Anwesenheit des Chefs war keine aktive Mitarbeit der Teilnehmer erkennbar. Auf die Frage, welche Prioritäten für die Anwesenden am wichtigsten seien, kam nur ein zynisches „möglichst früh nach Hause kommen" als Zielsetzung in Betracht. Als anständiger Workshopleiter ging ich der Sache auf den Grund und fragte nach, wie in einer solch schwierigen Business Situation ein so großes Desinteresse vorherrschen könne.

Einer der Teilnehmer meldete sich: „Wissen Sie, Sie haben hier etwas Wesentliches nicht verstanden: Das, was Sie hier von uns wollen, entspricht in keiner Weise unserer Rolle in diesem Unternehmen – das ist gar nicht unser Job! Wir sind Projektleute und Entwickler, aber doch keine Verkäufer! Wir hatten gar keine Wahl, diese Rolle anzunehmen oder nicht. Ebenso war es nicht unsere Entscheidung, heute hier herzukommen, um über Themen zu sprechen, die gar nichts mit uns zu tun haben. Sollen sich doch unsere hoch bezahlten Manager darum kümmern und sicherstellen, dass wir ausreichend Aufträge haben und dass wir in Ruhe unsere Arbeit machen können!"

Wenn Sie etwas Besseres mit diesem Tag anzufangen wissen ...

Da war es also: „Wir hatten keine Wahl"! Daraufhin fragte ich die Teilnehmer, wer sich denn vorstellen könne, mit diesem Tag etwas Besseres anzufangen, als die vorgestellten Themen gemeinsam anzupacken. Etliche meldeten sich, andere nickten zustimmend. „Dann meine Herren", gab ich zurück, „sollten Sie diese Alternative jetzt wählen und das, was Sie lieber tun wollen, jetzt auch tun. Sie haben jetzt die *Wahl,* hier zu bleiben oder zu gehen. Diejenigen, die hier bleiben, bitte ich allerdings, aktiv mitzuarbeiten und einen Beitrag zu leisten, um den Tag gut zu nutzen."

Ein Aufheulen wie, „mit welchen Methoden wird hier denn gearbeitet“ und „wir haben eben keine Wahl“, war von einigen Teilnehmern zu hören. „Sie wissen genau so gut wie wir, dass dies ernsthafte Konsequenzen für uns bedeuten würde!“ Wie auch immer, keiner wollte gehen, allerdings war auch nicht erkennbar, dass die Stimmung in Mitarbeit umschlug.

Daraufhin teilte ich dem Auditorium mit, dass sie und auch ich sehr wohl wählen könnten, wie der restliche Tag Gestaltung finden könne. „Meine Wahl ist es, unter diesen Umständen auf alle Fälle“, teilte ich mit, „den Tag hier und jetzt abzubrechen und meine Rechnung zu schreiben – und damit einen wesentlich angenehmeren Nachmittag zu wählen.“

„Natürlich haben Sie Alternativen“, eröffnete ich. „Wenn Sie sich in Ihrer Rolle ungemütlich fühlen, dann sollten Sie das ändern. Das Einzige, was Sie davon abhalten könnte, wären die Konsequenzen, die Sie tragen müssten. Da Sie offensichtlich vorziehen, das nicht zu tun, haben Sie sich allem Anschein nach dafür entschieden, hier zu sein und mitzuarbeiten.“

Als der Punkt den Teilnehmern klar wurde, konnten wir den Workshop doch noch starten und erreichten überraschend gute Ergebnisse. Später bedankte sich der Chef dieser Einheit bei mir. Er vermeldete zwei Kündigungen und bei dem Rest der Mannschaft eine wesentlich verbesserte Mitarbeit.

Hochsprung

Als Zehnkämpfer hat man immer die *Wahl,* sich auf bestimmte Dinge zu konzentrieren. Also sollte man Prioritäten setzen, denn eine gleichmäßige Verteilung des Trainings auf die zehn Disziplinen ist nicht möglich und auch nicht nötig. Jeder kennt seine „Schokoladendisziplin“, irgendetwas macht er immer ein bisschen lieber als anderes. Da fällt ihm das tägliche Training natürlich viel leichter, als sich einer Sache hinzugeben, die weh tut und nicht so viel Spaß verspricht – wie bei Frank Busemann der Hochsprung:

„Den Hochsprung musste ich im Wettkampf umfassend lieben, da mein Körper ein kontinuierliches Training nicht zuließ. Anfangs versuchte ich, mit geregeltem Training meine Leistung zu verbessern. Da ich im Training mit vermeintlich allergrößter

Kraftanstrengung lediglich 1,85 Meter überquerte und dabei ständig Gefahr lief, mir das Sprunggelenk zu verstauchen, weil ich nicht mit 100prozentiger Wettkampfspannung sprang, hatte das mit meiner eigentlichen Leistung von zwei Metern und mehr nicht allzu viel zu tun. Mit der Angst vor Verletzungen sprang ich mit einer Schonhaltung, die es im Endeffekt noch viel gefährlicher machte, als es für meine schiefen Füße ohnehin schon war.

Da die Technikanforderungen für 1,85 Trainingsmeter und 2,05 Wettkampfmeter komplett verschieden waren, hatte ich die Wahl, auf mich zu vertrauen oder mir jede Woche einen Knoten in die Füße zu machen. Ich entschied mich für das Selbstvertrauen und begann den Wettkampf immer zehn Zentimeter früher als gleich starke Athleten. Ich vergeudete mit dem frühen Einstieg zwar ein paar Kräfte, doch glich ich mit den Mehrsprüngen das fehlende Training aus und tastete mich unter Wettkampfbedingungen an meine Endhöhe heran. Das hatte zur Folge, dass ich genauso oft die Hochsprungspikes aus dem Keller holte, wie ich einen Zehnkampf bestritt. Es machte auch keinen Sinn, sich einen Anlauf zu merken. Da zwischen zwei Wettkämpfen bis zu einem Jahr und stark unterschiedliche Leistungsfähigkeiten lagen, merkte ich mir immer nur 12 Fuß nach außen und 36 Fuß nach hinten, da dieser Anlauf sowieso nur für den ersten Sprung galt und dann nach Tagesform und Höhe geändert wurde.

Vertrauen auf die Stärke im Wettkampf

Oftmals wurde mir Arroganz vorgeworfen, wenn ich erzählte, dass ich nicht trainiert hatte, und dann doch über zwei Meter sprang. Dabei hätte ich sehr gerne den Hochsprung trainiert. Im Wettkampf liebte ich ihn wirklich, aber im Training hasste ich ihn wegen der Angst vor Verletzungen und meiner schlechten Form während des Trainings. So schauten wir uns nach Alternativen um, die fehlende Praxis auszugleichen und auf ein belastendes Training verzichten zu können. Mein Hochsprungtraining beschränkte sich also auf reaktive Schlusssprünge und das Vertrauen auf die eigene Stärke im Wettkampf.

Bei keiner anderen Disziplin ist der Athlet freier in seiner Entscheidung, wann er den Wettkampf beginnt, als bei Hoch- und Stabhochsprung.

Bei keiner anderen Disziplin ist der Athlet freier in seiner Entscheidung, wann er den Wettkampf beginnt, als bei Hoch- und Stabhochsprung. Das Kampfgericht bzw. das Organisationskomitee legt lediglich die unterste Höhe sowie die kleinstmögliche

Steigerung fest. Im Stabhochsprung meist um Zehnzentimeter-Schritte und beim Hochsprung meist um drei bzw. vier Zentimeter.

Anhand des Einspringens merkt der Zehnkämpfer, wie gut seine Form und die Bedingungen sind, und wählt mit der in der Vergangenheit angeeigneten Erfahrung seinen Beginn. Mir fehlte die Praxis aus dem Training immer, darum begann ich meist viel früher als gleich gute Springer. Da ich diese Entscheidung schon immer weit im Vorfeld des Wettkampfes getroffen hatte, fühlte ich mich in meinem Tun wohl und dachte auch nicht daran, Kräfte zu vergeuden, sondern daran, Sicherheit zu bekommen. Da ich keine andere Alternative hatte, war das die einzig richtige Strategie, um zum Erfolg zu gelangen.

Bis auf wenige Ausnahmen begann ich den Wettkampf bei etwa 1,85 Metern. Nach dem ersten Versuch entschied ich, ob ich bei 1,91 Metern oder erst bei 1,94 Metern den Wettkampf fortsetzen würde. Danach erneut, ob ich die folgende Höhe ausließ und erst sechs Zentimeter später weitermachte oder aber die nächste Höhe sofort in Angriff nahm. So hatte ich nach jeder Höhe die Wahlfreiheit, wie ich den Wettkampf gestalten wollte.

Die „Angst" aus dem Training konnte ich auch im Wettkampf sehen, da ich jede Höhe gleich knapp übersprang. Dabei war es unwichtig, ob ich mich an 1,85 Metern oder an zwei Metern versuchte. Mit gesteigerter Höhe und hinzukommender Praxis verbesserten sich auch mein Sprungstil und die Anforderung, sodass ich mit der Höhe wuchs. Da ich mich auf dieses Prozedere verlassen konnte, kannte ich auch meine Grenzen und geriet beim wackeligen Überqueren der Latte nicht in Panik, sondern erklärte das mit der intuitiven Schonung meiner Reserven."

Jeder hat die Wahl immer

Möchten Sie jetzt in diesem Moment lieber im Garten mit Ihren Kindern spielen? Oder vielleicht würden Sie lieber Ihre CD-Sammlung sortieren. Oder einen Spaziergang mit Ihrem Partner unternehmen. Oder, oder, oder ...? Anscheinend nicht. Denn Sie haben gewählt und sich entschieden, dieses Buch zu lesen, gerade jetzt, in dieser Minute. Es gibt also nichts, was Sie lieber tun würden, obwohl es eine Vielzahl anderer Möglichkeiten gäbe. Sie stimmen uns sicher zu, wenn wir sagen: „Sie tun gerade das, was Sie wollen". Sie tun, was Sie wollen, was Sie gerne tun.

Als menschliche Wesen sind wir ausgestattet mit der Freiheit der Wahl, und wir können unsere Verantwortung nicht auf Gott oder die Natur abschieben. Wir müssen sie selbst auf uns nehmen.

Arnold J. Toynbee

Sie müssen aber nicht. Niemand zwingt Sie, sich mit diesem Buch zu beschäftigen. Sie könnten aufstehen und in den Garten gehen. Die Möglichkeit ist de facto vorhanden. Auch wenn es draußen stürmt und schneit – die Möglichkeit, zu wählen zwischen lesen und nach draußen gehen, haben Sie in jedem Fall.

Hier offenbaren sich zwei wichtige Grundsätze.

1. **Sie tun, was Sie wollen.**
2. **Sie tun etwas, nicht weil Sie keine andere Wahl haben, sondern weil Sie sich bewusst für das eine und gegen das andere entschieden haben. Sie haben die Möglichkeiten verglichen, die Konsequenzen abgewogen und sich für das entschieden, was Ihnen praktikabel erscheint.**

Wählen können heißt verantwortlich sein

Das tun Sie übrigens jeden Tag. Sie wägen ab und wählen – selbstverständlich auch in weit schwerwiegenderen Zusammenhängen. Warum haben Sie sich vor ein paar Jahren gegen Ihren Traumjob – Tauchlehrer in Australien – entschieden? Weil Sie arbeiten mussten und weil nicht genug Geld vorhanden war, weil Sie Ihren Arbeitsplatz hätten kündigen müssen, weil Sie nichts über Einreise- und Arbeitsbestimmungen wussten und vor allem, weil Sie in Australien niemand kannten. Es gab tausend Hinderungsgründe. Und die alle zusammen waren so stark, dass ... Sie hier bleiben mussten. Sie konnten doch nicht einfach weg. Stimmt das auch?

Es gäbe doch eine Menge Möglichkeiten, den Traum nach und nach zu verwirklichen: Sie könnten die Geldangelegenheiten mit Ihrer Bank besprechen, Sie könnten die australischen Einreisebestimmungen prüfen, im Internet Bücher bestellen, Berufs- und Karrieremöglichkeiten erfragen, für die Kinder gäbe es deutsche Schulen – Sie könnten sofort anfangen, sich Ihren Wunsch zu erfüllen. Sie müssen nur wollen. Wenn Sie das nicht tun, dann wollen Sie auch nicht. Sonst würden Sie handeln. Ganz einfach. Sie müssen also nicht hier bleiben, niemand zwingt Sie. Aber Sie haben sich gegen Australien entschieden, weil Ihnen die Konsequenzen zu erdrückend erschienen. Das heißt, Sie müssen nicht bleiben, sondern Sie wollen! Es gibt kein „Müssen“, es gibt nur den Preis der Selbstverwirklichung und der Freiheit, den Sie nicht zahlen wollten.

Das Leben eines Menschen ist das, was seine Gedanken daraus machen.

Marc Aurel

Machen Sie sich das noch einmal bewusst: Sie wollen nicht! Nicht, weil Sie hier bleiben müssen, sondern weil Sie nicht weg wollen. Ein kolossaler Unterschied! Mit einem Mal sind Sie selbst dafür verantwortlich, dass Sie immer noch im selben Job im selben verregneten Deutschland herumhängen und nicht an einem bizarren und farbenfrohen Korallenriff hinabtauchen. Das ist doch ein atemberaubender Gedanke!

Denn es ist doch eine tolle Sache, wenn man sich klar macht, dass man es selbst es in der Hand hat, was in seinem Leben passiert. Auf diese Weise bekommt die Erkenntnis „Ich muss arbeiten gehen, um meine Familie zu ernähren“ eine positive Wendung, nämlich: „Um meine Familie zu ernähren, habe ich die Wahl getroffen, arbeiten zu gehen“. Erkennen Sie die große Dimension der Freiheit, die in diesem letzten Satz steckt?

Es ist ein Unterschied, ob Sie etwas müssen, weil Sie sich verpflichtet fühlen, oder ob Sie es tun in dem Bewusstsein, dass Sie die freie Wahl haben und das, was Sie tun oder nicht tun, selbst gewählt haben. Sie haben die Freiheit zu wählen. Sie brauchen Ihre Alternativen nicht einmal in die Tat umzusetzen. Wichtig ist lediglich, dass Sie wählen können.

Was den Menschen auszeichnet und über die Tierwelt erhebt, ist sein freier Wille. Die Fähigkeit, intelligent zu denken, unter Alternativen wählen zu können und selbstständig Entscheidungen zu treffen. Man könnte annehmen, wir seien glücklich über dieses Vermögen und dankten dem Schöpfer jeden Tag aufs Neue voller Freude für dieses geniale Geschenk, mit dem wir so viel anfangen können. Tun Sie das? Ihr Nachbar? Nein? Wir verraten Ihnen etwas: Auch wir kennen niemanden, der die unfassbare Größe dieses Geschenks täglich wertschätzt.

Alternativen gibt es in allen Lebenslagen

Es scheint vielmehr so, als ob unser freier Wille uns nicht so recht schmecken mag, als ob er eher in eine Sackgasse der Unzufriedenheit führt. Ständig hört man Nörgeln über nicht getroffene oder falsche Entscheidungen, verpasste Gelegenheiten, Entscheidungen, die jemand anders gegen unseren Willen getroffen und uns damit vielleicht sogar übervorteilt hat. Überall ist dieses „hätte, wäre, wenn ..." zu hören. „Es wäre ja alles ganz anders gekommen, wenn ich damals diese Frau nicht geheiratet hätte." „Wie wohlhabend ich heute wäre, hätte ich nicht das studiert, was meine Eltern wollten."

Zu allem Überfluss wird von vielen die Existenz von Optionen sogar grundsätzlich in Frage gestellt. Da heißt es dann „Ich kann doch nicht ..." oder „Ich habe keine andere Wahl ..." oder „Es ist meine Pflicht ..." Ist es denn wirklich so, dass eine Instanz, eine Organisation oder ein Mensch Ihnen den freien Willen aberkennen kann? Das Recht und die Möglichkeit zu wählen? Eigentlich nicht. Nur wenn Sie das zulassen. Drehen Sie den Spieß stattdessen um und sagen Sie sich: „Ich habe bewusst gewählt, dass ..." oder „Es ist mein Wunsch, dass ..." Genießen Sie das Gefühl, selbst bestimmen zu können.

Ängste und Vorbehalte bei Entscheidungen haben übrigens auch etwas Gutes, denn sie belegen doch unzweifelhaft: Es gibt Wahlmöglichkeiten, und zwar immer, sonst gäbe es auch keinen Grund, nachzudenken oder sich zu fürchten. Wenn Sie sich also für eine Möglichkeit entscheiden, dann haben Sie vorher für sich das beste Preis-Leistungs-Verhältnis ermittelt. Sie haben die möglichen Konsequenzen miteinander verglichen. Denn jede Wahlmöglichkeit hat ihren Preis. Den müssen Sie zu zahlen bereit sein.

Es hat absolut nichts mit der Tragweite einer Entscheidung zu tun, ob eine Wahlmöglichkeit besteht. Es gibt sie immer. Auch bei tiefgreifend-existenziellen Entscheidungen, vor denen manche Menschen stehen. Das belegen genügend Beispiele, wo Menschen aus innerer Überzeugung heraus selbst die schlimmsten Schicksale gewählt haben. In den USA laufen Kriegsgerichts-Prozesse gegen Armeemitglieder, die sich weigerten, in den Irakkrieg zu ziehen, obwohl sie eigentlich Gott und Vaterland per Eid verpflichtet wären. Grundsätzlich gilt: Wer sagt, er habe keine Wahl, er sei

Alternativen sind immer da, aber nur der Sehende wird sie gewahr.

Emil Oesch

verpflichtet zu was auch immer, schiebt die Verantwortung einer anderen Instanz zu, lässt andere für sich entscheiden.

Wählen und handeln

Stets haben wir die Wahl zwischen mehreren Möglichkeiten. Wenn nur zwei Alternativen zur Wahl stehen, d.h. für etwas oder gegen etwas, wird diese Situation sehr schnell als Dilemma angesehen. Und doch: Wenn Sie an einer Abzweigung oder Kreuzung stehen, dann können Sie sich für einen von mehreren Wegen entscheiden. Sogar wenn Sie keine Wahl treffen, wählen Sie. Das zu erkennen ist wichtig! Sie entscheiden sich, keine Wahl zu treffen, Sie wählen den Status quo.

Ein Trugschluss ist es, mit Nicht-Wählen oder Nicht-Entscheiden käme man irgendwie vorwärts, sei man fein raus, habe man lästige Konflikte erfolgreich bewältigt. Das Gegenteil ist der Fall. Indem Sie sich entscheiden, Ihre Wahl nicht zu treffen, überlassen Sie andern das Feld. Sie verspielen somit den einzigen Trumpf, den Sie in der Hand hatten: Ihre Wahlfreiheit, Ihre Entscheidungsgewalt; Sie ermöglichen es anderen, eine Entscheidung zu treffen, die sich auch auf Sie auswirken wird.

Wählen Sie aber eine Richtung, wählen Sie gleichzeitig die anderen ab. Wählen Sie die nächste, wähle Sie die anderen nicht. Jede Ent-Scheidung bedeutet auch Scheidung von einer anderen Option. Da fällt oft die Wahl schwer, weil die Konsequenzen möglicherweise nicht überschaubar sind. Am liebsten würde man dort bleiben, wo man gerade ist, denn die Richtung ist unklar. Aber nicht in jeder Situation ist die Richtung das entscheidende Kriterium. Eher die Tatsache, dass man *wählt* und auch *handelt*. Wenn Sie einen Weg wählen, dann gehen Sie ihn mit Überzeugung!

Wegkreuzungen sind Chancen

Gerade wenn wir auf unserem Weg zum Ziel an Kreuzungen kommen, wo es mehrere Abzweigungen gibt, werden wir unsicher. Nutzen Sie diese Punkte bewusst, um zu überprüfen, ob Sie noch auf dem richtigen Weg sind. Vielleicht tut es ganz gut, einmal die Richtung zu wechseln? Niemand ist durch seine Entscheidung für den Rest seines Lebens auf ein Gleis verbannt, von dem es keine Abzweigung gibt. Auch hat er jeden Tag die Freiheit, seinen Traum aufzugeben, zu verändern, neue Dinge zu unternehmen und neue Ziele anzusteuern.

Haben Sie an einer Wand in Ihrer Wohnung noch ein Plätzchen frei? Dann hängen Sie doch dort ein großes, weißes Poster auf. Es sollte nichts drauf sein, keine Farbe, kein Strich, einfach eine weiße Fläche. Jedes Mal, wenn Sie es anschauen, wird es Sie daran erinnern, dass Sie stets alle Möglichkeiten haben, Ihr Leben zu gestalten. Nichts ist vorgegeben, nichts schränkt Ihre Wahl ein. Sie können jeden Tag dieses weiße Poster Ihres Lebens neu gestalten.

Drei Formeln der Wahlfreiheit

Love it, leave it or change it.

Es gibt im Grunde drei Taktiken, mit einer (unvorteilhaften) Situation umzugehen: Sie können sie verändern, sie vermeiden oder sie lieben lernen. Wenn Sie mit den ersten beiden Optionen zu keinem Ergebnis kommen, dann sagen Sie ab sofort uneingeschränkt „ja!", stehen Sie zu der Situation, wie sie nun mal ist, auch wenn das manchmal schwer fällt.

Unter Umständen trifft einen das Schicksal ganz besonders hart: Man ist gesundheitlich beeinträchtigt, ohne Aussicht auf Wiederherstellung. Hier nützt es herzlich wenig, wenn man sich Gedanken darüber macht, wie man die Situation verändern oder sie gar lieben lernen könnte. Auch die Vermeidungs-Taktik funktioniert da nicht. Dennoch könnte man wählen, was man aus seinem Leben macht. Es steht einem frei, deprimiert mit Gott und der Welt zu hadern und dabei seine Umwelt zu tyrannisieren. Man kann aber auch seine Kraft für andere, sinnvolle Dinge nutzen. Denken Sie beispielsweise an den berühmten Wissenschaftler Stephen Hawking oder den Superman-Darsteller Christopher Reeve, der bis zu seinem Tod die medizinische Forschung für Querschnittsgelähmte unterstützte. Sie sehen, auch mit schwersten Behinderungen ist es möglich, eine Wahl zu treffen, die dem Leben Sinn und Inhalt gibt.

Wie Sie Wahlfreiheit in Ihrem Unternehmen nutzen

Wir möchten drei Punkte hervorheben, an denen Sie die Wahlfreiheit in Ihrem Unternehmen konkret umsetzen können:

1. die Wahl Ihrer Kernkompetenz
2. die Wahlfreiheit als Mittel der eigenen und der Mitarbeitermotivation
3. die Wahl der richtigen Position

Konzentration im Business – Wählen Sie Ihre Kernkompetenzen

Unternehmen stehen immer wieder vor der Frage, wo die eigene Kernkompetenz ist, wo die zentralen Geschäftsfelder sind. Wo ist der Punkt, wo wir besser sind als andere, wo können wir absolut bessere Angebote machen? Wenn potenzielle Partner sich bei Winner's Edge vorstellen, dann fragen wir sie auch zunächst nach ihrer Kernkompetenz: „Was können Sie besser als der Durchschnitt, was außergewöhnlich gut?" Sofort wird der Kompetenz-Bauchladen geöffnet in der Absicht, möglichst eindrucksvoll die breit aufgestellte Superkompetenz zu zeigen und unsere Entscheidung positiv zu beeinflussen. Häufige Antworten sind: „Eigentlich alles, Moderation, Führung, Vertrieb, Interimsmanagement, das sind meine Schwerpunkte." Nächste Frage: „Wo sind Sie denn in diesen Feldern besonders gut?" Und hier erwarten wir wiederum nicht, dass wir uns etwas aussuchen sollen. Dennoch die häufige Antwort: „Die Felder decke ich alle komplett ab." Das geht doch nicht! Niemand kann auf jedem Gebiet besser sein als ein Spezialist in seinem jeweiligen Bereich. Es gilt zu wählen, sich zu spezialisieren auf eine oder wenige Fähigkeiten, die man dafür mit herausragendem Eifer und glühender Leidenschaft erfüllt.

Genauso chancenlos sind solche, die sagen: „Partner sein bei Winner's Edge – alles schön und prima, mache ich gern. Aber ich habe da noch ein zweites Standbein, und ein drittes, ein viertes ..." Das impliziert den Wunsch nach Sicherheit. Wenn ich aber zwei, drei oder vier Dinge gleichzeitig tue, kann ich mich nicht wirklich auf eine Sache konzentrieren und wenigstens eine Sache richtig tun. Weil ich mich nicht entscheiden kann, laufe ich in den einen Kanal hinein, schaue aber immer wieder mal zurück in den anderen Kanal. Aus lauter Angst, eine gute Gelegenheit zu verpassen.

Was für einzelne Menschen gilt, ist auch für Organisationen richtig. Unternehmen sind keine Multi-Zweck-Organisationen. Die erfolgreichen unter ihnen tun immer nur eine Sache, die dafür aber richtig. Das heißt: Konzentration auf das Kerngeschäft. Es gibt ja das Zauberwort *Diversifikation.* Unternehmen diversifizieren, die sich auf breitere Basis stellen und neue Geschäftsfelder erschließen wollen und die dabei den Bauchladen vor sich her tragen. Man braucht gar nicht genau hinzusehen, um festzustellen, dass dies in den wenigsten Fällen funktioniert. Es gibt immer mehrere Wege und Möglichkeiten, ein Ziel zu erreichen, und es gibt mehrere Ziele, die es zu erreichen gilt. Aber es ist fast unmöglich, zwei unterschiedliche Ziele gleichzeitig zu erreichen.

Unternehmen haben selbstverständlich die Wahl, sich zu diversifizieren. Falsch ist es jedoch allemal, halbherzige Vorstöße in neue Geschäftsfelder zu unternehmen, die nichts bringen außer Energieverlust und der späten Einsicht, dass der Schuster doch besser bei seinem Leisten geblieben wäre. Wenn man wählt, wie es so schön heißt, sich auf eine breite Basis zu stellen, dann aber bitte mit Leib und Seele, mit aller Konsequenz. Andersherum sind die Unternehmen, die sich konzentrieren, stärker von bestimmten Zielgruppen oder Marktsegmenten abhängig. Wer also will sagen, was falsch oder richtig ist? Sicher ist nur, dass die Unternehmen, die sich absichtlich und wirklich konzentrieren auf das, was ihnen leicht fällt, erfolgreicher sind als jene, die diversifizieren.

„Ich will" statt „ich muss" – Lassen Sie sich und Ihren Mitarbeitern die Wahl

Weit verbreitet war lange Zeit die These, dass unter dem Aspekt der Resultatorientierung der Zweck einer Organisation darin liegt, die Mitarbeiter zufrieden zu machen. Welch ein Unsinn! Ergebnisse kommen nicht aus Zufriedenheit, sondern aus purer Unzufriedenheit. Wenn alles toll läuft, braucht man keine Ergebnisse anzustreben. Es geht doch ums Bessermachen. Ein Mitarbeiter, der aus eigenem Antrieb danach strebt, auf seinem gewählten Terrain der Beste zu sein, wird alles daran setzen, gute Ergebnisse zu erzielen. Wenn ich Resultate erziele, dann erst bin ich zufrieden.

Das Unternehmen soll einen Spielplatz bieten für Spezialisten, die nichts sehnlicher wollen, als sich auf ihrem selbst gewählten Gebiet auszutoben und darin Erfolgserlebnisse zu feiern.

Das Unternehmen soll einen Spielplatz bieten für Spezialisten, die nichts sehnlicher wollen, als sich auf ihrem selbst gewählten Gebiet auszutoben und darin Erfolgserlebnisse zu feiern. Begeisterung und das richtige Motivationsumfeld können nur dann entstehen, wenn man sich auf das konzentriert, was wirklich wichtig und richtig ist: ein Ziel, das mit den Fähigkeiten des Einzelnen und dem Talent der Gesamtheit oder des Teams übereinstimmt.

Wenn ein Unternehmen es schaffen würde, seinen Mitarbeitern Wahlmöglichkeiten zu geben, würde das großes Vertrauen und besondere Leistungsbereitschaft mit sich bringen. Vertrauen baut sich dadurch auf, dass beide Seiten immer die Wahl haben. Wenn dagegen *Müssen* die Triebfeder ist, dann gibt es kein Vertrauen, dann kommt dieser Kontrollmechanismus zum Zuge. Wenn ein Unternehmen es schaffen würde, den Erfolgsfaktor zu etablieren, dass jeder sich 100prozentig bewusst ist, dass er das, was er tut, will und nicht muss – was wäre dann?

Es geht um die bewusste Wahl, das ist die Stärke. Die bewusste Wahl bringt als Ergebnis mit sich, dass man nicht hadert; dass man „ich wusste das nicht“ durch „ich wollte das so, niemand ist Schuld, dass es nicht funktioniert hat“ ersetzt.

Mitarbeiter, die ihrer Wahlfreiheit nicht bewusst sind und aus einer „Ich-muss“-Haltung heraus die Dinge tun, die sie tun, werden erstens keine glücklichen Menschen sein und zweitens keine befriedigenden Ergebnisse erzielen. Denn die echte Motivation fehlt. Es geht dabei nicht um Gratifikationen oder Karriere- oder Gehaltssprünge. Das sind nur temporär limitiert wirkende Katalysatoren. Echte Motivation zieht man daraus, das zu tun, was man gewählt hat, was den eigenen Interessen am meisten entgegen kommt. Die Frage lautet daher, wie kann man in eine „Ich-will“-Haltung kommen? Dazu muss man sich bewusst machen, dass man jederzeit die Wahl hat, aber auch bereit sein muss, die damit verbundenen Konsequenzen mit zu tragen. Die Konsequenz daraus, einen Job zu wählen, mit dem man sich nicht identifiziert oder der keinen Spaß macht, der einem schwer fällt, heißt, einen Großteil seines Lebens keine gute Zeit zu wählen. Wie schade!

Entscheiden Sie sich für eine Position, die Sie wirklich gerne ausfüllen

In vielen Unternehmen ist zu beobachten, dass Manager, sind sie einmal in eine bestimmte Position aufgestiegen, mit allen Mitteln daran festhalten, egal ob sie hier die richtigen Dinge tun oder nicht (auch bekannt als das *Peter-Prinzip*).

Die, die nur durch Glück vom Bürger zum Prinzen werden, haben keine Schwierigkeiten damit, nach oben zu kommen, aber damit, oben zu bleiben. Auf dem Weg nach oben gibt es keine Probleme, denn da fliegen sie, aber es gibt viele, wenn sie den Gipfel erreicht haben.

Niccolò Macchiavelli

Es gibt nur den oftmals offensichtlich angestrebten Karriereweg nach oben. Eine Stufe „zurück" zu gehen, zieht niemand ernsthaft in Betracht. Dafür verantwortlich ist unser kulturell bedingtes Karrieredenken: Rückzug ist gleich Niederlage.

Dieses Verhalten führt allerdings sehr oft dazu, dass überforderte Mitarbeiter oder Manager sich auf einer bestimmten Position halten wollen und somit eine beängstigende Unfähigkeit umhergeht. Ein konsequentes Handeln der vorgesetzten Stellen bleibt in wichtigen Situationen häufig aus (aus politischen oder persönlichen Gründen) oder findet viel zu spät statt. Dass mit solchen Fehlbesetzungen die gewünschten Ergebnisse ausbleiben, wird allgemein anerkannt. Trotzdem ist es ein großes Thema.

Die Frage ist, ob man annehmen kann, dass Menschen bei Überforderung Ergebnisse bringen können und dadurch auch persönliche Erfolge für eine dauerhafte Eigenmotivation erleben können. Oder ist es die Spirale nach unten? Ein Gedankenspiel:

Der erfolgreiche Vertriebsbeauftragte im besten Alter ist natürlich der erste Kandidat, wenn es um die Besetzung der vakanten Stelle des Regionalleiters geht. Er freut sich, steigt er doch die Leiter hinauf. Leider hat jede Medaille eine Kehrseite. Seine Aufgaben ändern sich von einem Tag zum anderen. Wenn er noch bis gestern eigeninitiativ seine Kunden besucht und innerhalb verschiedener Channels Neukunden akquiriert hat, so ist er ab heute verantwortlich für sieben weitere Außendienstler und zwei Mitarbeiterinnen im Verkaufsinnendienst. Seine Aufgaben ändern sich damit fast komplett. Sicher kommt er auch noch hier und da zum Kunden, er hat aber eine andere Rolle eingenommen. Er ist schlagartig für die Ergebnisse von anderen verantwortlich, hat allerlei administrative Dinge zu erledigen und muss überdies die Business-Pläne für die Region in zahlreichen Meetings mit Vertriebs- und Geschäftsleitung abstimmen.

Sie haben die Wahl, jeden Tag aufs Neue, sich für die Position zu entscheiden, die Sie wirklich gerne ausfüllen.

Vielleicht sogar fällt ihm diese Aufgabe noch leicht, vielleicht aber auch nicht. Fakt ist, irgendwann wird er eine Position erreicht haben, die er nicht mehr ausfüllen kann, und die Ergebnisse bleiben aus. In der vorangegangenen Position war er erfolgreich und erzielte exzellente Resultate. Er war von den Kollegen respektvoll geachtet und hatte obendrein noch viel Spaß bei dem, was er tat. Er wurde auf Grund dessen von einigen Leuten sogar als charismatisch bezeichnet. In der neuen Rolle versprüht er den Charme einer toten Maus.

In den USA z.B. können wir eine Kultur beobachten, wo es zwischen Topkompetenzen in der Operativen und Administrativen eine Gleichwertigkeit gibt. Keine Führungskraft käme auf die Idee anzunehmen, sie wäre in einer machtvolleren Position. In den USA trifft man viele Top-Sales-Profis, die sich lieber den rechten Arm abhacken würden, als in eine Führungsposition zu gehen. Diese konsequente Aufstellung nach Kompetenz und Talent würde in Europa auch gut funktionieren.

Sie haben die Wahl, jeden Tag aufs Neue, sich für die Position zu entscheiden, die Sie wirklich gerne ausfüllen, die Ihren Möglichkeiten und Talenten entspricht, und damit auch mit hoher Wahrscheinlichkeit erfolgreich zu werden, zu sein oder zu bleiben. Warum entscheiden Sie sich nicht dafür, statt im Kopf den Gedanken zu haben, dass Sie auf der „höheren“ Stufe versagt haben!

In etlichen Führungskräfteprogrammen konnten wir immer wieder Folgendes beobachten: Wenn man diesen Gedanken ins Bewusstsein rückt, beginnen die Nachwuchsführungskräfte erstmals zu überlegen, ob sie das überhaupt wollen, ob sie überhaupt Führungskraft sein wollen. Wir ziehen vor allen den Hut, die für sich eine Wahl treffen, die ihrem Talent gerecht wird.

Nutzen Sie Ihre Wahlfreiheit!

Zum Weiterdenken

- Identifizieren Sie die wesentlichen Bereiche Ihres Lebens: Beruf, Privates, Ihre körperliche Verfassung. Suchen Sie zu jeder Situation, in der Sie sich befinden, mindestens fünf Alternativen. Überlegen Sie sich zu jeder der fünf genannten Alternativen die jeweiligen Konsequenzen.
- Bitte überprüfen Sie die These für sich, dass Sie keine bessere Alternative haben zu dem, was Sie gerade beruflich tun.
- In welchen Bereichen haben Sie bisher noch keine Wahl getroffen und sind eher abwartend unterwegs? Arbeiten Sie heraus, welchen Preis Sie dafür zahlen, bislang nicht gewählt zu haben.
- Werden Sie sich klar darüber, dass Sie jede Sekunde neu die Wahl haben, Dinge zu tun oder zu lassen! Welche konkreten Konsequenzen ziehen Sie daraus?

5. Disziplin: Ressourcen

Was tun, wenn die Karriere ins Stocken gerät?

Ausbildung im Betrieb, Weiterbildung und Abschluss des Studiums auf dem zweiten Bildungsweg, Promotion durch weitere sieben Jahre „Schlauch“ neben den immer anspruchsvoller werdenden Jobs im Unternehmen. Alles ordnete Herrmann K., einer unsere Kunden, dem großen persönlichen Ziel unter: Vorstandsvorsitzender!

In den letzten Jahren wurde das Umfeld immer rauer. Inzwischen war er Ressort-Vorstand geworden, allerdings damit auch nicht überall zwangsläufig beliebt. Er steckte Niederlagen ein und feierte Erfolge. Der große Traum war zum Greifen nah: Die Ablösung des „alten“ Chefs stand an, und er hatte mittlerweile als Kronprinz die besten Karten auf die Nachfolge und damit die Erreichung seiner Ziele in der Hand.

Durch politische Umstände im Aufsichtsrat der Gesellschaft und einige Intrigen innerhalb der Mitstreitergemeinde von Herrmann K. drehte sich jedoch die Situation plötzlich. Andere Namen kamen ins Gespräch, und das führte dazu, dass er immer weiter ins Abseits im Ringen um die Position rückte. Es kam, wie es kommen musste: Einer seiner seit Jahren ärgsten Rivalen bekam den Job. Damit war Herrmann K. raus! Raus wahrscheinlich auch aus all dem, was er sich bis dahin aufgebaut hatte, durchaus erfolgreich auch für das Unternehmen.

Er musste sogar das Unternehmen verlassen. Die Abfindung war nicht das, was normalerweise möglich gewesen wäre, denn der Ausstieg verlief ebenfalls mit unangenehmem Gerangel und Machtkämpfen. Es folgte eine höchst unerfreuliche Phase im Leben des Herrmann K., beruflich wie privat. Einen adäquaten Job zu finden, war nach 24 Jahren Betriebszugehörigkeit gar nicht so einfach. Er setzte jedoch nach einer gewissen Zeit des Selbstmitleids alle Hebel in Bewegung, um wieder an die Spitze eines Konzerns zu kommen.

Das Geheimnis des Sieges liegt in der Niederlage.

14 Monate später übernahm Herrmann K. einen der 30 größten Konzerne in Deutschland als Vorstandsvorsitzender und ihm wurde ganz plötzlich das Muster seines Erfolges bewusst: „Diesen Job hättest Du nie bekommen, wenn Du diese enorme Niederlage im alten Unternehmen mit all dem, was an Negativem folgte, nicht erlebt hättest!“

Das Geheimnis des Sieges liegt in der Niederlage! Niederlagen sind unvermeidbar. Die Frage ist aber: Welche *Ressource* haben Sie für sich zur Verfügung, damit es Ihnen gelingt, die Niederlage wieder in einen Erfolg zu drehen?

400-Meter-Lauf

Wie teilt sich ein Athlet seinen Zehnkampf kräftemäßig ein und wie geht er dabei mit seinen *Ressourcen* um? Dazu Frank Busemann:

„Wenn ich den Zehnkampf mit einem Pendel vergleiche und positive Gefühle, Emotionen und Situation mit Zahlen bis plus fünf und die negative Seite mit maximal minus fünf bewerte, zeigen die verschiedenen Disziplinen, wie abwechslungsreich das Unterfangen ist und wie angenehm negative Erfahrungen sein können.

Dasselbe Bild lässt sich auch sehr leicht auf das Leben an sich übertragen. Wenn mein Pendel im Jahr 1995 nicht in den negativen Bereich geschlagen wäre, würde ich in zehn Jahren sagen müssen, dass ich etwas falsch gemacht habe. Die negative Erfahrung von Verletzungen, Verkrampfungen und Unzufriedenheit ließ mich in der olympischen Saison nach einem Ausweg suchen. Da ich 1995 einfach nicht schnell genug als Hürdenläufer war und von Oktober 1995 bis März 1996 von starken Schmerzen in der ischiocruralen Muskulatur gehandicapt war, entschloss ich mich, neue Wege zu gehen und aus dem negativen Pendelausschlag meine Lehre zu ziehen. Im April 1996 fasste ich mir ein Herz und verließ den sicheren Weg des Hürdenlaufens in den unbekannten Pfad des Zehnkampfes.

Mit dem Zehnkampf begibt man sich in ein Wechselbad der Gefühle. Einen Athleten, der an diesen zwei Tagen zehn Bestleistungen aufstellt und nicht den geringsten Zentimeter verschenkt, wird es nicht geben. Es wird auch nicht den Athleten geben, der zehn Mal hintereinander miserable Leistungen abliefern wird. Der normale Wettkampf zeichnet sich durch einen Wechsel von Top und Flop aus, und der Sieger wird derjenige sein, der in diesem Zusammenspiel die negativen Erfahrungen der Vergangenheit nutzt und in Vorteile ummünzt. Dabei gilt es bis zum letzten Meter zu kämpfen und erst im Ziel aufzuhören. Das Schlimmste wird sein, wenn sich der Sportler eingestehen muss, nicht alles gegeben zu haben, da er sich hat hängen lassen. Wer aufgibt und das Pendel nicht im negativen Bereich sehen will, der wird es nie in den positiven Abschnitt schaffen.

Vor dem Start

Wenn der Zehn- ein Neunkampf wäre und der erste Tag nur diese vier ersten Disziplinen beinhalten würde, dann ..., ja dann wäre das ganze Unternehmen ein Spaziergang.

Der 400-Meter-Lauf ist der eigentliche Beginn des Zehnkampfs. Für die ersten vier Disziplinen war nur die Schnellkraft gefordert und die Zeit, in der man sich im Wettkampf befindet. Doch die folgenden fünfzig Sekunden werden dem Athleten mit einer Riesenportion Milchsäure die letzten Kraftreserven des Tages aus dem Speicher ziehen und den nächsten Tag mit Muskelschmerzen beginnen lassen. Wenn der Zehn- ein Neunkampf wäre und der erste Tag nur diese vier ersten Disziplinen beinhalten würde, dann ..., ja dann wäre das ganze Unternehmen ein Spaziergang und nur eine halb so große Herausforderung. Und das weiß der Athlet, und jeder hat ganz eigene Gefühle dem Lauf gegenüber. In einer Befragung, die ich unter Zehnkampfkollegen durchführte, ergaben sich zwar neben großen Parallelen auch große Diskrepanzen, aber diese ließen sich alle aus dem Charakter des Athleten erklären.

Hinter dem Startblock habe ich einen Riesenrespekt vor der Strecke. Daran, wie schlecht es mir gehen kann, wie sehr ich übersäuere und wie stark ich unter Umständen einbrechen kann, kann ich mich aus der Vergangenheit nur sehr schlecht erinnern. Diese Art von Schmerz verdrängt man schnell mit dem Hochgefühl der Euphorie. Ich hoffe, dass ich gut trainiert habe, dass Taktik und Form stimmen und ich keine Krämpfe bekomme. Ich hoffe, mich danach nicht übergeben zu müssen und keine Muskelschmerzen zu haben, die mich für eine Stunde dahinraffen. Eigentlich habe ich die Hosen gestrichen voll und ich dürfte gar nicht laufen. Ich stehe misstrauisch hinter den Blöcken und weiß nur ungefähr, was auf mich zukommt.

Im Block

Der mehrfache Weltmeister Michael Johnson beschrieb dieses Gefühl einmal so:

„Noch nie in meinem Leben habe ich vor einem Rennen so einen großen Druck gespürt. Seit sechs Monaten ist ununterbrochen die Rede von diesem Doppelsieg, in der Zeitung ebenso wie im Fernsehen. Ich habe viele Anrufe von Menschen erhalten, die mir sagten, ich solle mir nicht so viele Sorgen machen. In Wirklichkeit erhöhten sie nur den Druck. Aber ich habe immer gesagt, dass ich den Druck brauche, um Höchstleistungen zu bringen. Ich liebe es, Angst in den Startblöcken zu haben. Und ich hatte wirklich Angst."[2]

Trotz dieses flauen Gefühles lief er bei den Olympischen Spielen 1996 in Atlanta mit 19,32 Sekunden einen unvorstellbaren Weltrekord über die 200 Meter. Dass jemand, der gleich Weltrekord laufen wird, im Startblock Angst hat und diesen Zustand liebt, ist ein Zeichen dafür, dass man die negative Seite nicht ausschließen muss oder kann. Vielleicht bewertet er dieses negativ behaftete Wort *Angst* mit einer positiven Kennziffer, damit er hellwach ist, Respekt hat und nichts auf die leichte Schulter nimmt. Wenn ich im Startblock saß, spürte ich nur noch die Lust zu laufen. Respekt, Angst, Ungewissheit waren plötzlich positive Attribute.

Nach wenigen Metern

Mit dem Startschuss wird Adrenalin in Leistung umgesetzt und der Körper arbeitet ab jetzt für die nächsten 50 Sekunden auf Hochtouren. Er muss langsam an die Maximalgeschwindigkeit für den Lauf herangeführt werden, darf aber seinen Einsatz nicht verschlafen. Ich merkte immer schon bei den ersten Schritten, mit welcher Technik ich den Lauf bestreiten würde und wie anstrengend es werden könnte. Wenn ich nicht in den Tritt kam und merkte, dass ich mit einer schlechten Technik auf die Strecke ging, war ich sofort negativ angeschlagen. Ich wusste, dass es sehr schwer werden würde. Doch den Lauf abbrechen und noch einmal beginnen ist unmöglich. Ich musste also das Beste daraus

3 Quelle: Das Olympia-Buch Athen 1896 – 2004 Athen, Musée Olympique Lausanne, NOK Deutschland, Bielefeld 2004, Seite 277.

machen und versuchen, auf den folgenden Metern die Sache ins Lot zu bringen, was mir leider nie gelang.

Erreichen der maximalen Geschwindigkeit

Nach 50 bis 80 Metern sollte der Athlet mit relativ geringem Aufwand in die maximale Geschwindigkeit gekommen sein. Bis hierher empfinden alle Läufer einen positiven Pendelausschlag, da sie das Gefühl genießen, schnell zu laufen, noch extrem fit zu sein und Energie zu entladen. Sie genießen den Moment und können sich nicht vorstellen, wie sehr die Muskeln eine halbe Minute später gelähmt sind und das Laufen zur Qual machen. Ich versuchte hier, einen großen Schritt mit geringer Kraft zu laufen, was meist zur Folge hatte, dass ich zu „latschen" begann und dadurch erheblich mehr Kraft verbrauchte als normal.

Bei den Olympischen Spielen in Sydney lief ich auf der äußersten Bahn und hatte durch die Kurvenvorgabe niemanden vor mir. Mit einem Höllentempo sprintete ich dem Feld vorneweg und war sogar genauso schnell wie Läufer, die normalerweise zwei Sekunden schneller waren als ich. Ich blickte auf der Gerade auf die Videowand und freute mich über mein gutes Tempo. Die Betreuer staunten nicht schlecht und hatten ihre helle Freude an meiner Geschwindigkeit. Mein Vater strahlte aus der Ferne, aber erschrak bei kürzerer Distanz. Ich lief zwar schnell, es sah auch gut aus, aber ein zweiter Blick offenbarte meinen extremen Kraftaufwand. Ich tat zu viel.

Erster Säureschub

Wann spürt der Läufer zum ersten Mal den Energieverlust, dass er schon ein wenig unterwegs ist und dass der Körper Milchsäure produziert? Manche Athleten bei 150 Metern, andere erst 100 Meter später. Meine Grenze waren immer 180 Meter. Kam die Milchsäure zu früh, geriet ich in Panik und machte mir Sorgen. Wenn sie allerdings erst bei 200 Metern gekommen wäre, hätte ich einen Freudensprung gemacht. Bei meiner Bestleistung von 48,32 Sekunden bei den Weltmeisterschaften 1997 erwischte mich mein Schicksal schon nach 150 Metern. Da ich im Vorfeld nicht genügend trainieren konnte und ich eine leicht verbesserte Technik gelaufen war, beunruhigte mich der erste Saureschub extrem. Dass mein Pendel mit dieser Säurereaktion wohl den richtigen Schwung für die restlichen 250 Meter holte, kam mir nicht in den Sinn. Auf Grund der guten Technik lief ich enorm schnell, und indem ich meine Gedanken ausschaltete, verpulverte ich lediglich für einen kurzen Moment meine Energie für das Bedauern, dass es schwer werden würde. Es gab kein Zurück. Nur noch den Weg nach vorn. Das Pendel war zwar extrem negativ ausgeschlagen, aber ich habe dort zum ersten Mal gemerkt, dass das Gefühl unter Umständen täuschen kann. Der Wille, die Courage und das Herz können viel besser sein als das Gefühl. Gezählt wird erst im Ziel, also durfte ich nicht aufgeben. Als ich schließlich angekommen war, zeigt mir der Blick auf die Anzeigetafel, dass ich gegen mein Empfinden enorm schnell gewesen war.

Ziel in Sichtweite

Kommt der Läufer aus der Kurve und biegt in die Zielgerade ein, hat er den Eindruck, einer Fata Morgana aufzusitzen. Nach 310 Metern scheint er dem Ziel mit großen Schritten näher zu kommen. Bei 320 Metern hat sich der Abstand aber nicht wesentlich verringert. Gleiches gilt für 330 Meter und 340 Meter. Mittlerweile wiegen die Beine scheinbar eine Tonne und kleben in den sumpfigen Tiefen der Bahn. Das Pendel schwingt mit großer Kraft in den negativen Bereich und lässt den Blick verschwimmen. Die Füße stellen sich unweigerlich nach außen, und der Entengang hat von diesem Phänomen wohl seinen Namen. Auf den letzten Metern setzt der letzte kräftige Säureschub ein und lähmt alle Gliedmaßen. Ab hier denkt der Athlet nur noch daran, dem Leiden ein Ende zu setzen, und hofft inständig, das Ziel zu erreichen. Dabei spielt es beim einen eine Rolle, ob er in Führung liegt, beim anderen hat die Willenlosigkeit eingesetzt, und der nächste beißt die Zähne zusammen. Bei meiner Befragung fand an diesen letzten Metern nur ein einziger Athlet etwas Positives.

Ziel erreicht

Nach dieser Tortur kann der erste Gedanke doch wohl nur ‚Geschafft!' sein. Sind die Zeit und die Platzierung gut, setzt trotz der schweren Beine ein Gefühl der Euphorie ein, da man mit seinem Einsatz sehr zufrieden ist und die Qual sich gelohnt hat. Ist die

Zeit normal oder sogar schlecht, ist der erste Eindruck ebenfalls positiv, da das Ziel erreicht und die Qual beendet ist. Bei anderen Sportlern ist das Befinden viel mehr an die erreichte Zeit gekoppelt. Bei einer schlechten Zeit sacken sie in sich zusammen und sind extrem übellaunig, während sie bei guten Zeiten euphorisch sind. Die Stimmung lediglich am Erreichen des Zieles festzumachen, gaben die wenigsten an.

Säurebildung

Worin ich die meisten nicht verstehe, ist die Tatsache, dass fast alle angaben, in den ersten fünf Minuten nach dem Lauf eine Besserung des Befindens zu spüren. Da die Milchsäure jetzt nicht mehr transportiert wird und sich vollständig und hartnäckig in den Beinen ablagert, stellte sich bei mir dagegen immer ein Zustand des Bedauerns ein. Der Schmerz am Ende des Laufes potenzierte sich in der Zeit danach und das Gefühl des Übergebens stellte sich parallel dazu ein. Ich kauerte mich auf den Boden und beschloss, das nicht noch einmal probieren zu wollen. Jedes Mal fragte ich mich, weshalb ich all diese Qualen freiwillig auf mich nahm und mich nicht einfach auf die Zuschauertribüne setzte.

Hier variierten die Angaben stark bei den Läufern. Von extremem Hochgefühl bis zu tiefstem Verfluchen war alles dabei und die Charaktere der Läufer traten sehr deutlich hervor. Derjenige, der zu der größten und maximalen Übersäuerung am Ende die positivste Beurteilung abgab, entschied sich immer für eine Neutralstellung seines Pendels über die komplette Strecke. Da er böse Überraschungen vermied und somit immer im seichten Fahrwasser seines Könnens blieb, vermied er auch die positiven Überraschungen, die ihn von anderen abgehoben hätten. Er entwickelte sich während seiner gesamten Laufbahn nicht fort und blieb weit hinter den Möglichkeiten eines anderen Athleten, der im Wechselbad extremer Gefühle seine Liebe zum Sport exzessiv auslebte und sich immer wieder selbst überraschte. Die negativen Pendelbewegungen gingen mir zwar nach einiger Zeit gehörig auf die Nerven, aber mit einigem Abstand merkte ich, wie sehr sie mich formten und wie sehr ich dadurch den Erfolg genießen konnte.

Die Nach-Erholungsphase

Eine für mich erschreckende Erkenntnis meiner Befragung war zudem, dass viele Athleten angaben, nach der Erholung wieder auf einen neutralen Level zu kommen. Da der Körper nach Stunden der Erholung immer noch so aufgewühlt ist, dass ein Schlafen fast unmöglich erscheint, muss während des Laufes etwas passiert sein, was niemanden kalt lässt. Unruhig wälzt man sich im Bett umher und versucht ein wenig Ruhe zu finden, was den wenigsten gelingt. Ist das nicht ein Zeichen für einen enormen Pendelausschlag in eine Richtung? Wenn sie alle komplett ausgeglichen wären, müssten sie ja schlafen wie die Steine! Müde genug ist jeder nach so einem Tag. Ich habe trotz schlaffer Beine und enormer Müdigkeit immer ebenso große Euphorie und Zufriedenheit gespürt. Ich hatte das getan, was mir Spaß machte, und konnte mit Stolz zurückschauen und den Tag Revue passieren lassen.

Das Karriere-Ende

Ich dachte immerzu, den Sport nur mit einer Topleistung beenden zu können. Ich glaubte, noch einmal ins Ziel kommen zu müssen, am liebsten noch mit einer Bestleistung, um für alle Zeiten glücklich zu sein. Doch die Erfahrungen des Pendelausschlags während des Sports ließen mich erkennen, wie sonnig die schönen Seiten wirklich sind und wie viele es davon in den unzähligen Momenten des Lebens gibt.

Das Wechselbad der Gefühle, die Sorgen, Befreiungsschläge und Freude im Sport machten aus den 21 Jahren Wettkampfsport eine abwechslungsreiche Mischung, die mein Leben prägte und die beste Ausbildung war. Wenn ich all die negativen Dinge vermieden hätte, dann hätte ich nie erfahren, wie wichtig es war loszulassen. Ich hätte mich sicher in meinem nächsten Zehnkampf so schwer verletzt, dass ich es viele Jahre danach noch gespürt hätte."

Wenn ich all die negativen Dinge vermieden hätte, dann hätte ich nie erfahren, wie wichtig es war loszulassen.

Frank Busemann

Leben Sie Höhen und Tiefen, statt mit gebremster Energie zu fahren!

Das eine geht nicht ohne das andere

Man muss selbst bei einem noch so erfolgreichen Projekt mit Hochs und Tiefs rechnen. Wenn Sie sich gerade auf der ‚Talfahrt' befinden, sollten Sie sich die Worte meines Großvaters vor Augen führen. Er hat immer gesagt: „In harten Zeiten tut es gut, sich daran zu erinnern, dass es immer harte Zeiten gegeben hat."

Victor Kiam

Was wäre die Welt ohne das ewige Wechselspiel von Erfolg und Niederlage, Leben und Tod, Krieg und Frieden, Gut und Böse? Man mag spekulieren, unsere Vermutung: Eine Welt ohne Gegensätze brächte nur noch dümmliche, bequeme und degenerierte Wesen hervor. Denn das Streben nach dem Ausgleich von Gegensätzen ist nun einmal der Antrieb von allem.

Ein Blick zurück in der Zeit offenbart, dass Krisen und Turbulenzen Bestandteile einer jeden Evolution sind. In Krisenzeiten vollbrachten Menschen die größten Pionierleistungen. Jede Epoche brachte Menschen hervor, die die Kunst beherrschten, Krisen in Chancen umzudeuten, Schmerzen zu überwinden, Miesmacher und Kritiker vom Gegenteil zu überzeugen. Sie erkannten ihre Bestimmung und waren von ihrer Sache überzeugt.

In Seminaren fragen wir immer, wofür es sich wohl zu leben lohnt. Da kommen Antworten wie *Liebe*, *Glück*, *Reichtum*, *Häuser*, *Ferraris* usw. Dann fragen wir nach den Polaritäten. Was zum Beispiel ist die Polarität zu *Liebe*? Das könnte *keine Liebe* sein, aber auch *Einsamkeit*. Bei *Glück* könnte man *Pech* als Gegenpol annehmen. Für Gesundheit gibt es Krankheit, für Reichtum die Armut. Gibt es aber irgendjemand, der ausschließlich Glück hat? Oder ist man ständig verliebt? Kann man ständig erfolgreich sein? Kann es das eine ohne das andere geben? Wohl kaum.

Das bedeutet nichts anderes, als dass nach einer Zeit des Positiven zwangsläufig auch wieder eine Zeit des Negativen kommen muss und danach wieder eine positive Phase. Das heißt aber auch, dass das eine zwangsläufig zum anderen führt. So wie im Universum keine Energie verloren geht, so gibt es etwas, das unser Leben in Schwung hält und für Ausgleich sorgt. Es sorgt auch dafür, dass Mühe sich lohnt, dass die Erfolge kommen.

Das Leben wird nicht ständig von Sonne beschienen. Oft hört man den Satz „Das Schicksal fährt mit mir Achterbahn". Mal geht es steil hinauf, dann mit brachialem Schwung abwärts, ein paar heftige Kurven, wieder hinauf, hinab und so fort. Sie kennen das. Denken Sie einmal darüber nach, warum die Menschen im Vergnügungspark Achterbahn fahren. Weil es so schön gemütlich bergauf geht? Oder wegen der tollen Aussicht auf dem höchsten Punkt? Der ist so schnell passé, das kann es nicht sein. Es ist vielmehr der Nervenkitzel des Absturzes. Das für den Magen erhebende und Adrenalin frei setzende Gefühl der Gefahr, wenn es so richtig ungebremst abwärts geht. Und danach kommt die Euphorie über die bestandene Mutprobe, die mit dem Erklimmen des nächsten Gipfels der Achterbahn belohnt wird. Ein Wechselbad der Gefühle, ein Auf und Ab, volles Auskosten der Extreme.

Im täglichen Leben sind nur wenige Menschen so adrenalinsüchtig, was mit Sicherheit auch vernünftig ist. Kaum jemand stürzt sich wissentlich selbst und möglicherweise seine Familie in den existenziellen Abgrund. Die meisten tun genau das Gegenteil. Sie sind auf Sicherheit bedacht. Mehr noch, sie hoffen inständig und tun alles dafür, niemals einen Absturz zu erleben, niemals die negative Seite des Lebens kennen zu lernen oder gar in ihre Nähe zu geraten. Wenn auf dem höchsten Punkt der Lebensachterbahn alles Erstrebenswerte und die große Sicherheit zu erwarten ist, dann möchten sie gerne dort oben bleiben und nie mehr nach unten fahren, dorthin, wo die negativen Erlebnisse auf sie warten.

Um zu gewinnen, muss man die Niederlage riskieren.

Jean-Claude Killy

Diese Menschen glauben, klug zu sein, indem sie in ihr Leben eine Notbremse einbauen. Sie soll verhindern, dass die Achterbahn mit ihnen nach unten fährt. Die Notbremse heißt dann „besser nicht so viel riskieren“ und „uns geht's doch eigentlich gut“. Oder auch „ich kann doch sowieso nichts ändern“. Sie sind aber nicht klug genug zu erkennen, dass sie auf diese Weise jegliche Bewegung in ihrem Leben zum Stillstand bringen. Es braucht nun einmal die Kraft, den Schwung, der nur über den Weg nach unten zu holen ist und der uns schließlich wieder ganz nach oben katapultiert. Ein stehender Wagen in der Achterbahn ist zwar eine todsichere Angelegenheit, ist aber für die Insassen höchstens so interessant wie eine Bildstörung im Fernsehen.

Auf der einen Seite Erfolg, Glück, Anerkennung, auf der anderen Pleiten, Pech und Pannen. Je mehr Glück, desto mehr Pech, je mehr Anerkennung, desto mehr Pleiten. Wer wagt, gewinnt, und wer nichts wagt, verliert auf jeden Fall. Man kann das eine nicht haben wollen, ohne die andere Seite zu kennen. Wir wissen das Gute noch nicht einmal zu schätzen, wenn wir das Schlechte nicht kennen gelernt haben. Dafür ist das Wissen um Negatives und Trauriges eine wichtige Voraussetzung.

Wer wagt, gewinnt. Und wer nichts wagt, verliert auf jeden Fall.

Das volle Leben gibt es niemals zum halben Preis

Frank Busemann verwendet den sehr schönen und bekannten Vergleich: das Pendel des Lebens, das einmal in die positive Richtung ausschlägt, dort wo *Liebe, Glück* und *Gesundheit* und alles Erstrebenswerte zu Hause sind. Im nächsten Moment schwingt das Pendel auf die rechte Seite, ins Negative, zum Gegenpol. Da hat man Pech, wird krank oder verliert seinen Job. Das ist die Seite des Versagens, des Unglücks. Die dunkle Seite des Lebens, wo Dinge geschehen, die einem das Leben so richtig schwer machen. Offensichtlich will doch jeder die Negativseite vermeiden, da möchte keiner hin und schon gar nicht dort verweilen. Da baut man die Notbremse ein, das ist beim Pendel ein Stopper, der den Schwung des Pendels so abbremst, dass es möglichst wenig in den negativen Bereich einschwingt. Wer will schon, dass sein Lebenspendel sich in diesem Bereich aufhält?

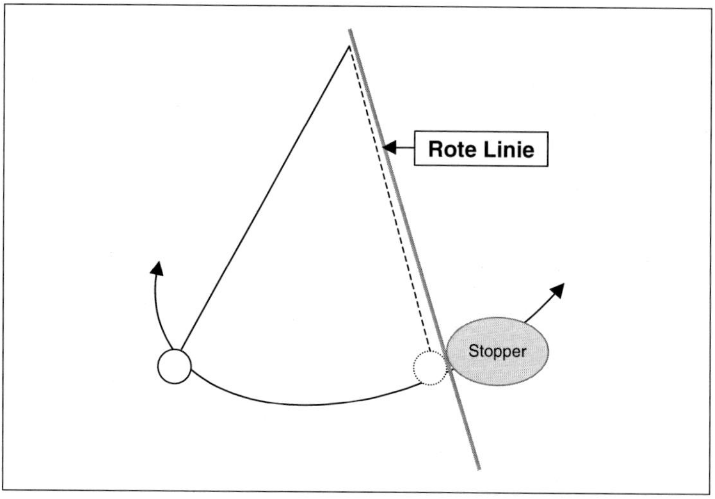

Der Stopper, der das Pendel des Lebens davon abhalten soll, auf die negative Seite zu schwingen, schluckt auch einen großen Teil der positiven Energie.

Doch es gibt einige Menschen, die legen sogar großen Wert darauf, auch die negative Seite kennen zu lernen. Sie haben erkannt, dass der Stopper, der das Pendel auf seinem Weg nach rechts über die Rote Linie aufhalten soll, einen großen Teil der kinetischen Energie auffrisst und deshalb der Schwung zurück ins positive Leben auch nicht mehr so weit trägt. Sie haben erkannt, dass es das volle Leben niemals zum halben Preis gibt.

Es ist doch einleuchtend: Können Sie aus dem Stand sieben Meter weit springen? Nicht einmal trainierte Sportler können das. Ohne Anlauf, ohne Schwung wird nur ein kleiner Hüpfer daraus. Auch der Athlet muss zunächst weg von der Absprungmarke gehen, bis er am Ausgangspunkt des Anlaufes steht. Und dann ist es insbesondere der Anlauf, wo die größte Leistung erbracht werden muss. Die Ausholbewegung eines Golfers ist umso größer, je weiter er den Ball schlagen will. Das Spannen der Sehne eines Bogens braucht Kraft, und nach dem hundertsten Pfeil schmerzen die Fingerspitzen. Aber es braucht eben die Kraft der Ausholbewegung, die den Pfeil ins Ziel trägt. Es braucht die Anstrengung, den Schmerz und die Überwindung, um größten Erfolg zu genießen.

Erfahrungen auf der rechten Seite des Lebenspendels liefern uns den Schwung für die linke, die positive Seite. Wenn das Pendel kräftig schwingt, dann fährt Ihr Schicksal zwar Achterbahn, aber dafür mit voller Power, mit dem ganzen Spaß. Keine negative Erfahrung wird Sie im Tal festhalten. Und wer kann denn schon vorhersagen, welche Konsequenzen die Erfahrungen auf der rechten Seite mit sich bringen? Mit der richtigen Einstellung werden Sie Ihren Nutzen aus jeder Erfahrung ziehen. Sie werden es aber nur erfahren, wenn Sie den ganzen Weg gehen. Und wenn Sie wissen, worum es auf der rechten Seite geht, haben Sie immer genügend Schwung, der Sie wieder zum Gipfel des Erfolgs trägt. Von dort oben sehen Sie auf die herab, die mit Notbremse fahren, die niemals oben neben Ihnen ankommen werden.

Hoch vom Sofa!

Sie haben die Wahl, Sie können selbst entscheiden, welche Art Leben Sie führen möchten, ob eines mit Höhen und Tiefen oder mit gebremster Energie. Natürlich ist ein Leben mit großen Amplituden gefährlicher, aber nur für diejenigen, die nicht agieren wollen. Haben Sie Ihr Leben im Griff, überlassen Sie keine Entscheidung über Ihr Dasein einer anderen Person oder Institution, dann sind Sie nicht Opfer, sondern Kreator Ihrer Situation, und der Gedanke an die Notbremse wird Ihnen erst gar nicht in den Sinn kommen. Denn hinter dieser gedachten Stopplinie gibt es jede Menge Erfahrungen zu machen, da gibt es Dinge, die zu tun sind. Wer die vermeiden will, schaut lieber anderen zu, wie die sie erledigen.

Der entscheidet sich für ein Leben aus zweiter Hand, gegen Risiko, gegen Wachstum, für den Stillstand.

Die Geschichte der zwei Samenkörner

Von Jack Canfield gibt es die schöne Geschichte der zwei Samenkörner. Die steckten nebeneinander im Boden und sprachen über ihre Pläne. Das eine sagte: „Ich will wachsen. Ich werde meine Wurzeln tief in die Erde versenken. Dann strecke ich mich nach oben aus und werde aus dem Boden ans Licht heraus treten. Immer größer werde ich, bekomme ein prachtvolles Blätterkleid, das sich im Wind wiegt. Warme Sonnenstrahlen und frischen Tau werde ich spüren, das Leben wird wunderbar sein. Es gibt nichts Schöneres, als zu wachsen." Das andere Samenkorn konnte dem so gar nicht beipflichten. „Nein, ich weiß nicht ... Vielleicht lauert ein gefräßiges Tier unter mir und frisst meine Wurzeln. Und wer weiß, was mich an der Oberfläche erwartet? Vielleicht tut es sogar weh, durch die Erdkruste zu stoßen. Ich bleibe lieber hier in Sicherheit und warte erst mal ab. Vielleicht wird die Situation irgendwann einfacher."

So wuchs das eine Samenkorn zu einer gesunden kleinen Pflanze heran, während das andere noch immer im Boden kauerte. Eines Tages scharrte ein hungriges Huhn mit seinen Krallen nach Essbarem. Es fand das wartende Samenkorn und fraß es auf.

Nicht nur einzelne ängstliche Samenkörner, sondern auch die meisten Menschen halten sich viel lieber ausschließlich in ihrer eigenen, selbst geschaffenen Komfortzone auf. Hier wissen sie ganz genau, was wie funktioniert. Sie fühlen sich wohl und geborgen, keinerlei Gefährdungen ausgesetzt; das ist gelebtes Sicherheitsstreben. Von hier aus möchte man lenken, reagieren und agieren, aber bloß nichts anderes mehr kennen lernen.

Fest steht aber, dass Unzufriedenheit und Frustration sehr oft daher kommen, dass die individuellen Möglichkeiten nicht genutzt bzw. gar nicht erst gesucht werden. Das würde nämlich Handeln voraussetzen, und wer handelt, macht Fehler, wie wir bereits gelernt haben. Leider scheint nichts so brisant und vermeidenswert zu sein, wie einmal zu versagen.

Resultate erzielen statt Fehler machen

Warum ist die rechte Seite des Lebenspendels, die negative in unserem Bild, eigentlich so unbeliebt? Woran liegt es, dass sie uns dermaßen Angst einflößt? Es ist das einfache und überaus wirksame Wort *Versagen* oder auch *Fehler,* eine Worterfindung voller intellektueller und hinterhältiger Bosheit, die jeden in Panik versetzt und dafür sorgt, dass immer wieder Fehler gemacht werden. Es ist der mieseste Bewertungsschlüssel für Handlungen, die einer übergeordneten Person (oder die sich dafür hält) nicht in den Kram passen. Ein Werkzeug zur manipulativen Einflussnahme.

Fehler vermeidet man, indem man Erfahrung sammelt. Erfahrung sammelt man, indem man Fehler macht.

Laurence Johnston Peter

Fehler sind lediglich Interpretationen; Erfahrungen, die irgendjemand oder man selbst aus seinem Blickwinkel als Versagen interpretiert. Doch obwohl niemand frei von Fehlern ist und alle im selben Boot sitzen, werden immer wieder die Fehler der anderen diskutiert, kritisiert, ausgebreitet, vorgeworfen, angeprangert und der Verursacher zur Schau gestellt. Er wird verurteilt. Wären wir bereit, Fehler als Chance zu deuten, als Gelegenheiten für einen Schritt in die richtige Richtung, dann hätten wir eine Chance für eine neue Art der Fehlerkultur.

Alle großen Leistungen sind vollbracht worden, weil es Menschen gab, die bereit waren, auf der negativen Seite Erfahrungen zu machen, das Scheitern einzukalkulieren. Kolumbus entdeckte Amerika, wo er doch eigentlich den Seeweg nach Indien finden wollte. Ein Irrtum, aber ein nützlicher. Streichen Sie also bitte ab heute das Wort *Fehler* aus Ihrem Wortschatz und ersetzen Sie es durch *Erfahrung* oder noch besser durch *Resultat.* Wenn Sie aus Unachtsamkeit eine Vase umstoßen und sie in tausend Scherben zerspringt, ist das weder ein Fehler noch ein Unglück. Aus den Scherben ließe sich sogar ein abstraktes Mosaik zusammensetzen. Als Erinnerung daran, dass auch Missgeschicke einen Sinn haben.

Entscheidend ist nicht das, was einem zustößt, sondern was man daraus macht. Ein Missgeschick, eine persönliche Niederlage beinhaltet immer auch Chancen. Erfolg und Niederlage gehören als Gegenpole unabdingbar zusammen. Die Niederlage ist der Auftakt zum nächsten Spiel, die Voraussetzung für den Schwung. Jedes Ereignis, jede Erfahrung ist ein Wegweiser, kein Endpunkt. Daher sind Fehler, Unglück, Niederlagen die Etappen auf dem Weg nach vorne.

Wie Sie eine Fehlerkultur entwickeln

Ich versuche, den Menschen das Gefühl zu geben, dass es in Ordnung ist, Fehler zu machen, dass es sogar wichtig ist, Fehler zu machen.

James Burke

Für Unternehmen, die innerhalb des von ihnen selbst begrenzten Pendelbereiches bleiben, die sich nicht über die Rote Linie wagen, bedeutet das, dass sie zu einigen Märkten und Chancen überhaupt keinen Zugang haben werden. Gerade der Bereich, dessen Erschließung spannend wäre, bleibt unerforscht. Da ist auch zu beobachten, dass Unternehmen, denen es schlecht geht, lieber im gewohnten, sicheren Bereich bleiben, in ihrer Komfortzone, als sich einmal auf neues Terrain vorzuwagen. Abwarten und Tee trinken, die Krise geht schon vorbei, der Kelch an uns vorüber. Wie leichtsinnig!

Schlimmer noch, je enger der Pendelbereich gelegt wird. Manche Unternehmen haben überhaupt keine Bewegungsfreiheit oder gar Bewegungsmöglichkeit mehr. Jede Veränderung oder Anpassung an neue Gegebenheiten wird zu einem ungeheuer aufwändigen Kampf gegen Strukturen, Gewohnheiten, Vorurteile, Ängste.

Wenn wir hier von Ressourcen sprechen, meinen wir Verantwortung, Entwicklung und Ziele. Da, wo die wahren Sieger ihr Können zeigen, wird es interessant. Welche Ressource haben die in sich, mit schmerzhaften Erfahrungen umzugehen? Wie integrieren sie diese Fehlerseite, wie gehen sie damit um, wenn es einmal nicht so gut läuft. Das ist interessant zu erfahren, denn mit Erfolg umgehen kann ja jeder Dummkopf.

Fehlerkultur im Business

Angst vor Fehlern ist für viele eine angesägte Sprosse in der Karriereleiter. Jeder weiß um die Gefahr und keiner traut sich, da drauf zu steigen. Denn Fehler müssen unter allen Umständen vermieden werden, diese Maxime gilt immer noch in den Unternehmen. Perfekt funktionieren müssen Menschen wie auch die Produktionsmaschinen. Während Maschinen objektiv unter die Lupe genommen werden können, funktioniert das mit Menschen nur bedingt. Unmengen von Kontrollinstrumenten werden eingesetzt, um fachlichen und persönlichen Schwachstellen auf die Spur zu kommen. Das Ergebnis: Drei Viertel der Arbeitnehmer haben Angst um ihren Arbeitsplatz, Manager fürchten Aktionäre und Medien, Kostendruck und Konkurrenz – das Aus für die Karriere.

Der Fehler wird somit zum größten Risikofaktor für das persönliche Weiterkommen.

Wo agiert wird, werden automatisch auch Fehler produziert. Und vor lauter Angst vor den Konsequenzen traut sich niemand etwas zu. Anstatt offen über Fehler zu sprechen und so ein Forum für Entwicklungen in die richtige Richtung zu etablieren, wird vertuscht, verheimlicht, unter den Teppich gekehrt. Versetzen Sie sich einmal gedanklich in die Situation eines Mitarbeiters, der wegen eines Fehlers offen kritisiert wird. Ein Imageverlust, der sein Verhalten nachhaltig verändern wird, ist die Folge. Ganz sicher wird er künftig alles vermeiden, was zu einem Fehler führen könnte.

Insbesondere kreative Köpfe sind den Fehler-Gerichtsbarkeiten ausgesetzt. Denn sie beschreiten oft neue Wege, die immer fehleranfällig sind. Ohne Kreativität und ohne mutiges Vorgehen laufen Projekte ins Leere. Oft scheitern Projekte auch am fehlenden Verständnis für Lösungsvorschläge und an Lösungskompetenz. Oder am Festhalten an eingefahrenen Strukturen und Seilschaften. Da wird dann aus Mangel an Bereitschaft abgelehnt, was auch nur den Ansatz an Risiko mit sich bringt. Lösungen fallen aber nicht einfach wie Regen vom Himmel. Sie werden auch nicht ohne Weiteres im Kreativstudio des eigenen Hirns entwickelt, sondern sind das Ergebnis der richtigen Analyse vorheriger Fehlentwicklungen.

Die Erfolgsgeschichte von Viagra

Erinnern Sie sich an die Entwicklung von Viagra? Ursprünglich war es als Mittel zur Durchblutungsförderung bei Lungenkrankheiten gedacht. Das hat aber nicht funktioniert. Anstatt das Produkt einzustampfen, wie es in Deutschland wohl geschehen wäre, setzte man bei Pfizer einen kreativen Lösungsprozess für den Fehlschlag in Gang. Der Rest ist Geschichte, und zwar eine außerordentlich erfolgreiche.

Durch kreatives Ausprobieren, hohe Einsatzbereitschaft und Durchsetzungswillen können Wege gefunden und Ziele erreicht werden. Dieser Prozess heißt *Trouble Shooting*. Lösungen sind behobene Fehler nach erfolgter Fehlersuche. Wenn man die häufigsten Fehlerquellen als Ursache für die bisherigen unbefriedigenden Ergebnisse erkennt, dann kann man auch beginnen, Lösungen dafür zu entwickeln, wie man diese behebt. Das bringt Unternehmen, Manager oder Akquisiteure in die vorteilhafte Lage, etwas anderes als Standardlösungen anbieten zu können.

Das betriebliche Vorschlagswesen

Hier ein Beispiel für den Umgang mit Vorschlägen im Unternehmen (die manchmal auch aus Fehlern resultieren). Verbesserungsvorschläge sind mittlerweile durchaus in vielen Konzernen etabliert. Die Frage ist nur, wie geht man damit um? Wir haben folgende Beobachtung gemacht: Es gibt Unternehmenskulturen, die das Vorschlagswesen fördern und dafür eine Regel aufgestellt haben, die wie folgt lautet:

> **Regel für das betriebliche Vorschlagswesen:**
>
> Wir schauen nicht in die Vergangenheit, wenn jemand einen Verbesserungsvorschlag einreicht. Wir schauen nur in die Zukunft.

Was hat es damit auf sich? Man stelle sich vor, jemand schlägt ein Treppengeländer vor an einer Stelle, wo sich einen Monat zuvor ein Mitarbeiter verletzt hatte. Die natürliche Reaktion wäre: „Da hätten Sie aber schon längst draufkommen können. Es ist doch Ihre Aufgabe, solche Stellen zu eliminieren.“ Wenn man die oben zitierte Regel anwendet, bedeutet das jedoch: Es gilt eine Vorab-Amnestie für nicht erfolgte, aber längst fällige Vorschläge. So kann ein angstfreier Raum hergestellt werden. Das schützt den Vorschlagenden vor Konsequenzen wegen möglicher Unterlassungen. Und schenkt dem Unternehmen viele gute Ideen.

Haben Sie Mut zu Misserfolgen

In anderen Bereichen ist der Weg zum Erfolg mit vielen kleinen Misserfolgen gepflastert. Vertriebsmitarbeiter können ein Lied davon singen: Das Nein eines potenziellen Kunden fühlt sich oftmals an wie eine persönliche Niederlage. Es schmerzt, der ganze Aufwand war vergebens. Beim nächsten Kunden erntet man wieder ein Nein. Und dann noch eins. Aber: Je mehr Neins man bekommt, desto größer ist die Wahrscheinlichkeit, ein Ja zu bekommen. Bis zum Ja muss man allerdings erst einmal durchhalten. Das kostet viel Energie und, je länger es dauert, sogar Überwindung. Welche Ressourcen haben Akquisiteure in sich, um mit dem Nein der Kunden umzugehen? Welche innere Festigkeit brauchen sie? Nach sieben, acht, zehn Neins geht die Motivation gegen Null. Da fehlt schließlich jeglicher Antrieb, weiter zu telefonieren. Selbstzweifel drängen sich auf: „Liegt es an mir? Was mache ich falsch? Ach was, die Kunden sind schuld." Hier sind wir komplett auf der Fehlerseite angekommen. Oder besser gesagt, auf der Erfahrungsseite. Ein Fehler wäre es, nichts aus den Neins zu lernen. Wer analysieren kann, wird erkennen, welcher Punkt im Verkaufsgespräch den Ausschlag gegeben hat. Sei es eine ungeschickte Formulierung des Verkäufers, ein zu langer Monolog oder die eigene Einstellung an diesem speziellen Tag. Daraus lässt sich leicht eine Richtlinie ableiten, wie das nächste Gespräch besser aufgebaut werden kann. Jedes Gespräch, auch wenn es mit einem Nein endet, ist eine wichtige Erfahrung, die zur Verbesserung der eigenen Qualifikation beiträgt.

Wenn wir keine Fehler machen, heißt das, dass wir nicht genug neue Dinge ausprobieren.

Phil Knight

Misserfolge spielen auf allen Ebenen eine Rolle. Auf der Ebene des Top-Managements sind allerdings die Auswirkungen mitunter sehr dramatisch. Daher ist es umso wichtiger, sich der besonderen Verantwortung für das Unternehmen und seine Mitarbeiter bewusst zu sein. Natürlich trifft ein Top-Manager auch Entscheidungen, die eindeutig falsch sind. Aber wer weiß schon, was sich später als falsch oder als richtig erweisen wird? Auch unsere eigenen Entscheidungen sind nicht immer von Erfolg gekrönt. Wir hatten eine Company gekauft, die auf dem Papier bestens in unser Portfolio passte. Geeignete Produkte, passende Marktergänzung, ähnliche Unternehmenskultur, beste Qualität ... all diese Punkte, die man im Vorfeld abchecken kann, waren positiv erfüllt. Jedoch entwickelte sich die Akquisition als Fehlschlag. Mussten wir nun nibelungentreu hinter dem hoch defizitären Bereich stehen? Stoßen wir die Firma ab? Im Umgang mit dieser Entscheidung zeigt sich der wahre Management-Profi, der Könner, der seine Erfahrungen oder – wenn Sie so wollen: *Fehler* – gemacht und seine Lektion bereits gelernt hat.

Strategien verändern, nie aber das Ziel

Ein Misserfolg ist keine Schande, vielmehr ist er ein Moment großer Macht. Er versetzt in Bewegung und schafft die Gelegenheit zur Korrektur, um neue Resultate zu erzielen. Die Vergangenheit bewältigt man leichter dadurch, dass man die Zukunft besser gestaltet. Dazu gehört nachhaltiges Streben und die Fähigkeit, flexibel mit geeigneten Strategien zu agieren.

Denken Sie beispielsweise an Thomas Edison, den Erfinder der Glühbirne. Mehr als tausend Versuche machte er, bis er Erfolg hatte. Auch Abraham Lincoln musste erst elf große persönliche Niederlagen einstecken, bevor er zum Präsidenten der USA gewählt wurde. Ein modernes Beispiel liefert „Rocky"-Darsteller Sylvester Stallone: Als nicht begnadeter Schauspieler dauererfolglos, begann er schließlich, Drehbücher zu schreiben. Darunter, nach vielen Fehlstarts, das erste Skript zu „Rocky". Die Agenten stürzten sich auf das Buch, mussten dabei Stallone als Hauptdarsteller akzeptieren. Das war seine Bedingung. So erreichte er am Ende doch sein erklärtes Ziel.

Bei Asterix und Obelix, den Comicfiguren, gibt es eine feste Komponente, einen *Running Gag:* Immer wenn die beiden Helden auf dem Meer fahren, begegnen sie den Piraten. Und die Begegnung endet für die Piraten immer mit dem Totalverlust ihres Schiffes. Was sie auch anstellen, es geht immer schlecht für sie aus. Doch anstatt aufzugeben und ehrbare Bürger zu werden, verfolgen sie weiter ihr Ziel, nämlich Beute zu machen. Dafür ändern sie die Strategie, indem sie zum Beispiel den Ozean wechseln. Zum großen Pech der armen Piraten sind Asterix und Obelix sehr reiselustige Gesellen und so trifft man sich auf den Weltmeeren immer wieder. Den Piraten kann man nur raten, intensive Fehleranalyse zu betreiben und daraus die richtigen Schlüsse zu ziehen.

Lernen Sie Fehler und Niederlagen als Ressource zu schätzen!

Zum Weiterdenken

- Überlegen Sie: Wie gehen Sie in Ihrem Unternehmen mit Fehlern um? Welche konkreten Ansatzmöglichkeiten gibt es, hier etwas zum Positiven zu verändern?
- Wann ist es Ihnen zuletzt gelungen, eine Niederlage in einen Erfolg zu verwandeln? Versetzen Sie sich in die Situation. Wie haben Sie sich konkret gefühlt?
- Machen Sie sich auch bewusst: Welche vermeintlichen „Fehler" aus Ihrer Vergangenheit haben Sie erst in die Lage versetzt, die Dinge zu tun oder zu haben, die Sie heute tun oder haben? Was bedeutet dies für das zukünftige Handeln?
- Erfolg managen kann jeder! In welchem Bereich liegt Ihre besondere Fähigkeit, mit schwierigen Situationen umzugehen? Wie können Sie dies für sich nutzen?
- Wenn Sie fürchten, einen Fehler zu machen: Trainieren Sie gedanklich Ihre Fähigkeit, damit umzugehen. Denken Sie sich aus, was passieren könnte und was Sie im konkreten Fall tun könnten.

6. Disziplin: Commitment

„Ja, ich mach' das!" – von gebrochenen Versprechen und gescheiterten Projekten

„Ja, ich mach' das!" ist ein typischer Satz, der tausendfach tagtäglich in deutschen Unternehmen ausgesprochen wird. Und der doch meilenweit von dem entfernt ist, wann dann tatsächlich umgesetzt wird. Unsere Erfahrung ist sogar, dass mehr Projekte scheitern, weil Mitarbeiter aller Ebenen ein halbherziges „Ja, ich mach' das!" äußern, als weil sich Zuständige direkt verweigern. So auch in einem der ersten Review-Meetings eines Change-Projektes, das wir betreuten.

Die Vorgeschichte: Die Top-Runde des Unternehmens entwickelte gemeinsam mit uns die Strategie für das neue Geschäftsjahr. Im Wesentlichen bestand unsere Aufgabe darin, die hochkritischen Projekte, also die Projekte, die nachhaltig über Rendite oder Verluste im Unternehmen entscheiden würden, gemeinsam aufzusetzen und dann in die Umsetzung zu führen.

Es wurden während der ersten Phase des Projekts sehr schnell sieben hochkarätige, hochkritische Themen identifiziert, die voranzutreiben waren – allesamt Managementaufgaben. Jedes der Themen bekam einen Treiber, einen Verantwortlichen. Die Zuordnung der Verantwortungen entsprach in etwa den jeweiligen Rollen der einzelnen Teammitglieder – insofern war das auch schnell erledigt. Die Aufgaben bestanden nun darin, einen Status quo zu erarbeiten, eine realistische Vorgabe zum Ende des Geschäftsjahres zu fixieren sowie die konkreten Ziele zu benennen, die wir zum jeweiligen Monatsende qualitativ sowie quantitativ erreicht haben müssten. Den ersten Part der Aufgabenstellung konnten alle sehr schnell für sich lösen. Der zweite Teil, die realistische Aussage über den Status zum Ende des Jahres, zum Ende der Quartale, der Monate und Wochen sowie die Formulierung eines konkreten Angebots war für den größten Teil der Mannschaft zunächst einmal eine intellektuelle Überforderung. Nach und nach ergab sich daraus aber dann doch ein brauchbares Bild, und der Plan wurde vereinbart!

Vereinbart? Was heißt das genau in der Praxis?

„Ja, ich mach' das!", was so viel heißen sollte wie: „Okay, die dargestellten Teilziele für das von mir verantwortete Teilprojekt werde ich wie geplant umsetzen und erreichen!" Wir fragten diesen Punkt in der Vorbereitung noch einmal sehr nachdrücklich und bewusst ab, denn wir hatten ja unsere Erfahrungen gemacht. Dann verabschiedeten wir uns in die Umsetzung. Nächstes Treffen in vier Wochen zum Review.

Immer nach solchen Meetings sind wir einerseits gespannt, was uns erwartet, andererseits gibt es kaum jemals positive Überraschungen, die wir doch so gerne erleben würden. Also sind unsere Emotionen meist sehr ambivalent, obwohl wir eigentlich schon im Voraus das Ergebnis kennen. Vier Wochen später trafen wir uns zum vereinbarten Review-Termin. Um das Erreichte und den Status transparent machen zu können, brachten wir zwei Flipstifte mit in das Meeting, einen roten und einen grünen. Auf dem Flipchart eine Tabelle mit den Aufgaben und den dazu gehörigen Namen der Verantwortlichen. Wir befragten die einzelnen Teilnehmer nach ihren Ergebnissen. *Erreicht* ist ein Grün, *nicht erreicht* ein Rot. (Übrigens, an dieser Stelle sei erwähnt, dass wir bei diesen Gelegenheiten sehr gerne auf einen gelben Stift verzichten!) Entsprechend markierten wir die Felder der Tabelle, die eines der drei Basis-Tools unserer Erfolgsstrategie ist.

Was wir hörten, waren aber (überraschenderweise?) keine Erfolgsmeldungen. Vielmehr ergingen sich die Leute in Erklärungen, was nicht erreicht wurde und warum das nicht geklappt hatte, wer alles daran Schuld war und welche widrigen und unvorhersehbaren Umstände den Erfolg zusätzlich verhindert hatten. 90 Prozent aller Felder waren rot! Ein Desaster! 90 Prozent aller *versprochenen* Aufgaben waren nicht erledigt. Stattdessen Rechtfertigungen und Schuldzuweisungen. Wir erinnern sehr gerne: Es handelte sich hierbei um die hochkritischen Projekte in einem Unternehmen und versammelt war die ganze Management-Runde. Die Teilziele waren von jedem Verantwortlichen selbst erarbeitet und vorgeschlagen worden. 90 Prozent Commitment-Bruch!

Was kann nun jeder Einzelne tun, um sein Bewusstsein für eingegangene Verpflichtungen zu schärfen? Wie gelingt es, auch andere zu stärkerem *Commitment* zu bewegen? Dazu mehr in diesem Kapitel.

110-Meter-Hürden

Wem ist der Athlet beim Zehnkampf verpflichtet? Und wie ernst nimmt er diese Verpflichtung, dieses *Commitment?* Frank Busemann schildert seine Erfahrungen beim 110-Meter-Hürdenlauf:

„Jede Bahn hat eine Breite von 1,22 Metern, was bei einem 100-Meter-Sprint vollkommen ausreicht. Da beim 110-Meter-Hürdenlauf nach jedem dritten Schritt ein zirka 3,50 Meter langer Satz über ein Hindernis folgt, passiert es oft, dass Athleten ihren Nachbarn mit wilden Ausgleichbewegungen der Arme im Gesicht fuchteln. Plötzlich werden 1,22 Meter sehr, sehr schmal und erzwingen körperliche Nähe. Es ist dann immer die Frage, ob ein Athlet mit gegnerischem Kontakt klarkommt. Wenn er der Austeilende ist, kann er ebenso aus dem Gleichgewicht kommen wie der Einsteckende. Ein erfahrener Hürdenläufer ist nicht überrascht, wenn es im „Luftkampf" ein wenig enger wird. Es gibt unfaire Spezialisten, die sich sogar eines Gegners im Lauf entledigen können, indem sie ihm einen Schubs verpassen.

In der Regel beschränken sich Kontakte aber auf Flüchtigkeiten ohne böse Absicht und verlaufen auch ohne negative Auswirkungen. Denn mit einem allzu waghalsigen Auftreten gefährde ich nicht nur meinen Gegner sondern auch mich. Daher ist es absolut notwendig, möglichst die Bahn beizubehalten, die Arme und Beine nicht in des Gegners Extremitäten zu verhaken und nur das persönliche Ziel im Auge zu behalten. Der Gegner existiert nicht und ist erst nach 111 Metern wieder einen Gedanken wert.

Sieger zweifeln nie, Zweifler siegen nie!

Nur wer voll auf der Höhe und bestens konzentriert ist, wird keinen Schlag des Gegners, keine Hürdenlatte spüren und keine äußeren Einflüsse als negativ empfinden. Als Hürdenspezialist achtete ich immer darauf, das Stadion als erster direkt hinter dem Kampfrichter zu betreten. Aufrecht ging ich mit festem Blick zu den Blöcken und stolzierte wie ein Hahn umher. Ich wollte den Eindruck vermitteln, dass ich durch nichts geschwächt, praktisch unschlagbar war.

Nach einigen Problemen lief es auch in meiner Spezialdisziplin nicht mehr rund und ich wurde von Lauf zu Lauf ängstlicher. Als ich dann noch bei den Olympischen Spielen in Sydney 2000 den 110 000 Zuschauern als Weltrekordhalter über die 110-Meter-Hürden der Zehnkämpfer vorgestellt wurde, machte ich in die Kamera eine beschwichtigende Handbewegung nach unten. Damit demonstrierte ich meinen Gegnern, dass ich schlagbar war. Doch das Schlimmste: Ich wollte es sogar. Ich wollte nur ankommen. Wollte mir nicht wehtun, mich nicht mit anderen verhaken und keine Regentropfen in die Augen bekommen. Das war alles. Der Kampf in der Vergangenheit und die Sicherheit waren komplett verloren gegangen, ich war ängstlich und stellte für mich neue Spielregeln auf. Anstatt wie immer gewinnen zu wollen und Punkte gut zu machen, genügte mir jetzt ein nicht allzu großer Rückstand. Ich war mental einfach nicht mehr von mir überzeugt und wartete auf Fehler, die sich dann auch prompt einstellten.

Ich dachte immerzu daran, die Situation halbwegs gut zu meistern. Nicht stürzen und retten, was zu retten ist. Damit kauerte ich mich in die Karnickelschutzhaltung und konnte mich nicht frei entfalten. Monatelang versuchte ich mich selbst zu schützen. Doch wer nicht wagt, kann nicht gewinnen. Mittlerweile war mein Hürdenlaufen stupide, langweilig und nur noch schlecht. Als ich mir schließlich sagte: „Wenn ich stürze, dann stürze ich halt!" und wieder etwas mehr riskieren wollte, da war meine Zeit abgelaufen, meine Karriere beendet. Ich konnte meine Schwäche nicht mehr besiegen. Heute bin ich davon überzeugt, dass sich alles Negative nur in meinem Kopf abspielte. Hätte ich die unnötige Schadensbegrenzung unterlassen, ein Patzen in den Bereich des Möglichen gebracht, so wäre ich ab diesem Zeitpunkt wieder sauber gelaufen und mit Bestzeiten im Ziel angekommen.

Anti-Doping – das Versprechen gegenüber sich selbst

Die wichtigste Regel im Sport ist das Versprechen sich selbst gegenüber. Manchen Athleten scheint es egal, wie sie ihren Sieg oder ihre Leistung erringen, aber ein Erfolg, der mit unfairen Mitteln erreicht wurde ist kein Erfolg. Dazu gehört in erster Linie das Doping.

Durch Doping betrügt ein Athlet im Geheimen. Nicht nur die Zuschauer und die Wettbewerber, auch er selbst ist ein Opfer. Abgesehen von Langzeitschäden gibt es noch den Blick in den Spiegel: Wie viel ist ein Sieger wert, der jeden morgen sein Spiegelbild mit den Worten „Da hattest du ja einen guten Arzt!“ begrüßt? Kann er sich jeden Morgen von neuem lieben, wenn er weiß, dass all sein Erfolg auf einer Lüge aufgebaut ist? Und ist er sich dessen bewusst, dass er eine tickende Zeitbombe ist und er nicht weiß, wann sie hochgeht und sich für seine Verfehlungen rächt? Oder ist er so abgestumpft, dass er stolz in den Spiegel blickt und sich keiner Schuld bewusst ist? Im Endeffekt muss jeder für sich selbst entscheiden und wissen, was er tut. Wer mit einem vollkommen wertlosen Dopingsieg leben kann, dem ist sowieso nicht zu helfen!

Mit welchen Mitteln mein Gegner kämpft, darf mich im Wettkampf nicht interessieren. Was einzig zählt, ist die eigene Höchstleistung.

Frank Busemann

Ob der Gegner neben mir dopt oder sauber ist, darf im Moment des Wettkampfes nicht mein Problem sein. Wichtig ist, dass ich meinem Versprechen treu bleibe und hundertprozentig weiß, dass ich sauber zum Erfolg gekommen bin. Mit welchen Mitteln mein Gegner kämpft, darf mich im Wettkampf nicht interessieren. Was einzig zählt, ist die eigene Höchstleistung. Was wäre, wenn der Gegner sauber ist und wirklich besser als ich? Dann hätte ich ein paar wertvolle Prozente meiner Konzentration an einen sinnlosen Gedanken verloren und von vorneherein mein mögliches schlechtes Abschneiden mit der Chancenlosigkeit gegen einen Doper gerechtfertigt.

Solange das Gegenteil nicht bewiesen ist, muss ich daher davon ausgehen, dass mein Gegenüber sich dem gleichen Ehrenkodex verschrieben hat wie ich. Aus diesem Grunde ist es völlig gleichgültig, was andere tun. Wichtig ist, was ich selber tue! Und dazu gehört das Versprechen mir selbst gegenüber, das weit wichtiger ist als alles andere um mich herum.

Weil ich mit dieser Entscheidung leben muss, ist sie so enorm wichtig. Unterm Strich bekomme ich mit dieser Verhaltensweise stets mehr zurück als jemand, der nicht fair ist. Sowohl von außen (dem Publikum) als auch von innen (mir selbst).

Meine größte Angst war immer, dass jemand diesen Stolz und diese Größe beschmutzen könnte. Man hört ja immer wieder von den Athleten, die sich absolut nicht erklären können, wie sich dieses ach so gefährliche Hormon im Körper verfangen konnte. Sie geben den Ahnungslosen und gelangen damit sogar manchmal zum Ziel. Fakt ist, dass der Athlet für Substanzen, die in seinem Körper gefunden werden, ganz allein verantwortlich ist. Fakt ist, dass ein Großteil der überführten Athleten weiß, wie diese Substanzen in ihren Körper gelangt sind, und Fakt ist zudem, dass sie somit unfair gespielt haben. Schlimm ist es allerdings für jene Athleten, die wirklich keine Ahnung haben, wie ein Wirkstoff in die Probe gelangt ist.

Ein Doper weiß, dass er dopt, und muss mit dem Ertapptwerden rechnen. Ein sauberer Athlet hingegen muss wie vom Blitz getroffen sein, wenn er positiv getestet wird. Dazu können legale, aber verunreinigte Nahrungsergänzungsmittel beitragen, eine nachlässige Medikamenteneinnahme gegen belanglose Beschwerden oder aber auch Sabotage von außen. Ob so viel kriminelle Energie in den Gegnern steckt, muss in jedem Einzelfall geprüft werden. Aber ich bin selbst dafür verantwortlich, alles mir Mögliche zu unternehmen oder zu unterlassen, um keine Zweifel aufkommen zu lassen.

Schon 1994 bei den Juniorenweltmeisterschaften rührte ich einen Teller, den ich kurz aus den Augen lassen musste, nicht mehr an, da ich eine Verunreinigung von außen befürchtete. Ich nahm nur verschlossene Flaschen, verriegelte meine Sporttasche und nahm Getränke nur von mir sehr nahe stehenden Personen an. So vermied ich, mit etwas konfrontiert zu werden, was ich nicht hätte erklären können.

Da ich für mich selbst verantwortlich bin und nur eine saubere Leistung mich zufrieden stellen kann, bleibe ich in erster Linie für mich selbst sauber. Wenn Athleten zu unerlaubten Mitteln greifen, tun sie das für andere, denen sie etwas vorgaukeln wollen, in deren Ansehen sie steigen wollen, von denen sie geachtet werden wollen. Da eigenes Können und gezeigte Leistung wissentlich nicht übereinstimmen, zeigen sie große Charakterschwäche und kein Rückgrat, da sie sich von anderen leiten lassen und diese auch noch betrügen."

Hingabe, Siegversprechen und Selbstverpflichtung

Hätte man auf breiter Basis erkannt, was *Commitment* in Wirklichkeit bedeutet, was es heißt, sich zu *committen*, dann wäre das Wort ein echtes Highlight. Aber so ist es nicht. Ständig wird etwas versprochen: die Ehe, eine Freundschaft, eine Leistung, Alltägliches wie ein Kleidungsstück zur Reinigung zu bringen, pünktlich oder zuverlässig zu sein und so weiter. Forscht man nach, so erscheint nichts von dem verbindlich zugesagt. Betrachten Sie einfach die Zahl der Scheidungen. Oder die täglichen Streitigkeiten, weil dies oder jenes doch nicht erledigt wurde, weil einer nicht zur vereinbarten Zeit erschienen ist oder weil die Handwerker einen Auftrag nicht korrekt ausgeführt haben. Das heißt, wie versprochen, so gebrochen. Alltag.

Die Natur ist gnädig: Wer viel verspricht, dem schenkt sie zum Ausgleich ein schlechtes Gedächtnis.

Bob Hope

So sieht es auch mit dem ach so geliebten Wort *Commitment* aus. Denn allzu oft wird es zu leger mit *Versprechen* übersetzt und entsprechend leger behandelt. Aber es steckt mehr hinter Commitment. Wie Sie vorangegangenen Abschnitt lesen konnten, kann Erfolg nur mit Hingabe, Siegversprechen und der Selbstverpflichtung erzielt werden. Genau das bedeutet Commitment.

Hingabe ist mit Leidenschaft verbunden. Mit der Leidenschaft, die man einem bestimmten Ziel widmet. Ziele können nur dann leidenschaftlich angestrebt werden, wenn sie den eigenen Fähigkeiten und Talenten entsprechen. Ohne vernünftige Zielsetzung also keine kompromisslose Hingabe. Auf das Thema Leidenschaft kommen wir bei der 10. Disziplin zurück.

Ohne Siegversprechen nützen die tollsten und klarsten Ziele nichts. Wer nicht laut verkündet, dass er unumstößlich gewillt ist, dorthin zu kommen, wo es für ihn und seine Mitstreiter lohnenswert ist, der wird kaum Gefolgschaft finden. Nicht mal er selbst wird sich ausreichend motiviert fühlen, alle Kraft für ein Ziel einzusetzen, wenn das Versprechen fehlt, es unter allen Umständen erreichen zu wollen.

Selbstverpflichtung dient der Glaubwürdigkeit. Verpflichten Sie sich zu einer Haltung oder einer Leistung und tun alles Mögliche dafür, so werden Sie mit der Zeit großes Vertrauen ernten. Das funktioniert nach außen, also andern gegenüber, die Ihnen ihr Vertrauen schenken. Viel wichtiger ist jedoch, dass es auch nach innen wirkt, also auf Sie selbst reflektiert. Bewegen Sie sich immer auf der sicheren Seite der erfüllten Versprechen und Erwartungen, wird Ihnen nicht nur von außen ein Vertrauensbonus zuteil. Auch in Ihnen selbst findet etwas statt, eine immer wiederkehrende Bestätigung des Richtigen, die Ihnen Vertrauen in die eigene Stärke vermittelt.

Interessant ist die Frage, wem und warum wir ein Wort geben. Sprachgebräuchlich geben wir unser Wort dem Partner, dem Kollegen, dem Chef, der Freundin, der Tochter, dem Trainer usw. Wir verpflichten uns offensichtlich immer wieder für andere, et was zu tun – und etwas für andere zu tun. Dahinter stecken zwei Dinge: Was wir versprechen, halten wir nicht für uns, sondern für jemand anderen ein. Der erwartet das von uns. Und: Was wir versprechen, ist oft nicht das, was wir selbst am liebsten tun möchten. Wenn wir uns also darauf einlassen, dann beraubt uns das der Selbstbestimmung, der freien Willensentfaltung und der Selbstverantwortung für unser eigenes Dasein.

Wer gegen sich selbst und andere wahr ist und bleibt, besitzt die schönste Eigenschaft der größten Talente.

Johann Wolfgang von Goethe

Wenn ein Versprechen einzuhalten Ihnen lästig ist und große Mühe bedeutet, dann sollten Sie es nicht versprechen. Sagen Sie lieber „nein, das tue ich nicht“, anstatt so zu tun als ob und später in irgendeiner Form zur Verantwortung gezogen zu werden. Es hat doch keinen Sinn, Ihrer Tochter oder Ihrem Sohn zu versprechen, sie von der Schule abzuholen, obwohl es Ihnen lästig ist: ‚Warum kann die oder der nicht einmal mit dem Rad fahren?‘ Doch weil Sie Ihr Kind lieben, denken Sie: ‚Sie (oder er) ist es wert, von mir abgeholt zu werden, es gibt nichts, was ich in diesem Moment lieber tun würde.‘ Sie erkennen den Unterschied? Niemand zwingt Sie zu dieser Entscheidung. Sie entscheiden sich selbst, frei und selbstbestimmt für das, was Ihnen wichtig und richtig erscheint. Somit geben Sie nicht Ihrer Tochter (oder Ihrem Sohn) das Wort, sie abzuholen, sondern nur sich allein. Denn Sie selbst sind es, der von Ihnen erwartet, dass Sie dieses Versprechen halten.

Genauso ist es richtig, wenn ein Sportler sich selbst verspricht, seine beste Leistung zu zeigen, und zwar ohne Unterstützung von außen durch Medikamente, den Druck des Trainers, durch Bestechung der Richter oder den Applaus der Zuschauer. Es ist sicher nur zu einem Bruchteil so motivierend, wenn er sich lediglich dem Trainer zu Gefallen auf Leistung quält, insgeheim sich aber auf eine sonnige Insel wünscht, wo er Urlaub machen und seine schmerzenden Knochen pflegen kann. Ebenso unbefriedigend muss es sein, wenn der Sportler unerlaubte Dinge tut, um fremde Erwartungen zu erfüllen. Das konnten Sie weiter vorne lesen.

Es ist ein sehr wesentlicher Aspekt zu erkennen, dass der Empfänger Ihres Versprechens Sie selbst sind und niemand anders. Schließlich haben Sie sich für oder gegen etwas entschieden und somit sind Sie sich selbst verpflichtet im Rahmen Ihrer Eigenverantwortung.

Der Empfänger Ihres Versprechens Sie sind selbst und niemand anderes.

Wort halten heißt Regeln akzeptieren

Indem Sie sich zu etwas *committen*, akzeptieren Sie bestimmte Spielregeln, die damit verbunden sind. Und zwar dauerhaft. Die wichtigste ist, niemanden zu enttäuschen, vor allem nicht sich selbst.

Ein Beispiel: Spielen Sie Tennis? Zumindest haben Sie schon einmal gesehen, wie zwei Menschen mit großen Schlägern einen gelben Filzball von einer Seite des Spielfeldes auf die andere schlagen und wieder zurück. Der Haken an der Sache ist, dass der Ball zum einen über das in der Mitte gespannte Netz fliegen muss und zum zweiten nicht über die Begrenzungen des Spielfeldes hinaus befördert werden darf.

Nun könnte Ihr Gegner sagen, er habe einen super Aufschlag, der aber oft dazu führt, dass der Ball im Netz hängen bleibt. Seine Bitte: das Netz ein wenig tiefer zu hängen. Außerdem habe er eine so knallharte Vorhand, ein echter Gewinner! Der Nachteil ist lediglich die Spielfeld-Linie hinter dem Gegner. Dort fliegt der Ball immer zu weit, ob man nicht die Linie etwas nach hinten verlegen könne. Vermutlichen werden Sie keine Lust auf dieses Spiel haben.

Wenn jeder die Spielregeln nach Belieben verändert oder bricht, gibt es keine Gewinner. Selbst derjenige, der sich durch den Regelbruch einen Vorteil verschafft hat und wie ein Sieger erscheint, kann sich nicht seines Sieges rühmen, denn er hat ihn unlauter errungen. Erinnern Sie sich an den Abschnitt zum Thema Doping. Besteht die logische Schlussfolgerung also darin, die Spielregeln komplett abzuschaffen und die omnivalide Freiheit auszurufen? Wohl kaum, denn das wäre die pure Anarchie.

Regeln machen frei

Eher das Gegenteil ist der Fall. Eine wesentliche Erkenntnis liegt darin, dass Spielregeln unendliche Freiheit schenken. Sie geben den Rahmen vor, innerhalb dessen man völlig gefahrlos agieren und sich bewegen kann. Wer ohne Regelverletzung erfolgreich ist, braucht sich nichts vorwerfen zu lassen und kann ausschließlich Pluspunkte verbuchen. Nicht ein einziges Prozent Ihrer Energie geht an den Gedanken verloren, ob Sie etwas zu befürchten haben. Kann es etwas Positiveres geben? Und sollten die Regeln zu eng erscheinen oder sinnlos, gibt es immer die Wahl, das Spielfeld zu verlassen und sich ein anderes zu suchen.

Vorsicht ist angebracht, wenn Sie jemandem bzw. sich selbst ein Wort geben. Können Sie es unter allen Umständen halten? Sollten Sie Zweifel daran haben, dass Sie ein Wort halten können, besprechen Sie das vorher und nicht erst dann, wenn Sie Ihr Wort schon gebrochen haben. Das schafft Vertrauen, denn der andere weiß nun, dass Sie einen Regelbruch auf jeden Fall mitteilen werden. *Commitment* bedeutet, zu einer Sache zu stehen, auf die man sich eingelassen hat, und die Spielregeln zu akzeptieren.

Commitment bedeutet, zu einer Sache zu stehen, auf die man sich eingelassen hat, und die Spielregeln zu akzeptieren.

Sie kennen die immer wiederkehrende Diskussion im Fußball, wenn der Ball im Netz liegt, doch der Linienrichter das Tor wegen Abseitsstellung nicht gibt. Und ausgerechnet dieses Tor hat das Zeug, zum spektakulärsten Treffer der Saison gewählt zu werden. Der Torschütze kennt die Regeln genau, der Linienrichter auch. Welchen Sinn macht es also, mit dem Mann in Schwarz zu diskutieren, ob man die Abseitsregel nicht für dieses schöne Tor ausnahmsweise außer Kraft setzen könnte? Das Ergebnis wäre höchstwahrscheinlich ein Platzverweis des Spielers wegen „Meckerns".

Dieses Beispiel zeigt, dass es erstens durchaus zweckmäßig ist, sich die Regeln gewissenhaft anzuschauen und sie dann zweitens aber auch genauso gewissenhaft einzuhalten. Denn sind Sie einmal auf dem Spielfeld, gibt es keine Möglichkeit mehr, etwas an ihnen zu ändern. Solange Sie im Wort stehen, gibt es kein Zurück. Sie haben höchstens die Wahl, bei nächster Gelegenheit ein anderes Spiel zu spielen oder offiziell eine Regeländerung zur Diskussion zu stellen.

Wie Sie Commitment im Management leben

Die Spielregeln des Business

Um deutlich zu machen, welche Bedeutung Commitment im Unternehmensalltag hat, möchten wir auf einen Vergleich zurückgreifen. Stellen Sie sich das Businessleben als ein Spieleset vor. Da gibt es Neukundengewinnungsspiele, Produktionsspiele, Planspiele, Managementspiele, hierarchische und politische Spiele. Um da antreten zu können, sind selbstverständlich ein paar Voraussetzungen nötig. Zuerst steht die Entscheidung an, an welchem Spiel Sie teilnehmen wollen. Die Wahlfreiheit haben Sie. Sie können sich aussuchen, ob Sie sich auf das Spielfeld der politischen Auseinandersetzungen begeben oder sich lieber dem Spiel Neukundengewinnung mit ganzer Leidenschaft widmen. Weiterhin müssen Sie sich fragen (lassen), ob Sie dafür überhaupt fit genug bin. Wenn nicht, dann heißt es trainieren oder ein anderes Spiel suchen.

Wie im Sport oder in Beziehungen, so existieren auch in der Berufswelt Spielregeln – eine weitere Voraussetzung für ein funktionierendes Spiel. Die einen sind nachzulesen, zum Beispiel im Arbeitsvertrag. Die anderen sind ungeschriebene Gesetze, aber deswegen nicht weniger scharf definiert. So wie in jedem heimischen Haushalt dieser unsichtbare Flipchart hängt, auf dem geregelt ist, dass die benutzte Kaffeetasse in die Spülmaschine gehört, so finden sich auch in Unternehmen an jeder Ecke Hinweistafeln darauf, dass dies oder jenes verlangt wird.

Damit das Spiel beginnen kann, fehlt nur noch eine letzte, dafür umso essenziellere Sache: das *Commitment*, das wir durch *Wort* ersetzen möchten. Also: Sie geben das Wort, das Spiel spielen zu wollen und auch zu spielen. Und indem Sie das Wort geben, kaufen Sie auch die Spielregeln! Setzen Sie also Ihre Unterschrift unter den Arbeitsvertrag, akzeptieren Sie beispielsweise auch das schwachsinnige Zeiterfassungssystem, das nie funktioniert, das aber jedes Mal Stress produziert, wenn Sie Ihre Anwesenheit nicht dokumentieren.

Anstatt sie zu brechen und Ihnen negatives Energiepotenzial in Form von Befürchtungen zu schaffen, könnten Sie ja anders an die Spielregeln herangehen. Sie könnten beispielsweise sagen, dass Sie zwar auf die Regel der Zeiterfassung committet sind, besser gesagt: Ihr Wort gegeben haben, sie aber zur nächsten Abrechnungsperiode zur Diskussion stellen. Dann bringen Sie einen Verbesserungsvorschlag ein, um das System wirksamer zu machen im Sinne der Zweckerfüllung.

Hier haben wir gleichzeitig ein Beispiel dafür, wie man positiv mit den negativen Aspekten einer Situation umgeht. Was nämlich über persönlichen Erfolg entscheidet, ist die Fähigkeit, Negatives zu integrieren und nicht auszugrenzen. Auf die Gesetzmäßigkeit der 79/21-Regel werden wir später noch eingehen.

Das Beachten und Einhalten der Regeln führt dazu, dass man als jemand erlebt wird, der zu seinem Wort steht. Und das hat entscheidende Auswirkungen im Unternehmen. Das leidenschaftliche Ja, das zum Beispiel für ein Projekt in einem Unternehmen nötig ist, muss erstens uneingeschränkt vorhanden und gültig sein und zweitens hierarchisch betrachtet von oben, von der Unternehmensspitze, von der Entscheider-Ebene, ausgehen und nach unten in die einzelnen betroffenen Abteilungen eindringen und auf jeden einzelnen Mitarbeiter wirken. Die Mitarbeiter eines Projekts müssen spüren, ja wissen, dass die Führungskräfte voll hinter dem Projekt stehen und ihr Wort halten werden. Wenn zum Beispiel einzelne Abteilungsleiter sich nur zu Beginn für das Gelingen des Projekts engagieren, dann wird man schwerlich die Mitarbeiter für die Sache begeistern können.

Wer die Spielregeln des Geschäftslebens beachtet und einhält, wird als jemand erlebt, der zu seinem Wort steht.

Die Unterstützung des Projekts durch das Management muss glaubhaft kommuniziert und aktiv vorgelebt werden, damit sie in den Herzen der Mitarbeiter auch Wirkung zeigen kann. Ganz nebenbei nimmt sie den Projektgegnern in der Managementebene den Wind aus den Segeln, wenn sie merken, dass sie nicht auf Rückendeckung spekulieren können.

Zum effektiven Commitment gehören drei wesentliche Kriterien: Transparenz, Konsequenz und Bewusstsein.

Transparenz

In Neukundengewinnungs-Projekten, die wir in Unternehmen aufsetzen, verteilen wir zu Beginn ganz klare Aufgaben. Es muss für jeden deutlich sein, wer was zu tun hat. Verantwortliche werden benannt, die sich verpflichten, innerhalb des Planungszeitraums konkrete Erfolge zu vermelden. Beispielsweise geht es darum, eine Anzahl potenzieller Kunden erfasst zu haben, sie zu qualifizieren, zu kontaktieren und gegebenenfalls zu besuchen. Ein anderer bekommt die Aufgabe, sich über ein Unternehmen zu erkundigen, zu recherchieren, Bedarf zu erfassen und sich qualifiziert auf ein Gespräch vorzubereiten.

Konsequenz

Würde der Punkt der Pflichterfüllung nicht zwingend vereinbart, wären auch die Ziele hinfällig. Um dem Nachdruck zu verleihen, veröffentlichen wir die Versprechen und deren Einhaltung im ganzen Unternehmen – auch zum Beispiel im Büro des Vorstands. Der ist somit jederzeit in der Lage, das Leistungsversprechen des Mitarbeiters zu kontrollieren. Das Instrument der Wahl ist unsere *Red-Line-to-green-Line* – ein Chart, den wir auf den nächsten Seiten genauer erklären werden. Wir bringen mit diesem Kontrollinstrument eine Fremdmotivation in Form von Transparenz und Hierarchie ins Spiel. Wer sein Wort nicht hält, bekommt als Konsequenz umgehend Stress.

Bewusstsein

Stellen Sie sich einmal folgende Situation vor: Zu Beginn eines Projekts werden Aufgaben verteilt, wie vorher beschrieben und wie wir es in der Regel tun. Die Aufgaben der einzelnen Mitarbeiter werden überall transparent gemacht, die Folgeaktionen besprochen. Vereinbart wird außerdem, dass monatlich zu berichten ist, in welchem Umfang die Zwischenziele erreicht worden sind.

An diesem Punkt erkennen die Projektverantwortlichen, dass sie nicht wie üblich nach einigen Wochen aus der Nummer raus sind. Dies ist ein wesentlicher Erfolgsfaktor für unsere Commitments. Denn hier wird das Bewusstsein geschärft für die Tragweite des Versprechens. Jeder wird sich genauestens überlegen, ob er das überhaupt einhalten kann, worauf er sein Wort gibt. Denn schließlich hat jeder auch noch andere Aufgaben außerhalb des aktuellen Projekts innerhalb der Firma, und nicht zu vergessen ist da noch ein wenig Privatleben. Frage also: Kann ich überhaupt Ja zu der Aufgabe sagen? So wird der Transfer von Commitment ins Bewusstsein geleistet.

Verpflichtungen geben einen sicheren Rahmen

Wer nach Abwägen aller Aspekte sein Wort geben kann, die Erwartungen zu erfüllen, findet sich mit einem Mal in allergrößter Bewegungsfreiheit wieder. Denn er muss einfach nur umsetzen, was er in der kommenden Periode zu leisten versprochen hat.

Hält er das ein, ist er der „King“. Er generiert Motivation bringende Teilerfolge und kann davon ausgehen, dass keine unvermuteten und unangenehmen Konsequenzen auf ihn zukommen.

Commitment-Künstler

Warum Transparenz, Konsequenz und Bewusstsein? Lieber würden wir sehen, dass die selbstverantwortliche Einstellung des einzelnen Mitarbeiters als Motivationsfaktor ausreichend vorhanden ist. Dass er sein ideales Spielfeld bereits gefunden hat, das exakt seinen Talenten entspricht. Doch es gibt genügend Commitment-Künstler, die Selbstverantwortung nicht leben, die die Spielregeln nur scheinbar akzeptieren. Sie geben Commitments nicht für sich selbst, sondern für andere, den Chef, die Kollegen. Die halten sich erfolgreich im Bereich der Scheinerfüllung auf, weil sie davon ausgehen, dass im Verlauf des Projektes sich viel verändert, sie dadurch sowieso irgendwie aus der Pflichterfüllung herausfallen und es dann nicht weiter auffallen wird. Wenn dann doch einmal hinterfragt wird, warum dies und jenes nicht so gelaufen ist, wird an den Spielregeln herumgemäkelt und die berühmte Opferrolle gespielt.

Selbstverständlich leben und arbeiten wir in unserer Firma auch im Rahmen von Regeln. So halten wir zehn Gesellschafter-Meetings pro Jahr ab. Die Regeln besagen einerseits, dass die Teilnahme nicht verbindlich ist. Das hat nichts mit Gleichgültigkeit zu tun, sondern ist eine Frage der Prioritäten. Die Regeln besagen aber gleichzeitig, dass die Entscheidungen, die im Meeting getroffen werden, automatisch für alle gelten. Das bedeutet, dass unsere Partner die Möglichkeit haben, einen Beitrag zu leisten und etwas zu beeinflussen, sofern sie an den Meetings teilnehmen. Wenn nicht, müssen Entscheidungen hingenommen werden und wehe dem, der im Nachhinein auch nur eine Sekunde darüber diskutieren will.

Ebenso nehmen wir Abstand von Schuldzuweisungen und Rechtfertigungen. Was automatisch dazu führt, dass jeder in seiner vollen Selbstverantwortung wahrgenommen wird. Nur die Lösung interessiert, alles andere nicht.

Kunde	Kundenverant-wortlicher	Juli		August		September		Ziel Ende 2005
Name 1	M. Müller	qualitativ		qualitativ		qualitativ		Alle relevanten Kontakte sind identifiziert und kennen unser Angebot
		Kundenorganisation klar!		Bedarf und Nutzen klar!		Konkretes Thema klar!		
		quantitativ		quantitativ		quantitativ		
		10 neue Kontakte identifiziert		5 Kontakte initiiert		3 Kontakte besucht		
Name 2	S. Schulze	qualitativ		qualitativ		qualitativ		
		Store Check		Verbesserungsvorschlag		Mehrwert-Checkliste		
		quantitativ		quantitativ		quantitativ		
		5 Verpackungen gesammelt		Angebot an 5 Kontakte		Bei 2 Kontakten präsentiert		
Name 3		qualitativ		qualitativ		qualitativ		
		quantitativ		quantitativ		quantitativ		
Name 4		qualitativ		qualitativ		qualitativ		
		quantitativ		quantitativ		quantitativ		
Name 5		qualitativ		qualitativ		qualitativ		
		quantitativ		quantitativ		quantitativ		
Name 6		qualitativ		qualitativ		qualitativ		
		quantitativ		quantitativ		quantitativ		

erledigt (grün/hellgrau) noch offen (rot/dunkelgrau)

Commitment sichtbar gemacht: Das Chart Red-Line-to-green-Line (hier am Beispiel Neukundengewinnung)

Red-Line-to-green-Line

Ein Kontrollinstrument für die Umsetzung

Gute Ideen haben viele. Die Unternehmen scheitern allein an der Umsetzung. Dagegen setzen wir seit Jahren erfolgreich ein Kontrollinstrument ein. Es ist ein Chart, mit dem ...

- tatsächlich auch transparent wird, was man sich vorgenommen hat zu tun und wer sein Wort hält oder nicht,
- die Verantwortlichen in das Commitment für sich selber gezwungen werden, da die Transparenz verheerende Folgen für den Einzelnen haben könnte.

Der Ansatz ist sehr einfach: Aufgaben eines Zeitraums werden Namen zugeordnet. Jeder Name ist dementsprechend ein Commitment, eine Verpflichtung für das Ergebnis, das er verspricht (siehe Abbildung auf Seite 144).

Im Resultate-Meeting werden nicht erfüllte Vereinbarungen rot, erreichte grün markiert. Auf einen Blick kann so jeder den Status erkennen. Wir weigern uns darüber hinaus, Mischfarben wie Orange oder Gelb zu verwenden. Eine Aufgabe ist entweder erledigt oder nicht. Punkt! Kein „morgen“ oder „wenn ... dann“ oder „war nicht zu erreichen ...“ Rot ist unerledigt, rot ist Gefahr, Niederlage, nicht nur für die betreffenden Akquisiteur, sondern eine Gefährdung des ganzen Teams, unter Umständen des ganzen Projekts.

Die Red-Line-to-green-Line darf nicht gesehen werden als Instrument der Inquisition, sondern als Frühwarnsystem für den Projektverlauf. Bei Grün läuft alles wie geplant, ist die Grundtendenz Rot, dann kann, ja, dann muss gegengesteuert werden. Wer allerdings im Neukundenbereich über drei Monate nicht in der Lage ist, die nächsten drei Monate vorzudenken, der ist im langfristigen Akquisitionsgeschäft fehl am Platz. Auch diesen Aspekt macht das Instrument deutlich.

Zum Weiterdenken

Halten Sie Ihr Wort!

- Überlegen Sie bitte: Welche aktuellen Commitments sind Sie eingegangen? Wie wichtig sind Ihnen diese Commitments? Für wen haben Sie sich hier verpflichtet?
- Wie schnell sind Sie bereit, sich zu einem Commitment „hinreißen" zu lassen? Überlegen Sie immer im Vorfeld, welche Konsequenzen das Ja haben könnte? Wenn nein, woran könnte das liegen?
- Prüfen Sie bitte für sich, welche Commitments Sie kontinuierlich brechen und welchen Preis Sie dafür zahlen. Welchen Preis zahlen Sie, wenn Ihr Wortbruch sichtbar wird, und welchen Preis zahlen Sie, wenn er verdeckt bleibt?
- Bitte prüfen Sie, welchen Menschen Sie in Ihrem Umfeld besonders vertrauen. Überlegen Sie, warum das so ist. Was können Sie daraus für sich selber ableiten?

7. Disziplin: Aktion

Ohne Fleiß kein Preis

Disziplin ist der wichtigste Teil des Erfolgs.

Truman Capote

Sie haben nun bereits einige Universalschlüssel zum Erfolg kennen gelernt. Es gibt aber einen Aspekt, der – wenn alle anderen Erfolgsdisziplinen mit großer Gewissenhaftigkeit berücksichtigt wurden – geradezu den Turbo-Antrieb zündet. Dies möchten wir an einem Beispiel aus unserer Beratungspraxis erläutern.

Vor noch nicht allzu langer Zeit hatten wir das Vergnügen, eine Gruppe von jungen Pharmareferenten/innen innerhalb eines Trainingsprogramms hin zum/zur Regionalleiter/in auszubilden.

Innerhalb einer Trainingssession war die Aufgabe zu definieren, was konkret mit Übernahme der Führungsverantwortung in der Region zu tun sei, bzw. welche Ressourcen oder Instrumente benötigt werden. Die angehenden Regionalleiter/innen überlegten innerhalb einer vorstrukturierten Einzelarbeit, was hier wohl die entsprechenden Schritte seien. Teil der Aufgabe war es auch, die anzugehenden Aufgaben für die nächsten drei Monate in einen Zeitplan zu fassen und anschließend vorzustellen.

Bemerkenswert war ein in allen Plänen identischer Punkt: Alle hatten sich den Montag und teilweise auch den Freitag reserviert, um innerhalb eines „Bürotages" alle möglichen (zum großen Teil auch undefinierten) Dinge tun zu können.

Beim Vorstellen der geplanten Aktivitäten durch die angehenden Regionalleiter platzte dem verantwortlichen Gesamtvertriebsleiter der Kragen! Die Penetranz, mit der dieser Bürotag auftauchte, brachte ihn fast aus dem Konzept. Das Training kippte in eine Art von Konfliktmoderation zwischen den Trainees und dem Chef.

Das Ganze hat natürlich auch eine Historie. Gerade in der Pharmabranche konzentriert sich die Außendiensttätigkeit überwiegend auf den Vormittag (man spricht hier auch vom bestbezahlten Halbtagsjob). Der Nachmittag ist oft frei und würde natürlich auch genügend Raum bieten für anfallende Planungsaufgaben, allerdings in erster Linie eben für weitere Arztbesuche und dadurch Sicherstellen der Zielvorgaben.

Die Erregung des Gesamtvertriebsleiters resultierte eben aus diesem Wissen. Seine Argumentation: „Wie soll ein angehender Regionalleiter Vorbild sein und einen Elitegedanken in Teams vorantreiben, wenn er selbst jeden Montag und Freitag im Büro sitzt?"

Interessanterweise ist gerade in dieser Branche auch zu beobachten: Die Elite des Pharmaaußendienstes ackert von morgens früh bis abends spät! Bei dieser Elite werden Fleiß, Eigeninitiative, unermüdliches Handeln, Arbeiten, *Agieren,* Machen groß geschrieben. Und diese Elite erzielt dann auch die entsprechenden Resultate.

Diskuswurf

Gerade im Sport kommt niemand ganz nach vorn, der nicht diszipliniert ist und unermüdlich trainiert. Frank Busemann beschreibt dies am Beispiel des Diskuswurfs:

„Wie kann es sein, dass in den verschiedenen olympischen Sportarten die Teilnehmer aus drei Generationen einer einzigen Familie stammen können? Der Turnfloh ist unter Umständen erst 16 Jahre, der Leichtathlet ist ein Twen, mit Ausnahme einiger ganz zäher Burschen, und der Dressurreiter kann ohne weiteres auf die Fünfzig zugehen. Selbst in der Leichtathletik gibt es enorme Unterschiede, und ich wurde bei meinen ersten Hallen-Europameisterschaften als Neunzehnjähriger mit den Worten begrüßt, ich könne biologisch der Sohn des ältesten Mannschaftsmitgliedes sein, der mit 38 Jahren doppelt so alt war wie ich. Man hört überall, dass es mit dreißig nur noch bergab geht. Die Leistungsfähigkeit leidet, die Belastbarkeit wird in Mitleidenschaft gezogen und die körperlichen Gebrechen setzen ein. Trotzdem gibt es Athleten, die durch irgendetwas mit den Jungen mithalten und teilweise sogar besser sind als sie.

Beim Diskuswerfen kommt vieles auf die Erfahrung an. Je älter ein Athlet ist, desto undynamischer wird er, greift aber auf einen größeren Erfahrungsschatz zurück. Er hat unzählige Trainingswürfe gemacht und so weiß er, worauf es ankommt. Junge Athleten sind meist viel zu stürmisch und können es nicht abwarten, ihr Wurfgerät auf die Wiese zu befördern. Als Folge warten sie mit der Beschleunigung nicht bis zum optimalen Moment, sondern werfen überhastet, so dass sie nicht den vollen Weg ausnutzen und wichtige Meter verschenken. Mit der Erfahrung vieler Würfe und zahlreicher Wiederholungen lernt man dies. Teilweise gehen die Spezialisten dieser Disziplin mit einer solchen Akribie vor, dass sie am Ende der Karriere sagen können, wie viele Würfe sie gemacht haben, wie weit diese waren und welche Distanz sie zurückgelegt haben, um ihre Geräte wieder zu holen. In der Summe einer langen Karriere wird ein Fußmarsch um den halben Globus die Hornhaut an den Füßen erklären.

Im richtigen Moment „loszuschlagen", lange genug auf den Krafteinsatz zu warten und den Diskus optimal zu beschleunigen, bedarf einer ungeheuren Selbstbeherrschung, die nur durch unzählige Wiederholungen und jahrelanges Training erarbeitet werden kann.

Mein Diskusproblem

1998 schlich sich bei mir ein schwerwiegendes Problem ein. Aus irgendwelchen Gründen hatte ich Angst, den Sektor, in dem der Diskus landen musste, nicht mehr zu treffen. Bei jedem Wurf stand ich mit schweißnassen Händen im Ring und kämpfte gegen die wackelnden Knie an. Immer befürchtete ich, den Zehnkampf mit einer schwachen Diskusleistung zu zerstören und weit ins Hintertreffen zu geraten. Ich forcierte mein Training in dieser Disziplin und stellte sie an oberste Stelle der Prioritäten. Ich musste es schaffen, wieder sicher zu werden und konkurrenzfähig zu bleiben. Dies konnte ich nur leisten, wenn ich es mit einer schlafwandlerischen Sicherheit fertig brachte, auch in brenzliger Situation das Beste herauszuholen.

Ich versuchte, auch außerhalb der üblichen Trainingseinheiten ein neues Gefühl zu entwickeln. Ich setzte mich in mein Auto, fuhr an einen ruhigen Platz und vollzog immer wieder diese Diskusdrehung. Danach nahm ich mir die Disken und warf. Einen nach dem anderen. Stundenlang. Unermüdlich wiederholte ich diese Übungen und achtete dabei auf jede Kleinigkeit, um in der Übung sicher und besser zu werden. Dabei schloss ich die Augen und achtete auf die wirkenden Kräfte. Ich warf mit halber Kraft, mit voller Kraft, zeitverzögert, aus dem Arm – ich wollte einfach alles erleben, um so ein Gefühl zu entwickeln. Sogar in den Trainingslagern nahm ich ohne Wissen meines Trainers die Scheibe und versuchte mich zu verbessern. Als er mich einmal dabei erwischte, half er mir und unterstützte mich in meinem „Kampf" gegen die Angst. Wir simulierten Wettkämpfe, indem wir nur zwei Versuche zum Aufwärmen machten und dann drei „Wettkampfversuche“, bei denen es um die virtuelle Wurst ging.

Vor den Olympischen Spielen 2000 in Sydney warf ich den Diskus jeden Tag. Diskuswerfen war meine größte Angstdisziplin, und hier musste ich am meisten Sicherheit gewinnen. Von Montag bis Freitag warf ich täglich 20 Minuten und trainierte diese Disziplin wie keine andere.

Mit gemischten Gefühlen ging ich in Sydney in den Wettkampf. Ich wusste, wie hart ich trainiert hatte, aber auch um meine alten Ängste bei diesem Wettkampf. Als ich den ersten ungültigen Versuch machte, kam die Angst noch nicht. Immerhin hatte ich noch zwei Versuche. Als der nächste bei 33,71 Metern (zehn Meter zu kurz) in den Rasen schlug, konzentrierte ich mich voll auf meine letzte Chance. Was dann passierte, kann ich bis heute nicht erklären. Der Diskus schlug bei 33,00 Metern ein. Das war das schlechteste Ergebnis, das jemals ein olympischer Zehnkämpfer abgeliefert hatte. Meine Chancen waren dahin. Ich hatte so viel trainiert, wie ich es in keiner Disziplin getan hatte, und dennoch – gebracht hatte es nichts.

Training zahlt sich langfristig aus

Sie werden sich jetzt fragen, weshalb ich diese Geschichte erzähle. Hätte ich meine Kräfte schonen sollen, weniger trainieren und auf diese Weise mehr Erfolg haben können? Vielleicht, aber unter Umständen hätte ich den Wettkampf dann nicht so gut beendet. Die drei nachfolgenden Disziplinen profitierten von meiner persönlichen Niederlage im Diskuswurf. Meine abschließenden Leistungen waren exzellent. Aus dem Tief stieg ich auf ein extremes Leistungshoch auf.

Trotzdem wurde ich nicht Zweiter wie vier Jahre zuvor in Atlanta, sondern nur Siebter. Also hat dieses ganze Training nichts gebracht und war vergebene Liebesmühe? Nein. Nur wenige Monate später, gleich im nächsten Wettkampf, stand ich bei strömendem Regen im Wurfring und hatte keine Angst mehr. Ich warf den Diskus auf die zweitbeste Weite der gesamten Konkurrenz und schockte damit meine ärgsten Widersacher. Die hatten nämlich wieder auf das Busemann’sche Diskusdesaster gewartet. Es blieb aus, da ich mit der Erfahrung aus dem überdurchschnittlichen Trainingspensum, dem Akzeptieren der negativen Seite des Pendelausschlages und dem Auseinandersetzen mit der Angst genug Energie hatte, um schließlich die investierte Arbeit in Leistung umzusetzen. Die unendlich vielen Würfe zahlten sich mit einiger Verzögerung aus und entschädigten für den Aufwand."

Fleißig üben, üben, üben

Ohne Fleiß kein Preis! Für diese Volksweisheit gibt es viele berühmte Beispiele. Sie brauchen nur einmal an diejenigen zu denken, die mit herausragenden Leistungen Legende geworden sind: Steffi Graf verbrachte schon vor ihrem ersten großen Erfolg mehr Zeit auf dem Tennisplatz, als sie eigentlich gehabt hätte. Nicht umsonst revolutionierte sie das Damentennis und definierte eine völlig neue Leistungsklasse. Birgit Fischer, Sportlerin des Jahres 2004, 27-fache Weltmeisterin, erfolgreichste deutsche Olympiasiegerin und erfolgreichste Kanutin aller Zeiten bestreitet so viele Wettkämpfe, dass sie allein damit ihr Trainingspensum schon fast erfüllt hätte. Trotzdem verbringt sie täglich Stunden in ihrem heimischen Kraftraum.

Bernhard Langer, Weltklasse-Golfprofi, wurde nach einem sensationellen, entscheidenden Schlag von Journalisten gefragt: „Herr Langer, beim letzten Annäherungsschlag zum Grün bzw. beim letzten Put hatten Sie aber viel Glück!?" Langer antwortete: „Wenn Sie das Ergebnis von acht Stunden täglichem Training über 20 Jahre als Glück bezeichnen, dann haben Sie Recht!"

Geniale Menschen beginnen große Werke, fleißige Menschen vollenden sie.

Leonardo da Vinci

Jeder ist in der Lage, mit sehr viel Glück einen Ball zu schlagen, der irgendwie ins Loch plumpst. Doch das wäre reiner Zufall. Darauf wird sich niemand verlassen, dessen Ziel es ist, in der Eliteklasse mitzuspielen. Das weiß auch Modedesigner Wolfgang Joop: „Du bist nur dann wirklich erfolgreich, wenn du Erfolge wiederholen kannst", sagt er und meint damit die einzige Möglichkeit, den Faktor Glück durch Können zu ersetzen: fleißig üben, üben, üben ...

Die Wissenschaftler Galileo Galilei, Isaac Newton, Einstein, Leibnitz, Pauli waren alle grundverschiedene Menschen, was ihren Lebensstil, ihre Gewohnheiten, ihren Charakter wie auch ihre Epoche betraf. Was hatten sie gemeinsam? Um ihre Ziele zu erreichen, legten sie eine geradezu unbändige Arbeitsbesessenheit an den Tag. Fleiß gepaart mit absoluter Hingabe (Commitment) und Leidenschaft für ihre Sache. Es ist eine Mischung aus Begabung, Intuition, Einstellung und eben auch Fleiß, die den Teig des Erfolgskuchens ausmachen.

Nach der Mühe kommt die Belohnung

Ständig arbeiten wir daran, Dinge so zu gestalten, wie wir sie uns wünschen. Ob wir mit dem Lohn der Arbeit das Haus neu streichen oder gleich ein neues kaufen, einen Wagen oder einen Urlaub finanzieren, ein Unternehmen übernehmen, die Familie versorgen – alles dient dazu, das Leben nach den eigenen Vorstellungen einzurichten.

Auch wenn wir geistig arbeiten, arbeiten wir an Veränderungen. Und diese Arbeit ist nicht minder erschöpfend. Sie kennen den Ausruf nach einer heißen Diskussion: „Dieser Kompromiss ist ein hartes Stück Arbeit!" So ist das nun mal: Wer rodeln will, muss zuerst den Schlitten den Berg hinauf ziehen. Das ist sehr mühsam, wie wir alle wissen, und verbraucht die meiste Energie. Doch je weiter man nach oben kommt, je mehr man über sich hinauswächst, desto süßer ist die Belohnung, desto spaßiger ist die Abfahrt.

Erst Arbeiten führt Veränderungen herbei

Im selben Moment, in dem Sie etwas unternehmen, kann Ihre Umgebung darauf reagieren. Sie setzen Reaktionen in Gang. Ob bewusst oder unbewusst spielt zunächst keine Rolle. Das Entscheidende daran ist aber, dass sich überhaupt etwas bewegt. Denn nur so geben Sie anderen Menschen, Ihrem gesamten Umfeld die Möglichkeit, sich auf Sie auszurichten, etwas für Sie zu tun. Wenn Sie Ihre Aktionen planen, können Sie auch die Reaktionen zum großen Teil einplanen.

Durch Anstrengung gelingen die Werke, nicht durch Wünsche. Es läuft das Wild nicht in den Rachen des schlafenden Löwen.

Narájana

Sind Sie bereit, in *Aktion* zu treten? Nichts geschieht von allein oder zufällig. Alles ist eine Sequenz von Ursache und Wirkung, wobei sich deren Zusammenhang nicht immer deutlich offenbart. Auch scheinbar sinnlose Arbeiten sind nicht umsonst. Wie bei Frank Busemanns Erfolg nach dem verpatzten Diskuswurf können die Reaktionen, Auswirkungen und Belohnungen auch auf Umwegen mit einiger Verzögerung eintreffen.

Gehen Sie über das normale Pensum hinaus

Eine Führungskraft muss zwei wesentliche Anforderungen obligatorisch erfüllen: Bereit sein, mehr zu leisten als andere, sich beispielsweise besser vorzubereiten. Zum anderen die Bereitschaft mitbringen, länger zu arbeiten und damit weit mehr als das normale Pensum zu erfüllen.

Was kann man also heutigen Studenten mit auf ihren Weg geben?

1. Wer früh startet, kommt früher an.
   Wer jünger abschließt, d.h. unter 25 Jahre alt ist, hat erheblich bessere Chancen auf einen Arbeitsplatz. Jenseits dieser Schallmauer bleibt jeder Zehnte zunächst ohne Job. Hier lohnt sich Lernfleiß ganz konkret, indem er einen immensen Karriere- und Gehaltsvorsprung sichert.

2. „Normal" ist nicht genug.
   Niemand wird im Job etwas geschenkt bekommen. Und es ist niemals ausreichend, lediglich das zu tun, was von einem verlangt wird.

Wer wirklich mit Leidenschaft bei der Sache ist, der wird jeden Tag das Beste aus sich herausholen, 110 Prozent geben. Denn das, was heute das Bestmögliche ist, ist morgen das Einfachste der Welt. Wer motiviert ist, für den ist nichts zu viel oder zu anstrengend.

Übung macht den Meister

Von einer guten Leistung kann man nie genug bekommen und man muss sie ständig pflegen. Nehmen wir einmal an, ein talentierter Pianist schafft es, ein weltweit anerkannt schwieriges Werk vollkommen fehlerfrei mit Bravour vorzutragen. Jahrelang hat er geübt, Annehmlichkeiten entbehrt, sein Leben der Musik gewidmet. Der größte Erfolg ist da, der Wunschtraum erfüllt.

Nun gibt es zwei Möglichkeiten: Der im positiven Sinn Besessene wird täglich unablässig weiter üben, sein ganzes Talent entfalten und mit den Jahren zur Legende werden. Der Karrierist auf der anderen Seite sonnt sich im Glanze des Erfolgs, legt sich eine hübsche Frau zu, ein Domizil auf einer Trauminsel und bringt sein Geld in kurzer Zeit durch. Da seine Fingerfertigkeit mittlerweile nicht mehr vorhanden ist, steht er vor dem Aus und bringt sich um.

Falsch ist der Gedanke, dass ein Meister seines Fachs nicht mehr üben müsse. Das Gegenteil ist der Fall. Würden Sie sich von einem Chirurgen operieren lassen, der zwar einen hervorragenden Ruf aus der Vergangenheit mitbringt, aber schon seit Jahren kein Skalpell mehr geführt hat?

Was wir damit sagen wollen, ist, dass es nicht ausreicht, Meister zu werden, sondern es geht darum, auf Dauer meisterhaft zu sein. Es kann kein Endziel sein, den offiziellen Status eines Meisters zu erreichen. Was käme danach? Das ist nur eine Station, die auf dem Weg liegt. Ein wahrer Meister hört nie auf zu üben und zu lernen. Ein wahrer Meister ist mit Freude unzufrieden. Die Elite zeichnet sich aus, und zwar nicht durch Urkunden, sondern durch lebenslangen Fleiß, Disziplin und Leidenschaft für die eigene Berufung.

Es reicht nicht aus, Meister zu werden, sondern es geht darum, auf Dauer meisterhaft zu sein.

Disziplin ist mehr als guter Wille

Die gute alte deutsche Tugend Disziplin gibt dem Handeln einen Rahmen, der hilfreich ist, das Ziel nicht aus den Augen zu verlieren. Denn es wird auf dem Weg dorthin vorkommen, dass der Mut sinkt, weil die Anstrengung zu groß, die Hindernisse zu hoch erscheinen. Dann hilft Disziplin, die regelmäßig an das erinnert, was man sich als Ziel gesteckt hat. Diszipliniert einen Tagesablauf einzuhalten, lässt sich leichter bewerkstelligen, wenn der Rahmen vorgegeben ist als unumstößliches Regelwerk, dem man sich selbst verpflichtet hat. Das ist mehr als guter Wille, denn der lässt sich gern betrügen. In diesem Zusammenhang ist auch die Disziplin zur Ehrlichkeit zu sich selbst und zur Verbindlichkeit der eigenen Versprechen gefragt.

Wie Sie Ihre Schlagzahl erhöhen

Die Menge macht's

Sie kennen diese Verkaufsmeetings, in denen man beratschlagt, wie man sein Geschäft verbessern kann. Und wenn Sie genau zugehört haben, dann wissen Sie auch, dass da immer zwei unterschiedliche Typen von Akquisiteuren sitzen. Die einen berichten immer wieder von Erfolgen, die anderen nur ab und zu.

Wir vertreten den Standpunkt, dass der verkäuferische Erfolg direkt davon abhängt, wie fleißig Kunden akquiriert werden, wie intensiv der Verkäufer sich vorbereitet, wie präsent er ist – sozusagen wie viel Masse er bewegt. Es macht einen riesigen Unterschied, ob vier Kundenbesuche täglich oder wöchentlich stattfinden. Die besten Akquisiteure bedienen auch die größten Mengen. Je höher die Zahl an Kontakten und Kunden, desto größer ist die Abschluss-Chance.

Nichts in der Welt kann Beharrlichkeit ersetzen; Talent kann es nicht, denn nichts gibt es häufiger als erfolglose Menschen mit Talent; Genie kann es nicht, denn die Welt ist voll von hoch gebildeten Obdachlosen. Der Spruch „Bleib dran!" hat immer und wird immer die Probleme der Menschen lösen.

Calvin Coolidge

Viele Kontakte zu Kunden sind eine Sache, viele Kunden eine andere. Wichtig ist es, einen der jeweiligen Branche entsprechend großen Kundenpool aufzumachen. Denn arbeiten Sie nur mit zwei Kunden und wollen in diesem Jahr 20 Millionen Euro Umsatz machen, hätten Sie ein Problem, sobald einer der Kunden ausfällt. Bedienen Sie aber eine relativ große Anzahl von Kunden, fallen erstens die vergeblichen Kundenbesuche nicht ins Gewicht, zweitens ist das Risiko des Umsatzausfalls geringer. Und sollte der eine oder andere Kunde kein Interesse zeigen, können Sie mit einem Schulterzucken aus der Pipeline neue nachholen.

Wie Ihre persönliche Erfolgquote ist, wissen Sie sicher. Dann wissen Sie auch, wie viele Besuche Sie zusätzlich machen könnten. Zwei nicht gemachte Besuche pro Woche ergeben rund 100 verschenkte Chancen pro Jahr.

Disziplin, Anstrengung und Fleiß bedeuten, eine höhere Schlagzahl zu haben. Es ist die ganz konkrete Anwendung einer in Vergessenheit geratenen deutschen Tugend, die uns heute in den asiatischen Ländern vorgelebt wird.

Leistung formt Elite

Das besagte Pharmaunternehmen aus der Eingangsstory hat im Jahre 2003 ganz bewusst damit begonnen, den Elitegedanken (er wurde auch als *Elite* kommuniziert) im Unternehmen zu etablieren. Man nahm die Jahresendtagung zum Anlass, dies in die Umsetzung zu führen.

Als eine erste Maßnahme war der wissenschaftliche Außendienst in vier farbig gekennzeichnete Gruppen eingeteilt worden. Wer zur *Grünen Gruppe* gehörte, war bildlich gesprochen auf dem Olymp. Die Mitglieder der Elitegruppe genossen auch einige Privilegien wie zum Beispiel die Unterbringung im Schloss am Veranstaltungsort, Elite-Abendessen mit dem Vorstand, im Veranstaltungsraum in der ersten Reihe sitzen, noch dazu direkt neben den Vorständen usw. Die anderen Gruppen wurden entsprechend ihrer Farbe nachrangig behandelt.

Nun kann man darüber diskutieren, ob diese Einteilung in Leistungsklassen sinnvoll, gesund oder eher schädlich ist. Sicher, die Stimmung unter den Nicht-Elite-Mitgliedern war nicht die beste. Ob nun demotivierend für die einen und motivierend für die Top-Gruppe, beobachtet werden konnte Folgendes:

Es ist immer die Leistung, die bestimmt, wer zur Elite zählt.

Ludwig Marcuse

1. Alle Gruppenmitglieder der grünen (Elite-)Gruppe lagen weit über Durchschnitt im Wert der besuchten Ärzte in den zuletzt abgelaufenen Segmenten.
2. Bei Seminaren, die den Kunden (Ärzten) angeboten wurden, hatten sie die meisten Anmeldungen und auch Teilnehmer.
3. Die Mitglieder der Elitegruppe hatten allesamt die meisten „Round Table"-Veranstaltungen mit Ärztegruppen durchgeführt.
4. Sie waren Spitze in den absoluten Umsätzen, vor allem aber auch in den Steigerungsraten in ihren Gebieten.

Worin liegt das Geheimnis ihres Erfolgs? Hatte das etwas mit dem persönlichen Einsatz zu tun oder, einfach gesagt, mit dem Arbeitspensum? Der Top-Verkäufer dieses Unternehmens wurde vom Vorstand gebeten, zum Abendessen in Form eines Kurzbeitrags seine „Erfolgsgeheimnisse" den Kollegen zu verraten. Seine Kernaussagen waren:

1. Ich liebe meinen Job!
2. Ich ackere von morgens 6 Uhr bis abends 19 Uhr, auch mal länger.
3. Ein Teil des Wochenendes gehört der Planung für die Folgewoche.

Das lässt nur einen Schluss zu: Der Erfolg scheint auch etwas mit der „Schlagzahl" – um wieder ein Bild aus der Welt des Sports (Rudern) zu bemühen – zu tun zu haben und diese Zahl (Menge) ist von daher auch ein wesentlicher Faktor für Spitzenleistungen. Voraussetzung: Die Menschen müssen in ihrem Talent unterwegs und darum bereit sein, hart zu arbeiten.

Incentives – Ein altbekanntes Motivationswerkzeug

Die Toplisten (laut Umsatzmeldungen) verbunden mit Incentives sind gerade im Vertrieb ein beliebtes Motivationsmittel. Allzu gerne werden die Listen an den geeigneten Stellen ausgehängt, verteilt oder auf andere Art zugänglich gemacht. In diesem Zusammenhang ist unter den Kollegen die Neugier kaum noch zu bremsen, wie denn die „Top-Ten" diese Leistung erbringen konnten. Schließlich lag man ja selbst auch nicht gerade auf der faulen Haut. Ein wenig Neid ist dann bei dem einen oder anderen herauszuhören, wenn die Sprache auf erreichte Statussymbole wie eine goldene Uhr oder Ähnliches kommt.

Nochmals, die Frage hier ist es nicht, ob eine Investition in Incentives der richtige Weg ist, jemanden (sich selbst oder einen Mitarbeiter) zu motivieren. Jedoch: Wenn ein Mitarbeiter, der bei 80 Prozent der vereinbarten Leistung abschaltet, nur über Incentives zu den restlichen 20 Prozent zu motivieren ist, dann ist das ein schlechter Handel. Nicht nur, dass er sich an die Belohnung gewöhnen wird, er wird zudem immer höhere Forderungen stellen. Ob bewusst oder unbewusst spielt dabei keine Rolle. Incentives können lediglich im Team funktionieren und den Zusammenhalt fördern.

Ein Blick in ein Versicherungsunternehmen: Silvester auf der Fähre „Peter Pan". Die besten 150 Versicherungsmakler aus den Agenturen gewinnen eine First-Class-Reise. Schaut man sich die Liste an und spricht mit den Teilnehmern, die die Kriterien für die Qualifikation erreicht haben, stellt man übereinstimmend fest, dass der Einsatz, das zeitliche Investment, die Intensität des „Gedankenmachens" (wie kann ich das schaffen, was kann ich noch zusätzlich tun, ...) bei allen enorm war.

Führung versus Spezialisten

In Deutschland blickt man auf das Thema Elite mehr aus einer hierarchischen Sicht. Hier wird Elite meist mit Führung und Führungs"persönlichkeiten" gleich gesetzt. Wer also eine Führungsposition innehat, muss auch gleichzeitig zur Elite gehören. Falsch oder richtig? Betrachtet man das Ganze im Detail und spricht mit den Leuten selbst, stößt man unweigerlich auf die Frage nach dem Sein oder Tun. Die wirkliche Elite sind diejenigen, die tun, die machen, die in ihrem Thema „aufgehen". Und das kann auch eine Halbtageskraft in der Poststelle sein. Wenn die ihren Job aus vollem Herzen macht, sich kümmert, immer zur Stelle ist, mitdenkt und immer einen Schritt voraus ist, dann haben wir kein Problem damit, sie zur Elite zu zählen. Denn – wie erwähnt – elitär sind Spezialisten, diejenigen, die tun, die machen, die *aktiv* sind. Ein Hochschulabschluss ist nicht automatisch eine Eintrittskarte in den Club. Eine Führungskraft, die lediglich Aufgaben erfüllt, ansonsten nur mitläuft, hätte an der Spitze sicherlich keinen Platz.

Zum Weiterdenken

Nutzen Sie die Disziplin des Erfolgs!

- Überlegen Sie bitte: Lieben Sie Ihren Job? Sind Sie verliebt in ein Thema oder ein Produkt? Ist das, was Sie beruflich tun, zum Teil auch Hobby für Sie? Wenn dies nicht der Fall ist oder auf keinen Fall zutrifft, prüfen Sie, welche Alternativen Sie haben!
- Checken Sie einmal, welches die wichtigsten, entscheidenden Aufgaben Ihrer Tätigkeit sind. Versuchen Sie diesen Rubriken Ihre zeitliche Konzentration zuzuordnen. Für welche Aufgabe investieren Sie heute wie viel Zeit? Überprüfen Sie bitte, ob diese Zuteilung die optimale ist oder ob heute Potenziale offen stehen.
- Was wollen Sie beruflich und privat erreichen? Überprüfen Sie, ob Sie dafür wirklich alles tun. Wo könnten Sie noch mehr Gas geben? Was könnten Sie stattdessen aufgeben?
- Sind Sie auf eine Sache fokussiert oder haben Sie mehrere Eisen im Feuer? Könnte es sein, dass Sie noch keine Wahl getroffen haben, welches Ziel, welche Aufgabe für Sie spannend genug ist, um dafür einzutreten? Was können Sie jetzt tun, um diese Wahl zu treffen?
- In welchen Bereichen wären Sie gerne disziplinierter? Wählen Sie einen Bereich aus: Gibt es ein Ritual (z.B. ein wöchentliches Abteilungsessen, eine Vereinbarung mit einem persönlichen Fitnesstrainer etc.), das Ihnen helfen kann, sich und andere besser zu disziplinieren?

8. Disziplin: Mut

Von der Angst zu versagen

„Sich einmal im Leben der Gefahr auszusetzen, ist mehr wert, als in ewiger Sorge zu leben, wie man ihr ausweichen kann." Mit dieser Einstellung ging Cäsar in den Senat, wo sich bereits seine Gegner verbündet hatten. Damit bewies er großen *Mut.* Und Mut ist auch heute bei vielen unternehmerischen Entscheidungen gefragt – allerdings ist er nicht überall zu finden.

In einem Briefinggespräch berichtete uns der Personalchef eines japanischen Elektronikkonzerns ganz euphorisch: „In den letzten zwölf Monaten haben wir weltweit neue Management-Prinzipien mit unseren Führungskräften erarbeitet. Themen wie Führung durch Vorbild und Selbstverantwortung wurden in Leitlinien vereinbart und weltweit kommuniziert! Wir haben diese sogar in unterschiedlichen Sprachen auf Postern abgebildet und in den Filialen aufgehängt!"

Wir fragten uns schon, was dabei eigentlich unsere Aufgabe sein sollte, mit so viel Begeisterung brachte er das Erledigte rüber. Und dann kam es doch noch, gegen Ende des Meetings: „Das Einzige, was noch zu tun bleibt, ist: Wie kriegen wir die Poster von den Wänden in die Herzen der Führungskräfte, dass die das auch tun?!"

So lernten wir also während des dann vereinbarten Projektverlaufs sehr viele Führungskräfte kennen, unterschiedlichster Nationalitäten – eben auch Japaner.

Bei den Japanern ist es so, dass junge Manager als „Kronprinzen" vom Mutterkonzern für eine gewisse Zeit in die Welt entsandt werden, um sich zu beweisen und damit Karriere zu machen. Machen sie ihre Sache gut, steht einer weiteren Karriere im Mutterhaus, also in der geliebten Heimat nichts mehr im Wege. Sollten die jungen Führungskräfte allerdings (zu viele) Fehler machen, kann man davon ausgehen, dass dies entsprechende Folgen für den weiteren beruflichen Werdegang hat!

Die Konsequenz dessen war es nun in unserem Projekt, dass keiner der japanischen Manager auch nur irgendetwas entscheiden wollte. Die Strategie hier war abtauchen, abwarten, nichts überstürzen, kurz: nur keine Fehler machen. Auf der Risikoseite wurde ein deutlicher „Stopper" eingebaut, der den weiteren positiven Projektverlauf stark behinderte. Die Mentalität zog sich durch alle

Hierarchien, zumal wir lernen durften, dass nicht jeder Level direkt zugänglich für uns war.

Die Konsequenz: Wenn die Führungskräfte nicht den Mut haben, Entscheidungen zu treffen und sie auch umzusetzen, werden die Führungsleitlinien auf den Postern an den Wänden der Filialen bleiben, aber nicht wirklich in den Herzen der Menschen.

Ein Problem, das nicht nur den japanischen Elektronikkonzern betrifft und das zu der Frage führt: Wie schaffen es Führungskräfte und Mitarbeiter, wieder *Mut* zum verantwortlichen Handeln zu bekommen?

Stabhochsprung

Der Stabhochsprung besteht aus so vielen verschiedenen Abschnitten und Komponenten, dass es schon sehr viel Erfahrung, *Mut* und Selbstvertrauen braucht, um einen Stab ganz oben zu fassen, mit voller Wucht abzuspringen und kopfüber die Latte zu überqueren. Wie man diese Disziplin meistert, beschreibt Frank Busemann.

„Der Stabhochspringer hat zahlreiche Stäbe bei sich, um bei unterschiedlichen Winden und Höhen wie auch bei veränderter Technik und nach Gefühl auf den nächst härteren Stab wechseln zu können. Er verfügt normalerweise über sechs bis sieben Stäbe, die im Spitzenbereich mindestens eine Länge von fünf Metern haben und behandelt werden wie rohe Eier. So ein Glasfiberstab ist in der Regel unheimlich robust und nahezu unzerstörbar. Doch wenn er auf eine kleine Kante geschlagen wird oder die Struktur in anderer Weise beschädigt wird, dann zerspringt er bei der nächsten Biegung in seine Einzelteile und man besitzt danach ein Dutzend Staffelstäbe mit einem ehemaligen Wert von 500 Euro.

Kopf und Körper auf den Sprung programmieren

Der Stabhochspringer wählt für den Anfang einen etwas weicheren Stab, den er gut beherrscht und der ihn die erste Höhe sicher meistern lässt. Unter Umständen hat er nach dem Einspringen aber schon eine Stunde gewartet, da er zu einem späteren Zeitpunkt mit seinem Wettkampf beginnt als die Gegner. Nach dieser

Zeit muss er in der Lage sein mit dem gleichen Gefühl, der gleichen Geschwindigkeit und mit der gleichen Kraft abzuspringen wie eine Stunde vorher. Er darf in der Wartezeit nicht „eingerostet“ sein und muss mutig und ohne das kleinste Zögern seinen Sprung durchziehen. Dabei hat er vielleicht mit einem gedrehten Wind zu kämpfen und muss vollstes Vertrauen in sich haben. Das ist nicht nur für das Überqueren der Höhe wichtig, sondern auch für die eigene Sicherheit.

Wenn er mehr als dreißig Meter und mehr als 14 Schritte von dem Einstichkasten entfernt steht und den Stab aufnimmt, darf er sich nicht den kleinsten negativen Gedanken erlauben. Er beschleunigt den Lauf und hat ungefähr 15 bis 16 Meter vor dem Absprung eine Zwischenmarke, bei der er und der Trainer abschätzen können, ob der Anlauf passt. Langsam und rechtzeitig senkt er den Stab Richtung Boden, um ihn zwei bis drei Schritte vor dem Absprung aus der Seithalte explosiv über den Kopf zu bringen und den Einstichkasten zu treffen. Da der Athlet ungefähr vier Meter vor dem Kontaktpunkt des Stabes mit dem Einstichkasten abspringt, muss er gefühls- und erfahrungsmäßig wissen, ob der Absprung funktioniert. Bei Abweichungen von diesem imaginären Absprungbereich unterläuft er, was zur Folge hat, dass ihm der Stab die Arme lang zieht und nur sehr schwer gebogen werden kann. Oder aber er springt zu früh ab, wenn der Stab noch keinen Kontakt hat, was eine enorm große Biegung in den Stab haut und ihn nicht aufrichten lässt. Dabei kann der Sportler mit Wucht auf die Bahn zurückgeschleudert werden. Ferner muss er beim Absprung darauf achten, dass der Stab gerade eingestochen wird, das heißt, dass die Hände direkt über dem Kopf stehen. Ist der Springer nicht früh genug mit dem Einstich fertig geworden oder sticht er falsch ein, bewirkt eine geringe Abweichung von wenigen Graden über dem Kopf eine gefährlich große Abweichung über der Latte, die schlimmstenfalls zum Verfehlen der Matte führen kann.

Wenn der Sportler den Absprung schnell genug vorbereitet und den Absprungpunkt getroffen hat, dann muss er mit vollster Konsequenz und ganz viel Spannung in den Stab hereinspringen und ihn mit einem kräftigen Sprung entlasten. Mit einer peitschenartigen Bewegung nutzt er mit einer L-förmigen Körperposition und sofortigen I-Position die Energie des Stabes und katapultiert sich mit dem Kopf nach unten über die Latte. Dabei muss zur Bewältigung der Höhe der Abstand zur Latte stimmen, der vorher eingestellt werden darf. Das heißt, wenn der Stab aufrecht im Einstichkasten steht, dürfen die Ständer bis zu achtzig Zentimeter nach hinten verschoben werden. Er muss für die aufgelegte Höhe den richtigen Stab gewählt haben und auch alle anderen Faktoren müssen gestimmt haben. Wenn der Athlet bei aufgelegten fünf Metern dann mit einem guten Sprung eigentlich sechs Meter gesprungen wäre, nützt ihm das herzlich wenig.

Da sich kleinste Fehler äußerst negativ auswirken können, muss der Stabhochspringer in der Lage sein, seinen Kopf auszuschalten, Ängste auszublenden und nach missglückten Sprüngen wieder aufzustehen. Sie glauben gar nicht, wie schmerzvoll der Weg von einem Anfänger zum Weltklassespringer sein kann. Der Überraschungseffekt eines plötzlich brechenden Stabes, der erneute Versuch im Anschluss und das neuerliche Vertrauen in die Festigkeit des neuen Stabes, das Landen neben der Anlage und das Abstürzen beim Turntraining sind einige Dinge, die Mut erfordern und keinerlei Angst zulassen, da mit ihr der Bewegungsablauf unkontrollierbar wird.

Der Stabhochspringer muss in der Lage sein, seinen Kopf auszuschalten, Ängste auszublenden und nach missglückten Sprüngen wieder aufzustehen.

Aufstehen nach dem Sturz

Der normale Reflex des Menschen ist es doch, vor Dingen Angst zu haben, die nicht funktioniert haben und schmerzvoll waren. Ein Kind wird nicht wieder auf die Herdplatte fassen, wenn es sich die Finger verbrannt hat. Beim Stabhochsprung wird der Springer versuchen, den Fehler in Zukunft zu vermeiden, dennoch begibt er sich in die gleiche Situation, in der ihm der folgenschwere Fehler unterlaufen ist.

Wie bei einem verweigernden Springpferd lässt der Trainer den gestürzten Athleten gleich noch einmal springen. Hier gibt es keine Alternative. Der Abbruch des Trainings kommt einer Niederlage gleich, und der Fehler brennt sich ein. Mit der Angst begebe ich mich in einen nicht zu kontrollierenden Kreis, der mir den Blick über die Rote Linie verbaut. Ich rechtfertige mich mit der Tatsache, dass mir der Schreck in den Knochen sitzt, dass ich heute nicht gut in Form bin oder sonst irgendetwas nicht stimmt. Doch wer jetzt gleich noch einmal springt, der schüttelt alle Ängste sofort ab, geht mutig die Probleme an der Wurzel an und wird diesen Fehler nicht so schnell wiederholen. Er wird mit einem guten Sprung das Training beenden und sich bei der nächsten Übungseinheit an den letzten Sprung als gelungen erinnern und nicht an den Patzer. So muss er die schlechten Gedanken und Erfahrungen als Energieräuber ausschalten, da Angst im Stabhochsprung nicht nur schlechte Leistung mit sich bringt, sondern auch gefährlich ist."

Mut zum Handeln

Die Rote Linie überschreiten

Ein Gedankenexperiment

Haben Sie Lust auf ein Gedankenexperiment? Dann stellen Sie sich da, wo Sie gerade sitzen oder stehen, eine Rote Linie vor, die einen Kreis um Sie herum bildet. Es ist eine magische Linie, die Ihren Lebensbereich bezeichnet, die Fläche, die das eigene, sichere und gewohnte Verhaltensmuster darstellt. Weil hier alles so schön läuft und gewohnt ist, nennen wir sie die persönliche *Komfortzone.* Die Rote Linie begrenzt diesen engen Raum der Sicherheit, diesseits der Linie befindet sich alles Bekannte und Vertraute.

Jenseits der Linie liegt Neuland. Neue Erfahrungen, neue Erkenntnisse, faszinierende Herausforderungen, die das Leben bereichern und die eigene Persönlichkeit entwickeln. Persönliches Wachstum findet fast ausschließlich außerhalb der eigenen Komfortzone statt. Haben Sie den Mut, diese Linie zu überschreiten? Oder zögern Sie noch? Was geht in Ihrem Kopf und in Ihrem Körper vor, wenn Sie sich vorstellen, den Schritt zu tun? Sind Sie ganz locker oder vielleicht nervös und angespannt?

Die Grenze zu überschreiten ist natürlich mit einem Risiko verbunden, denn es bedeutet, sich einer unbestimmten Gefahr auszusetzen und einen Misserfolg in Betracht zu ziehen. Aber neue Erkenntnisse und Erfahrungen sind nur dort zu gewinnen, wo wir vorher noch nicht waren, also außerhalb dessen, was wir uns als sicheres Territorium bereits dauerhaft eingerichtet haben. Es gilt also, diese Rote Linie zu überschreiten, Neuland zu erobern und damit die eigene Zone der Sicherheit immer weiter auszudehnen. Das ist langfristig der einzige Weg, die eigene Persönlichkeit zu entwickeln und reifen zu lassen.

Die Rote Linie ist das, was wir im Kapitel *Ressourcen* bereits als „Stopper" im Weg des Pendels des Lebens kennen gelernt haben. Diese Blockade erschaffen wir uns selbst, was im Umkehrschluss auch eine Chance bedeutet: Wir haben es in der Hand, die Blockade zu überwinden und den Schritt über diese Rote Linie zu tun. Es gibt kein anderes Hindernis als die selbst konstruierten Ängste vor dem Unbekannten und dem Misserfolg. Die angelegten Denkmuster lassen unter normalen Umständen einfach keine *Veränderung* zu. Sie erreichen, dass die Außenwelt, wie wir sie kennen, bewertet und konform gefiltert wurde, bevor wir sie als die richtige annehmen. Somit liegt unser Wahrnehmungsspektrum immer in einem Bereich der Wohlgefälligkeit, innerhalb der Komfortzone.

Wir haben es in der Hand, die Blockade zu überwinden und den Schritt über die Rote Linie zu tun.

Lernen und Wachstum findet aber nur jenseits der Roten Linie statt. Und nur hier finden Sie den Kick, den wir spüren, wenn wir etwas Schwieriges geschafft haben. Wenn Sie die Rote Linie in unserem Experiment überschritten haben, werden Sie vielleicht sagen: „Hey, das war super!" Und Sie werden feststellen, dass Sie sich gelöst und entspannt fühlen. Die aufgestaute Spannung ist während des Handelns verschwunden, der Stress ist abgebaut.

Man sollte meinen, das seien erstrebenswerte Prozesse, an denen jeder teilhaben möchte. Warum ist es trotzdem so schwer, über die Rote Linie zu gehen? Um das zu verstehen, muss man wissen, wie der Verstand in dieser Hinsicht arbeitet. Der hat nämlich nur zwei Ziele: Überleben und Rechthaben. Ein strenges Limit. Was passiert, wenn man auf Neuland stößt? Welche Empfindungen werden ausgelöst?

Die besten Vermeidungsstrategien

Es gibt verschiedene Muster, wie Menschen mit der Roten Linie umgehen. Die einen nehmen sich voller Optimismus der Roten Linie als willkommene Herausforderung an. Sie gehen mit Begeisterung in jeden neuen Tag, denn sie wissen, dass – ganz gleich, was der Tag bringt – am Abend ein Plus für das Lebenskonto herauskommt. Und mit jedem Erfolgserlebnis wächst das Vertrauen in die eigene Person, in die eigene Lebenstüchtigkeit.

Andere weigern sich an der Linie beharrlich wie Springpferde vor dem Oxer. Fast schon gleichgültig sammeln sie die Fehlerpunkte. Dagegen schwingen sie sich zu kreativen Höchstleistungen auf, um ja ohne Gesichts- bzw. Imageverlust aus der Nummer herauszukommen. Kennen Sie die besten Vermeidungsstrategien?

a) Schuldzuweisung und Rechtfertigung

Welch ein geniales Zwillingspaar! Die beiden liefern für fast alle Situationen die passende Ausrede. Entweder war jemand anders Schuld oder man konnte nicht weil ..., egal was.

Die Rechtfertigung erweckt zumindest den Anschein, als hätte man sich bewusst für das Verbleiben in der Komfortzone entschieden.

Ein paar Beispiele: „Ich musste noch die Steuererklärung fertig machen, das war ja wohl wichtiger, denn es geht dabei schließlich um Geld.“ Oder: „Das Wetter war so ungewöhnlich schön, dass ich kurz entschlossen einen Ausflug mit meiner Familie gemacht habe.“ Oder: „Es ist schlechtes Wetter vorhergesagt, da musste ich dringend die undichte Stelle im Dach flicken.“ So viel ist sicher: Der Brunnen der Erklärungen sprudelt ewig und ergiebig. Und wenn in Unternehmen Projekte nicht laufen, hat man zumindest eines: eine super Erklärung, warum es nicht möglich war.

Die Rechtfertigung liefert immer einen Grund für das, was getan wurde anstelle dessen, was eigentlich hätte getan werden sollen. Ein Beleg, an dem kaum zu rütteln ist, denn man hat sich ja im Rahmen seiner Wahl- und Entscheidungsfreiheit für das eine und damit gegen das andere entschieden. Obwohl, wenn man genau hinhört, ein Quäntchen Zwanghaftigkeit herauszuhören ist: „Ich musste dies und konnte darum nicht das ...“ Meist werden sogar Erklärungen zum Einsatz gebracht, mit denen sich so mancher Zuhörer identifizieren kann, da er dieselben Ausreden des Öfteren selbst nutzt (wodurch sie aber beileibe nicht an Glaubwürdigkeit gewinnen). Wirkung verstärkend ist hierbei eine Prise Mitleid-Erwecken: „Schatz, ich konnte dich nicht rechtzeitig abholen, du weißt doch, mein Chef kennt nur seine Zahlen und außerdem waren die Kunden heute so böse zu mir, ich habe jetzt richtig Kopfschmerzen.“

Die Schuldzuweisung bedient gleichzeitig zwei Aspekte. Zum einen befreit man sich mit ihrer Hilfe selbst aus der Bredouille, indem man den Schwarzen Peter einfach jemandem weitergibt. Beliebt sind dabei solche Opfer, die sich nicht dagegen zur Wehr setzen können. Nicht-Anwesende zum Beispiel. Zum anderen ist sie eine überaus wirkungsvolle Waffe im Kampf gegen unliebsame Kollegen, Vorgesetzte, Wettbewerber, Amts- und Privatpersonen

… schlicht gegen alle, die man gerne mal in die Pfanne hauen möchte.

Auch hier einige Beispiele: „Ich würde ja über diese Rote Linie gehen, wenn meine Eltern mir eine entsprechende Ausbildung ermöglicht hätten, um mich heute auf diesem Posten zu bewähren, aber da das nicht der Fall ist …“ Oder: „ Ich hätte ja pünktlich den Bericht abgegeben, hätte ich von meinen sehr verehrten Kollegen A, B, und C rechtzeitig die entsprechenden Informationen bekommen …“ Oder: „Der Seminarleiter ist Schuld, denn eine so blöde Übung habe ich ja noch nie erlebt.“

b) Vermeidung und Kompensation

Eine weitere wirkungsvolle Strategie gegen die Rote Linie ist die Vermeidung von allem, was dazu veranlassen würde, den Schritt zu wagen. Gegen diese Dinge ist im Grunde nichts einzuwenden. Doch wenn sie nur zu dem Zweck dienen, sich nicht mit mutigen Entscheidungen auseinandersetzen zu müssen, dann ist sehr wohl etwas dagegen zu sagen. Sehr beliebt ist etwa folgende Variante: bis in die Nacht hinein arbeiten. Ein ganz typisches Verdrängungs-Symptom. Der eine verdrängt damit den Gedanken an seine zerrüttete Ehe, der andere die Furcht vor den realen Herausforderungen des Lebens.

Andere kompensieren ihre Unfähigkeit, den entscheidenden Schritt zu tun, indem sie einfach jegliche Aktion vermeiden. Sie widmen ihr Interesse dem Fernseher und dem, was andere Menschen ihnen vorleben. Sie fliegen zum Mond, werden als Sänger berühmt und lernen jede Menge interessante Leute kennen. Wem das nicht mehr reicht, der schaut Video oder DVD. Oder er begibt sich in die Untiefen der Literatur, der Groschenromane. Herrlich, diese Welt, in der andere die Abenteuer bestehen, die man selbst gerne erleben würde, wenn es nicht so viel Überwindung kostete. Als Ergänzung oder Alternative bieten sich schließlich noch Rauchen, Alkohol, Medikamente und andere Drogen an. Hier sind wir angekommen beim zwanghaften Betäuben des eigenen Individuums.

Erkennen Sie sich in einer der Strategien wieder? Welche es auch sein sollte, Sie tun es, um etwas anderes nicht zu tun. Aber jeder Versuch bringt nur kurzfristige Erleichterung, denn die Rote Linie liegt immer noch vor Ihnen.

Lernen Sie die Kunst des Kämpfens

Auch mutige Menschen dürfen Angst haben. Aber sie nutzen dieses Signal, um über ihre angeborenen Fähigkeiten hinauszuwachsen.

Auch mutige Menschen dürfen Angst haben. Aber sie nutzen dieses Signal, um über ihre angeborenen Fähigkeiten hinauszuwachsen. Gerade beim Stabhochsprung sind beispielsweise Angst und Gefahr allgegenwärtig, wie der Bericht von Frank Busemann zeigt. Sich auf diese Prüfung einzulassen, dieser Gefahr zu begegnen, hat wirklich etwas mit Mut zu tun. Das muss man sich einmal vorstellen: mit einem fünf Meter langen Stab rennenderweise in ein kleines Loch zu treffen und sich auf sechs Meter Höhe zu katapultieren. Auf den Ablauf beim Stabhochspringen muss man sich voll und ganz einlassen. Nicht der leiseste Zweifel darf die Konzentration und damit die Leistung beeinträchtigen, sonst geht es unweigerlich schief. Denn es kann ja auch schief gehen. Der Stab kann brechen, man kann sich beim Anlauf oder beim Aufschwung verletzen, man kann eine unglückliche Richtung einschlagen und die Matte auf dem Boden verfehlen. Selbst Frank Busemann stürzte bereits einmal aus dieser Höhe neben die Matte. Fünf Meter freier Fall! Im Fernsehen sieht das eigentlich so harmlos aus. Dass es das bei weitem nicht ist, sieht man daran, dass manche Sportler mittlerweile dazu übergehen, einen Helm zu tragen.

Es kann nur funktionieren, wenn man sich uneingeschränkt darauf einlässt, diesen Sprung zu machen. Dazu gehört Mut, das Vertrauen in die eigene Kraft und Sicherheit und die Fähigkeit, negative Gedanken und Selbstzweifel im entscheidenden Moment auszuschalten.

Das können Sie auch für sich nutzen. Kämpfen Sie manchmal mit sich selbst? Oder gegen Ihren inneren Schweinehund? Dann sind Sie mitten drin in der Königsdisziplin. Sie sollten immer der Sieger sein. Wie das geht? Indem Sie den Satz „Ich kann das nicht“ vergessen. Und das bewerkstelligen Sie ganz einfach, indem Sie sich selbst davon überzeugen, dass Sie im Grunde alles können, was Sie wollen. Denn Sie wissen jetzt bereits, dass auch in Ihrem Kopf ein gewachsenes Überzeugungssystem arbeitet, das manches zulässt, anderes dagegen aus verschiedensten (ir)rationalen Gründen ablehnt. Wann immer in Ihnen der Gedanke keimt, Sie könnten dies oder jenes nicht, dann sollten Sie Ihren Verstand Lügen strafen.

Manche Menschen tun das mit kleinen Schritten. Ab und zu kleine Herausforderungen bewältigen, und die Sicherheit stellt sich mit der Zeit ein. Andere benötigen nur ein einziges, fundamentales Erlebnis, um ihre Welt grundlegend zu ändern. Wer zum Beispiel überzeugt war, nie vom 3-Meter-Brett springen zu können, und es irgendwann einmal wagt, mit einem Fallschirm aus 3 000 Metern Höhe zu springen, der wird auch darüber hinaus die eigenen Vorbehalte seinen Fähigkeiten gegenüber zu prüfen imstande sein. Das funktioniert am besten und ausschließlich über Erfolge, über die Bestätigung des Satzes „ich kann das".

Unser Tipp für Sie: Leben Sie das Risiko, es schafft neue Erkenntnisse! Sicherheit gibt es nur in der Vergangenheit, in der Zukunft ist alles Risiko. Risiko gehört zum Leben wie der Punkt unters Fragezeichen. Und Menschen, die jedes Risiko scheuen, gehen das größte Risiko ein.

Nichts geschieht ohne Risiko, aber ohne Risiko geschieht auch nichts.

Walter Scheel

Wenn Sie einmal den Mut gefasst haben, die Rote Linie zu überschreiten, wird dieser Erfolg, dieses Glücksgefühl jede neue Herausforderung leichter machen. Das soll nicht heißen, dass es Ihnen im Leben immer gelingen wird, die Rote Linie zu überschreiten. In manchen Lebenssituationen werden Sie einfach zu viel Angst haben. Respektieren Sie Ihre Feigheit, und stehen Sie zu Ihrer Mutlosigkeit. Aber lassen Sie sich niemals davon abhalten, es bei der nächsten Gelegenheit wieder zu versuchen.

Je häufiger Sie es schaffen, über die Rote Linie zu gehen, umso intensiver leben Sie, umso mehr können Sie Ihren Erfolg ausbauen.

Wie Sie Mut bei unternehmerischen Entscheidungen beweisen

Gute Unternehmer brauchen Mut

Ein Beispiel

In Seminaren fragen wir die Teilnehmer immer, je nachdem ob Führungskräfte oder Verkäufer – ob Führung oder Vertrieb etwas mit Mut zu tun haben. Und: „Welche Eigenschaften braucht gutes Unternehmertum?" Oder: „Welche Eigenschaften brauchen Sie, um gute Unternehmer zu sein?" Dann kommt als Antwort sofort und immer: „Eine Bank" (tolle Idee!). Aber auch Sinnvolles wie „strukturierte Gedanken" und irgendwann taucht der Begriff „Mut" auf. „Stimmt da jeder zu, dass wir für die Unternehmensführung Mut brauchen?" „Ja!" antwortet der Chor. Dann fragen wir in die Runde: „Wenn das einhellige Meinung ist, dass wir Mut brauchen, wer von Ihnen hat denn Mut? Wenn doch Mut wirklich so eine allgemein als wichtig erachtete Bedingung ist, dann sollten eigentlich jetzt alle Hände nach oben gehen. Also, wer von Ihnen hat Mut?" Die Teilnehmer schauen betreten nach unten, und wir können ihre Gedanken lesen: „Bisher was das Seminar ja ganz lustig, aber im Moment wird es gerade sehr lästig."

Sie reagieren auf die im Raum stehende Forderung und beginnen, sich unwohl in ihrer Haut zu fühlen. Da kommt einer daher und konfrontiert die Teilnehmer damit, ihre Komfortzone zu verlassen. Die Laune der Teilnehmer fährt mit dem Turbo-Fahrstuhl ins Tiefgeschoss. Ihr Verstand arbeitet heftig. Und noch einmal die Frage: „Wer hat denn Mut? Keiner?" Dann gehen vereinzelt Hände nach oben, deren Besitzer blicken sich um ...

Jeder Teilnehmer ahnt natürlich bereits, dass seine Handmeldung Folgen haben wird. Und prompt fragen wir, wer bereit wäre, seinen Mut hier und jetzt zu beweisen. Meist kommt dann auch die Frage, was denn eigentlich Mut sei, wie man *Mut* überhaupt definiere. Im Seminar erklären wir es anhand der Definition im Lexikon.

Schließlich lösen wir die Erwartungshaltung, was denn zu tun sei, um Mut zu beweisen, auf: „Es geht um zwei Teilaufgaben. Die erste besteht darin, von seinem Platz aufzustehen, quer durch den Raum nach vorne zu kommen und hier vor dem Auditorium etwas zu tun, was Sie sonst niemals tun würden. Das ist freiwillig. Wer das nicht tun möchte, der soll sitzen bleiben, dessen Aufgabe werden wir im Anschluss daran erklären." Das bedeutet für viele enormen Stress, denn niemand weiß, was auf ihn zukommt. Jeder überlegt, wie er aus dieser Nummer herauskommen kann. Was wäre besser, jetzt freiwillig etwas Mutiges tun oder später etwas, was ich nicht beeinflussen kann, wozu ich gezwungen werde? Erste Anzeichen von emotionalem Unwohlsein treten auf.

Wir erklären weiter, dass im freiwilligen Teil nicht ein Entblößen gemeint ist, schon um das ästhetische Empfinden der übrigen Teilnehmer nicht zu verletzen. Ebenso wenig dürfen Menschen, Tiere oder Dinge zu Schaden kommen. Denn wenn zum ersten Mal eine große Zimmerpflanze aus dem Fenster geflogen ist, zahlt die Versicherung noch, aber nicht beim zweiten oder gar beim dritten Mal. Das erste Mal sei aber schon geschehen.

In den Köpfen der Seminarteilnehmer arbeitet es derweil fleißig. Geistreiche Einfälle werden gesucht, aber die Informationen sind zu dürftig. Fast schon verzweifelt sucht ein jeder nach einer vergleichbaren Situation in der Vergangenheit, um dann ein vertrautes Verhaltensmuster wiederholen zu können. Doch das führt in den meisten Fällen zu keinem Ergebnis, denn es gibt nichts Vergleichbares. Und der Verstand signalisiert: Gefahr im Verzug! Typische Stresserscheinungen wie Schweißhände und rote Gesichtsflecken treten nun bei den Seminaristen auf. Die Spannung ist förmlich greifbar.

Was könnte schlimmstenfalls passieren, was könnte schief gehen? Wie werden die anderen darüber denken, werden sie lachen oder abfällige Bemerkungen machen? Paranoide Gedanken breiten sich aus. Was man auch tut, man wird sich auf jeden Fall blamieren.

Schließlich finden sich ein paar Mutige vor der Gruppe ein. Einer zieht einen Schuh aus und stellt ihn auf den Kopf. Ein weiterer sagt ein Gedicht auf, ein Dritter zündet sich eine Zigarette an und der nächste macht einen Purzelbaum.

Damit ist der freiwillige, erste Teil beendet. Nun wird die andere Gruppe aufgefordert, die Augen zu schließen. Wieder sind Stressanzeichen zu bemerken. Wir gehen nun einmal um die Gruppe herum und wieder zurück. Dann erlösen wir die Leute, wir lassen sie ihre Augen wieder öffnen und erklären, dass niemand zu etwas gezwungen wird, was er nicht tun will.

Was steckt dahinter? Offensichtlich ist es so, dass es enorme Überwindung kostet, über den eigenen Schatten zu springen bzw. über die Rote Linie zu gehen. Dabei ist es völlig gleichgültig, ob das im Seminarraum geschehen soll oder draußen im Job. Die Auswirkungen sind exakt gleich.

Es scheint eine hohe Hemmschwelle zu existieren, die man überwinden muss, um beispielsweise den Vorstand anzurufen, jemand anzurufen, den man noch nicht kennt, aber von dem man etwas will, ... für manche gehört das selbstverständlich zum Alltäglichen, für viele kommt jemand Unbekannten anzurufen dem Schritt über die Rote Linie gleich. Doch jedes Mal, wenn man nicht über die Rote Linie geht, wird diese Markierung breiter.

Von Managern und Risikobereitschaft

Man entdeckt keine neuen Weltteile, ohne den Mut zu haben, alle Küsten aus den Augen zu verlieren.

André Gide

Zu den grundsätzlichen Mitbringseln eines Managers gehört Mut, ganz ohne Zweifel. Schließlich gilt es, mutige Entscheidungen zu treffen, die große Tragweite besitzen. Aber dabei könnte auch das Wohl und Wehe eines Unternehmens und seiner Belegschaft auf dem Spiel stehen. Ist es da nicht legitim, wenn sich diese Entscheider möglichst auf sicherem Terrain bewegen wollen?

Um auf Nummer Sicher zu gehen, nehmen viele Verantwortliche das inflationäre Angebot an Marktforschung, Studien, Analysen und Beratern an. Die kosten zwar viel, geben aber scheinbar Sicherheit vor Fehlentscheidungen. Sie haben jedoch mindestens zwei wesentliche Nachteile: Sie machen abhängig. Ist man erst einmal im laufenden Projekt, das auf Grund von Beratung aufgesetzt wurde, gibt es ohne Kapitalverlust kein Zurück mehr. Zweitens sind sie nicht aussagefähig.

Hierzu schreibt Marketing-Guru Jack Trout in seinem Buch „Große Marken in Gefahr“: „Die Amerikaner haben keine aggressive Verkaufsförderung für Faxgeräte betrieben, weil die Marktforschung sie davon überzeugte, es bestehe für ein solches Gerät keine Nachfrage. Trotz der wohl bekannten Tatsache, dass man für etwas, das nicht auf dem Markt ist, keine Marktforschung betreiben kann, fragten die Forscher die Leute: ‚Würden Sie ein Telefonzubehör kaufen, das ab 1 500 Dollar kostet und es Ihnen ermöglicht, einen Brief, den die Post für 25 Cent zustellt, für 1 Dollar pro Seite zu schicken?‘ Wie vorauszusehen lautete die Antwort Nein.“[4]

Hätte Bill Gates sich auf Marktforschung verlassen, wäre nie ein PC entwickelt worden. Die Frage an die potenziellen Käufer hätte nämlich gelautet: „Welchen Nutzen könnten Sie davon haben, wenn Sie in Ihrer Wohnung einen Rechner installieren würden, der Sie in Echtzeit über ein Netzwerk mit der ganzen Welt verbindet, Ihre Korrespondenz, die Steuerklärung und die Terminverwaltung übernimmt, Ihre Hochzeitsfotos verwaltet und der nicht größer ist als eine Schuhschachtel?“ Die Menschen von 1960 hätten den Fragesteller wahrscheinlich gefragt, ob er vom Mars komme oder von „Versteckte Kamera“.

4 Quelle: Jack Trout: Große Marken in Gefahr, Landsberg 2002.

Studien und Marktforschung blicken immer in die Vergangenheit. Sie können nur ermitteln, was sich bewährt hat und vielleicht warum. Doch in Zeiten harter ökonomischer Kämpfe geht es vor allem um den Blick nach vorne, in die Zukunft. Hier ist unternehmerischer Mut gefragt.

Mutige Manager entwickeln Neues, statt Altes zu bewahren. Sie führen Neuerungen ein, statt zu verwalten. Sie sind Originale, keine Kopien. Ein mutiger Unternehmer gibt sich mit dem Status quo nicht zufrieden. Er will voranschreiten, weiter kommen. Dazu ist es oft erforderlich, dass er seine Stimme gegen die herrschende Meinung und Modeerscheinungen erhebt, gegen Trends, die gerade „in" sind, aber meistens durch Einseitigkeit gekennzeichnet, und diesen Ansichten widerspricht. Aus dem Geschichtsunterricht wissen Sie noch, dass es immer die mutigen Entscheidungen waren, die einen Menschen herausragen ließen. Das gilt auch für die modernen Unternehmer: Nur wer etwas riskiert, bewegt auch etwas.

Setzen Sie sich mutig für Ihre Ziele und die Ihres Unternehmens ein!

Zum Weiterdenken

- Versuchen Sie die Bereiche Ihrer Tätigkeit und Ihres Privatlebens zu identifizieren, die wirklich wichtig für Sie sind, die Sie wirklich wollen. Welche Wünsche haben Sie bereits realisiert, welche noch nicht? Was waren die Gründe dafür, dass Sie wirklich wichtige Dinge nicht angepackt haben? Welche Konzepte haben Sie sich selber gestrickt, um nicht über die Rote Linie gehen zu müssen?
- Erinnern Sie sich an Beispiele aus Ihrer Vergangenheit, wo Sie über die Rote Linie gegangen sind. Welche Erfahrungen haben Sie gemacht? Was war mit den Roten Linien, die im ersten Verständnis negativ für Sie ausgegangen sind? Konnten Sie auch von diesen Erfahrungen später oder unmittelbar profitieren?
- Sind Rote Linien immer gleichbedeutend mit Handlung oder kann eine Rote Linie auch Nichtstun bedeuten? In welchen Fällen?

- Welche Rote Linien stehen für Sie nun mit Priorität an? Wie können Sie für sich sicherstellen, dass Sie das, was Sie sich vorgenommen haben zu tun, auch wirklich umsetzen? Wen Ihrer engsten Freunde können Sie bitten, Sie immer wieder damit zu konfrontieren – so lange, bis Sie es getan haben?
- In welchen Fällen stehen Rote Linien bei Ihnen an, die eine überfällige Entscheidung zur Folge haben werden? Treffen Sie bitte jetzt sofort Ihre Entscheidung, wie Sie damit konkret umgehen wollen!

9. Disziplin: Kooperation

Karrierefaktor Kooperation

Wie sich die neunte Power-Disziplin *Kooperation* auswirkt, wenn sie optimal genutzt wird, durften wir live am Weg eines Unternehmers miterleben, der sich im IT-Umfeld Mitte der 90er Jahre selbstständig gemacht hatte. In einem Vortrag vor Business-Partnern eines Herstellers von ERP-Software erzählte er rückblickend seine Geschichte:

„Größte Teile meines beruflichen Lebens habe ich in der IT-Branche verbracht. Anfänglich als Programmierer, später wurde ich verantwortlicher IT-Leiter und daraufhin in anderen Funktionen verantwortlich für die Einführung von integrierter Standardsoftware zunächst in Europa, schließlich weltweit. Eine interessante Aufgabe! Ich verbrachte sehr viel Zeit im Ausland, hatte interessante Projekte und eine gute Zeit!

Mein Vater verstarb sehr früh, im Alter von 55 Jahren, hatte nichts vom Leben gehabt außer sehr hart gearbeitet. Das sollte mir nicht passieren! Meine Entscheidung stand fest: Mit 50 ist Schluss! Bis dahin musst du ausgesorgt haben!

Der Schritt in die Selbstständigkeit

Als angestellter IT-Manager verdient man sicherlich nicht schlecht, aber auch nicht so viel, dass man Rücklagen bilden und sich schon mit 50 aus dem Arbeitsleben zurückziehen kann. Ich war 43 Jahre alt, als das Angebot dieses Softwareherstellers kam, als freier Berater in dessen Projekten mitzuarbeiten. Das Angebot erschien mir verlockend, zumal es langsam Zeit wurde, meine Vision Wirklichkeit werden zu lassen. Ich konnte einen meiner besten Mitarbeiter gewinnen, diesen wichtigen Schritt ins Unternehmertum mitzugehen. Und so gründeten wir zu zweit eine GmbH und kündigten unsere Jobs!

Das Geschäft lief gut – schon im ersten Jahr konnten wir ein positives Ergebnis erzielen. Doch es tauchten Probleme auf, die wir mit anderen Unternehmen gemein hatten: zu kleine Einheiten, nicht genügend Cashreserven, um mit dem Markt zu wachsen, und somit auf Dauer erhebliche Risiken, die einen dauerhaften Erfolg zumindest in Frage stellten.

Meine Idee war es, wenn wir es in den kleinen Einheiten nicht schaffen, dann müssen wir es eben zusammen probieren, also kooperieren. Dies war leichter gesagt als getan.

Was Unternehmer daran hindert zu kooperieren, wurde schnell transparent: Man möchte seine Eigenständigkeit behalten, negative Erfahrungen mit früheren Kooperationen, Futterneid und hier und da eine beträchtliche Portion an Egomanie (alle wollen Geschäftsführer sein und das „Sagen" haben), usw., usw. Trotz alledem gründeten wir gemeinsam mit zwei weiteren Kleinunternehmen eine Dachgesellschaft. Diese hatte den Zweck, zum Markt hin ein einheitliches Auftreten sicherzustellen und mit jetzt immerhin insgesamt zehn Mitarbeitern auch eine gewisse Größe und damit Kompetenzbreite zu repräsentieren. Nach innen wurden die tatsächlich erbrachten Leistungen der einzelnen Partner mit der Dachgesellschaft abgerechnet, so dass ein Höchstmaß an Eigenständigkeit erhalten blieb.

Der Erfolg blieb nicht aus. Wir bekamen immer mehr Aufträge, und in bestehenden Projekten wuchs die Nachfrage nach weiteren Kompetenzbereichen. Die Folge war, dass weitere Mitarbeiter benötigt wurden – aber in welcher Gesellschaft, welcher der Partner sollte die zwingend notwendigen Investitionen tätigen?

Von Einzelunternehmen zur AG

Nach vielen Diskussionen mit den Partnern, mehreren zaghaften Versuchen der Kompetenzaufteilung und damit zukünftiger Investitionszuordnungen wurde schnell klar: Unser Kooperationsmodell stieß an seine Grenzen. Ein sinnvolles Wachsen im Sinne der Kundenanforderungen war so unmöglich – wir verstrickten uns zu sehr im Absichern von Interessen und Gewinnmaximierungsideen jedes Einzelnen.

Wir überlegten, was denn wohl wäre, wenn wir unsere Einzelunternehmungen in eine Gesellschaft verschmelzen würden. Jetzt ging es auf einmal um wirkliche Kooperation, um sehr viel mehr Vertrauen als bisher. Die Alternativen waren: Wachsen und damit in eine wirkliche Kooperation eintreten oder Stillstand in den Einzelunternehmungen, was einem langfristigen Sterben gleich käme. Wir entschieden uns dazu, die Firmen zusammenzulegen. Leider ging nun das Gezerre los, welche Firma ist wie viel wert, wie sollte man die Gesellschaftsanteile aufteilen. Jeder der Partner setzte nicht nur verschiedene Bewertungsgrundlagen an, sondern ein jeder behauptete außerdem, bisher den größten Erfolgsfaktor eingebracht zu haben und dass dies sich auch in der Bewertung niederschlagen solle.

Dabei ging es doch gar nicht um das „Siegen" im Ringen um die Anteile, sondern darum, dass der zukünftige Erfolg eines jeden Einzelnen von uns in der Kooperation an sich lag. Nicht die Einzelpositionen waren entscheidend, sondern die für alle Partner gleichen Interessen. Die Entscheidung nämlich, ein kleines, eigenständiges, zum Tode verurteiltes Unternehmen zu bleiben oder sich der Herausforderung zu stellen, einen beträchtlichen Anteil in einer „richtigen" Firma zu gewinnen. Dieser Gedanke setzte sich letztendlich auch deshalb in einer halbwegs verträglichen Zeit durch, weil es mir selber gelang, die Faust in der Tasche zu lassen, die Zähne zusammenzubeißen und den einen oder anderen Bewertungsansatz der Kollegen zu würdigen, durch Konkretisieren zu relativieren und dann auch gegen meine eigene Gewinnmaximierung zu akzeptieren. Wir gründeten schließlich eine Aktiengesellschaft, fanden einen gemeinsamen Interessenfaktor und somit auch eine Möglichkeit, die Aktien auf die Partner zu verteilen.

Der Weg war nun frei für weiteres Wachstum und Investitionsentscheidungen. Mitarbeiter konnten in der AG jetzt eingestellt, Kompetenzbereiche den einzelnen Gesellschafterpartnern einvernehmlich und nach Talent zugeordnet werden – der Knoten war geplatzt, die zuvor nach innen gerichtete Energie ging nun mit hohem Wirkungsgrad in den Markt, zum Kunden und damit in den gemeinsamen Erfolg. Wir wuchsen profitabel und aus eigenen finanziellen Mitteln, gewannen Kunden und waren einvernehmlich auf einem guten Weg.

Bereits 15 Monate später passierten wir die 50-Mitarbeiter-Grenze. Wir erhielten Zulauf von weiteren Business-Partnern unseres Hauptgeschäftspartners, die den Erfolg sahen und bei uns mitmachen und kooperieren wollten. Als Aktiengesellschaft war ein Integrieren weiterer Partner ohne Probleme möglich. Wir beteiligten auch und vor allem unsere Mitarbeiter an diesem Gewinn bringenden Kooperationsmodell. So gaben wir als Gründungspartner immer mehr „Macht" ab und steigerten unseren persönlichen Anteilswert weiter und weiter. Nach circa zwei Jahren hatten wir bereits ein siebenstelliges Grundkapital – als Einzelunternehmen nicht vorstellbar! Es schien in eine Erfolgsspirale gekommen zu sein, die gar nicht mehr enden wollte.

Natürlich hatten wir innerhalb dieser Zeit auch unsere Probleme. Damit meine ich nicht etwa projektbezogene Probleme, wie z.B. Ressourcenmangel, Reklamationen oder Themen mit einzelnen Mitarbeitern, sondern vielmehr Schwierigkeiten der Gründungspartner, immer mehr Eigeneinfluss abzugeben, Mehrheitsverhältnisse aufzugeben und damit in eine vielleicht für den Einzelnen wahrzunehmende Bedeutungslosigkeit zu stürzen. Damit mussten wir umgehen lernen, vor allem meine Partner, und dies war auch sehr gut zu ertragen durch den Erfolg der Firma. Trotzdem sollte man diesen Punkt bei Kooperationen und Wachstum nicht außer Acht lassen. Basisideen verändern sich auf der Zeitachse, und damit muss man gemeinsam umgehen lernen!

Going international

Die nächste Herausforderung: Immer mehr Kunden stellten Anforderungen an die Internationalität der Partner. Nach einigen Versuchen, dieser Anforderung mit Gründungen von Firmen in England und Belgien zu entsprechen, sahen wir rasch, dass dieser Weg nicht von Erfolg gekrönt sein würde. Wir kannten uns nicht aus in den betreffenden Ländern, waren angewiesen auf Berater, die dummerweise zum Teil selbst keine Ahnung hatten.

Aber wir hatten Erfahrungen gemacht mit Kooperationen. Also war die nächste Idee, das Kooperationsspiel nun noch einmal zu spielen, diesmal auf europäischer Ebene. Ich erinnere mich gerne an das erste Treffen unserer europäischen Kooperationspartner am Genfer See! Ein Partner aus Schweden, einer aus Italien, einer aus Großbritannien und wir kamen zusammen, um eine Kooperationsidee zu besprechen. Da alle Partner eine ähnliche Geschichte hatten wie wir selbst, also gute Erfahrungen mit Kooperationen gemacht hatten, waren wir uns in zwei Tagen einig. Nach diesem Meeting gründeten wir einen europäischen Dachverband in England und begannen, die ursprüngliche Kooperationsidee nun eine Ebene höher zu spielen – mit einem Riesenerfolg!

Wir gewannen als einziger Business-Partner mit europaweiter Abdeckung auf einmal große Deals. Jeder Partner war für die Umsetzung im jeweiligen regionalen Bereich verantwortlich. Durch die

Größe und die Kompetenzen bei den jeweiligen Partnern waren wir praktisch über Nacht der Business-Partner Nummer 1 des Herstellers in Europa (gegen die Big 5), mit großer Bedeutung nun auch für amerikanische Partner, die eine Vertriebs- und Kompetenzbrücke nach Europa dringend suchten. Der Erfolg dieser Kooperation und damit das Wachstum waren nicht aufzuhalten, aber nach wie vor auch sehr investitionsträchtig. Wir suchten also weiteres Kapital, um wachsen zu können.

So kamen wir in Kontakt mit einem Logistikunternehmen, welches ebenfalls den Börsengang plante und IT-Firmen suchte, die die eigene Logistikidee umsetzen. Wir sprachen über eine Kooperation, woraus letztendlich die vollständige Übernahme unseres Unternehmens als die beste Alternative wurde. Wir tauschten unser Unternehmen gegen ein Aktienpaket und wurden somit Altaktionäre der Logistikfirma, die dann Anfang 2000 an die Börse ging. Der Wert der Aktien versechsfachte sich zwischenzeitlich.

Mit 50 ist Schluss! Ich war zu diesem Zeitpunkt 49 Jahre alt. Die Zeit verging irgendwie wie im Flug – mein Ziel hatte ich allerdings nie aus den Augen verloren, und nun ist es in Erfüllung gegangen.

Wenn Sie mich heute fragen, was es möglich gemacht hat, diesen Erfolg Wirklichkeit werden zu lassen, dann kann ich nur sagen: Kooperation!"

Speerwurf

Obwohl im Zehnkampf jeder Sportler für sich antritt, gibt es auch hier Momente, in denen *Kooperation* zu einer *Win-Win*-Situation führt. Dazu Frank Busemann:

Der Athlet – ein Team aus Körper und Geist

„Jeder Athlet ist ein eigenes Team aus Körper und Geist. Zwischen diesen beiden muss Übereinkunft und Harmonie herrschen, sonst kommen keine Höchstleistungen zustande. Darum muss er gewissenhaft abwägen, wie er mit seinen Ressourcen auf lange Sicht umgeht. Er darf seinen Willen und seinen Körper, die seine Ressourcen darstellen, nicht aus dem Gleichgewicht bringen. Ideal ist, wenn Körper und Geist beide ihren Wettkampf gewinnen, also eine Win-Win-Situation herstellen.

Trifft der Athlet eine Entscheidung gegen seinen Körper, das heißt, missachtet er dessen Signale, so läuft er Gefahr, in eine Win-Lose-Situation zu geraten. Was konkret bedeutet, dass der Athlet auf Grund seines Willens zum Sieg den Wettkampf zwar beendet, dabei aber seinen Körper überfordert und verletzt hat und damit in seiner späteren Entwicklung gehandicapt ist. Schlimmer noch die Lose-Lose-Situation, wo er sofort verletzt ausscheidet und die Ziellinie nicht erreicht.

Hätte er gesehen, dass eine Fortführung des Wettkampfes unweigerlich zum Aus führt, hätte er die Notbremse ziehen können und wenigstens eine Lose-Win-Situation herbeiführen können. Da er rechtzeitig zurückgezogen hat, wird er schnell wieder ins Geschehen eingreifen können, weil die Verletzung nicht so schlimm geworden ist. Zehnkämpfer sind wegen der seltenen Wettkämpfe eher geneigt, unter allen Umständen das Ziel zu erreichen.

Zehnkämpfer sind wegen der seltenen Wettkämpfe eher geneigt, unter allen Umständen das Ziel zu erreichen.

Wenn ich ein Wehwehchen im Zehnkampf mit mir herumgeschleppt habe, dann habe ich dennoch immer bis zum Letzten gekämpft, da eine Aufgabe ohne Zwang einer extremen Lose-Lose-Situation gleichkommt. In der Hoffnung, dass die Zeit alle Wunden heilt, habe ich mir über die Folgen einer Verletzung nie Sorgen gemacht. Mein Seelenheil bestand in der Fortsetzung des Wettkampfes. Es muss jeder für sich selbst entscheiden, mit welcher Konsequenz er besser leben kann. In der neunten Disziplin kurz vor dem Ziel wird der Athlet nicht aufgeben, zumal die 1 500 Meter – die letzte Disziplin – zu laufen immer möglich sind, solange er zum Start gehen kann. In welcher Zeit das Ganze heruntergespult wird, ist eine andere Sache, aber wenn er in der Lage ist, mit einem Speer in der Hand bis zu einem weißen Strich zum Abwurf zu laufen, dann kann er auch 1 500 Meter laufen.

Ratingen 2001 – die Lose-Lose-Situation

Mit einigen Problemen in der Vorbereitung trat ich 2001 zur Weltmeisterschaftsqualifikation in Ratingen an. Mit der nötigen Lockerheit und einer realistischen Zielvorstellung genoss ich den Wettkampf in vollen Zügen. Ich blieb zwar weit unter meinen absoluten Möglichkeiten, doch war ich mit Gefühl und Leistung weit besser als zunächst avisiert. Bis zur neunten Disziplin entschied ich mich immer richtig für Win-Win. Ich empfand große Freude bei dem, was ich tat. Alle Energieräuber waren ausgeschaltet und ich nahm meine Leistungen dankbar an. Ich beendete vorzeitig Wettkämpfe wie nach dem zweiten Versuch im Weitsprung und Diskuswurf, weil es nicht mehr zu verbessern war und ich auf Grund meines Trainingsrückstandes Kräfte bzw. meine Ressourcen schonen musste. Beim Hochsprung hatte ich sogar die Muße, ein wenig zu pokern und eine gerissene Höhe auszulassen, was im Zehnkampf völlig ungewöhnlich ist. Mit der Euphorie des Wettkampfes sah ich nun die nicht erwartete Möglichkeit des Gewinnens. Zudem brauchte ich eine vernünftige Speerwurfweite, um die Qualifikationspunktzahl sicher zu schaffen. Nach einer Operation im Ellbogen war der Arm noch nicht so belastbar wie erhofft, und der erste Versuch trieb mir die Tränen in die Augen.

Vor Schmerzen krumm ging ich mit einer mäßigen Leistung zu meinem Vater, der mich anflehte, mit diesem Wurf aufzuhören. Es würde bestimmt reichen. Nach Rücksprache mit der medizinischen Seite sah ich aber keine Veranlassung dazu, da sie mir versicherten, dass es normalerweise nur weh tun würde und nichts zerstört werden könne. Ich musste mich also nur konzentrieren und werfen, der Schmerz erreichte den Kopf erst, wenn der Speer schon unterwegs war. Aus Angst machte ich so ziemlich alles falsch und verbesserte mich nicht mehr. Nach der neuerlichen Missachtung des Rates meines Vaters trat ich zum dritten Wurf an, da ich den Sieg und die Qualifikation erreichen wollte. Mit einem Riesenknacken zerriss es meinen Ellbogen und ich hatte mit diesem Wurf eine klassische Lose-Lose-Situation herbeigeführt, was ich in dem Moment noch nicht wusste. Ich beendete den Wettkampf als Gesamtzweiter und mit erreichter WM-Qualifikation, sollte aber nicht mehr in der Lage sein, mit meinem zerstörten linken Arm zu werfen. Mein Wille war größer (oder dümmer) als mein Körper, und dieses Ungleichgewicht war folgenschwer.

Andererseits musste ich aber werfen, da die Einmaligkeit der Chance und die Zusicherung, dass nichts passieren könne, mich dazu veranlassten, meine Möglichkeiten komplett auszunutzen.

Die Zehnkämpfergemeinschaft

Der Zehnkämpfer geht zwei Tage durch Höhen und Tiefen. Genauso sein direkter Konkurrent. In den zweimal vierzehn Stunden des Wettkampfes stehen wegen der Nettowettkampfzeit von zehn Minuten insgesamt 27:50 Stunden zur freien Verfügung, die nicht selten mit Gesprächen überbrückt werden. So kennt man die Gegner, und er verliert diese Grimmigkeit, die manch einer als Fremder mit sich bringt. In dieser angenehmen Atmosphäre lässt es sich viel besser Sport machen, da niemand durch andere negativ beeinflusst wird und seine Leistung voll entfalten kann.

Es gibt natürlich immer Tricks, den Gegner aus der Ruhe zu bringen, indem man beispielsweise seine Stärke nach dem 400-Meter-Lauf zeigt, indem man nach dem Zieldurchlauf nicht zu Boden geht und ruhig weiter atmet, wenn man auf Versuche verzichtet usw. Aber diese spielen sich meist im fairen Rahmen ab und beeinflussen den Gegner nur indirekt.

Oft ist man auf die Hilfe seiner Konkurrenten sogar angewiesen. Es kommt zum Beispiel immer wieder vor, dass die Stabhochsprung-Stäbe während des Transports in irgendeiner Flughafenhalle liegen geblieben sind, da sie mit ihren fünf Metern Länge nicht in das Flugzeug passten. Bei Zehnkämpfern leiht man sich die Stäbe dann vom Wettbewerber, obwohl sie das Heiligste des Equipments sind. Auch ist es beim Stabhochsprung wichtig, einen Freund zu haben, der den Wind kurz vor dem Absprung anzeigt, da der Trainer nicht so nah an die Anlage darf.

Sich bei Konkurrenten Utensilien zu leihen, kommt genauso häufig vor, wie sich die Getränke zu teilen. Da ich in meiner ganzen Karriere nicht einen Speer besessen habe, musste ich immer zu Gegnern gehen, um mir zum Einwerfen einen Speer zu leihen. Glücklicherweise war einer von ihnen immer bereit dazu. Sie wussten, dass sie auch von mir etwas Fehlendes bekämen, wenn Not am Mann wäre.

Win-Win im Team

Da sich in einem Team immer sehr viele Gleichgesinnte befinden, sind ähnliche Interessen, eine Grundvoraussetzung für gutes Zusammenleben, bereits gegeben. Dass man sie zu einem homogenen Team zusammenschweißt und das Miteinander an oberste Stelle setzt, ist ein Trugschluss. Niemand würde diese Art der Beziehung eingehen, wenn er sich persönlich nicht einen Vorteil davon verspräche. Das Training in einer Gruppe, das Messen im Wettkampf, der Gedankenaustausch drum herum lassen jeden Einzelnen profitieren. Wenn er sich in dem Kreis nicht wohl fühlen würde, würde er einen anderen Weg gehen. So stellt sich für alle eine Win-Win-Situation ein, die aber nicht darüber hinwegtäuschen darf, dass es immer Mitstreiter gibt, die da nicht mitspielen.

Ein ehemaliger Teamkollege spielte mit mir einmal ein böses Spiel über die Medien. Ich kündigte ihm daraufhin meine Freundschaft auf und versuchte zu unterbinden, dass er in Zukunft von mir profitierte. Im ersten Moment war ich menschlich von ihm enttäuscht, merkte aber genauso schnell, dass ich ihn für meinen Sport in keinster Weise brauchte.

Aber es gibt auch andere Beispiele. Im Jahre 2000 zeigte das der deutsche Zehnkämpfer Mike Maczey. Bei seinen ersten Olympischen Spielen überhaupt bot er einem Teamkollegen einen Freundschaftsdienst der besonderen Art an: „Wenn du um eine Medaille läufst, dann mache ich im 1 500-Meter-Lauf für dich Tempo!“ Er wollte sich für seinen Kameraden opfern und stellte seine Belange hintenan. Das war weit mehr als Respekt oder Fairness, das war Freundschaft in ganz klassischer Weise.“

Setzen Sie auf Win-Win-Strategien

All unsere Streitigkeiten entstehen daraus, dass einer dem anderen seine Meinung aufzwingen will.

Mahatma Gandhi

Wir alle sind immer dann Kooperationspartner, wenn es darum geht, einen Kuchen zu backen, den jeder alleine nicht backen könnte. Wenn es aber ans Aufteilen geht, sind wir die schärfsten Konkurrenten um das größte Stück.

Den meisten Menschen geht es darum, ihren Willen bzw. sich selbst durchzusetzen. So wurden wir von klein an programmiert. Wer sich durchsetzt, hat mehr vom Leben, so der Slogan. Es geht also darum, besser, schneller, erfolgreicher und gerissener zu sein als der andere. Die eigene Position durchzusetzen, sei es bei einer Diskussion, bei der Arbeit im Team, im Geschäftsleben, in der Marktwirtschaft, im privaten Bereich. Wie kann man hier zu einer

Lösung, zu einer funktionierenden Kooperation gelangen, von der beide Seiten profitieren?

Die Beweggründe sind der Schlüssel

Wir wissen, dass Streitigkeiten und Konflikte nicht mit Gewalt und nicht mit Druck gelöst werden können. Das erzeugt nämlich als erstes Gewinner und Verlierer und langfristig im Grunde nur Verlierer. Denn der Verlierer der ersten Runde wird künftig keine Möglichkeit auslassen, seine Niederlage wieder wettzumachen. Seit jeher suchen wir in solchen Fällen nach dem, was hinter dem Wort *Kompromiss* steckt.

Bei dem Wort *Kompromiss* denkt jeder an die eine Problemlösung, mit der alle Beteiligten leben können. Jeder gibt ein bisschen ab, dafür bekommt jeder etwas und keiner nichts. Ein Beispiel: Wenn sich zwei Köche um eine Orange streiten, dann haben sie ein Problem. Ein möglicher Kompromiss könnte darin bestehen, dass sie die Orange teilen und jeder eine Hälfte bekommt. Ein Kompromiss, mit dem dann jeder leben muss, der aber keinen so recht befriedigt. Oberflächlich betrachtet haben wir das Problem schnell gelöst, auf diese Weise kreiert man aber keine Gewinner.

Wenn die Interessenlage beachtet wird, erschließen sich neue Lösungen.

Unsere Win-Win-Strategie geht ein gutes Stück weiter bzw. kommt von einer anderen Seite zur Lösung. Vergessen wir einmal die Standpunkte der beiden Köche („*Ich* brauche die Orange, die will *ich* haben!“) und fragen nach dem Warum, nach den Beweggründen, nach den Absichten. Hier steht also nicht die Problemsicht im Vordergrund (eine Orange, aber zwei interessierte Köche), sondern die Frage nach dem Hintergrund, nach den vermeintlich unvereinbaren Interessen. Dabei stellt sich heraus, dass der eine Koch Saft pressen will, der andere braucht lediglich die Schale für ein Orangensorbet. Die Lösung liegt auf der Hand und zwar allein auf Grund dessen, dass die Interessenlage beachtet wurde.

Die persönliche Win-Win-Strategie

Die Win-Win-Strategie ist überall von Nutzen. Wenn Sie Ihr Leben, Ihre Karriere oder auch nur Ihren Tag planen, dann tun Sie das sicher, indem Sie Ziele anvisieren und mit sich selbst einen

Erfüllungspakt schließen. Die und die Ziele sind heute, morgen, bis nächste Woche oder bis zum 55. Lebensjahr zu erreichen. Und wenn Sie bis hierher aufmerksam gelesen haben, dann wissen Sie bereits, dass es einige Dinge hinsichtlich der Zielerreichung gibt, über die man sich völlig im Klaren sein muss. Da wäre zum Beispiel die Gesundheit. Haben Sie sich schon gefragt, ob Sie gesundheitlich fit genug sind, um Ihre Ziele zu verwirklichen? Und was ist mit der Zeiteinteilung? Haben Sie überhaupt genügend Zeit, sich dem Wichtigsten in Ihrem Leben ausreichend zu widmen?

Die Win-Win-Strategie funktioniert bestens auch mit uns selbst. Es ist die Frage der Ressourcen und Prioritäten. Was ist das Wichtigste in Ihrem Leben? Die Familie? Und wie viel Zeit widmen Sie Ihrer Familie? Oh, nur einen Tag am Wochenende, weil Sie abends nach dem Job zu müde sind? Da sei die Frage gestattet, ob Ihre Familie für Sie wirklich Priorität Nummer 1 hat. Sie können doch nicht ernsthaft daran glauben, dass Sie 30 Jahre Ihren Job durchziehen können und dann erst anfangen, sich um die Familie oder Ihre Gesundheit zu kümmern! Unsere Gewinner-Strategie wirkt sehr stark in Bezug auf die Vereinbarkeit von Zielen. Jedes Einzelziel muss realistisch erreichbar sein, darf für sich nicht so viele Ressourcen verlangen, dass andere Ziele dafür aufgegeben werden müssen. Räumen Sie also jedem Einzelziel seinen berechtigten Anspruch ein. Wer hier Gewinner-Verlierer spielt, d.h. risikoreich alles auf eine Karte setzt, wird dieses System auch in anderen Bereichen fahren.

Jedes Einzelziel muss realistisch erreichbar sein und darf für sich nicht so viele Ressourcen verlangen, dass andere Ziele dafür aufgegeben werden müssen.

Vertrauensbildende Maßnahmen

Der Win-Win-Gedanke baut auf gegenseitiges Vertrauen. Vertrauen ist also ein wesentlicher Erfolgsfaktor im Business. Entscheidungen und Ergebnisse sind immer in Verbindung mit der Entscheidung eines Partners oder mehreren anderen, übergeordneten oder gleich gestellten Systemen zu sehen, welche Sie nicht beeinflussen können, denen Sie dennoch Vertrauen schenken. Doch wer vertraut wem zuerst? Wer macht den Anfang? Wie kann man sich absichern? Brauchen Sie die Absicherung überhaupt?

Vertrauen gibt es in keinem Laden, man kann es nicht kaufen oder erwerben. Es gibt ersatzweise so etwas wie vertrauensbildende

Maßnahmen. Was einen unangenehmen Beigeschmack von „unliebsamer Verpflichtung" hat. Wenn Sie mit Maßnahmen um Vertrauen werben, dann ist man schon wieder beim Werben, wer wirbt, will etwas verkaufen, und wer verkaufen will, der will auch betrügen. So jedenfalls läuft die Assoziationskette bei vielen, die dann auch sofort in einer Abwehrhaltung resultiert. Das ist eher kontraproduktiv für eine Kooperation. Wie können Sie also Vertrauen bekommen? Eine Regel scheint zu sein, sich verletzbar zu machen. Die Möglichkeit bewusst in Kauf zu nehmen, dass Vertrauen missbraucht wird und das auch ganz klar und offen zu betonen, ist eine verpflichtende Taktik, die ihre Wirkung selten verfehlt. Verletzbarkeit ist zu demonstrieren. Deutlich muss auch gemacht werden, dass dies ein Vertrauensvorschuss auf die beiden Seiten Gewinn bringende Kooperation ist. Die Aussage muss sein, dass die eindeutige Strategie die von Win-Win ist. Jedem der Partner muss klar sein, dass jegliche Entscheidung zum Wohle der Kooperation, zum Erreichen des gemeinsamen Ziels getroffen wird. Es besteht eine Koppelung auf jeder Ebene. Einseitige Vorteilnahme, die einen Partner auf der Strecke lässt, ist undenkbar.

Maßnahmen zur Vertrauensbildung haben einen großen Nachteil: Sie bleiben Maßnahmen, standardisierte Aktionen. Lediglich erlangen sie institutionellen Charakter, werden jedoch nie als etwas Natürliches angenommen, das mit Eigenleben erfüllt ist. Darum haftet diesen Aktionen, die so etwas Essentielles wie Verlässlichkeit und Vertrauen generieren sollen, das Stigma des Erzwungenen und Vergänglichen an. Man betrachtet diese Maßnahmen nicht mit der nötigen Bereitschaft. Beispiel Vertriebsversammlungen auf Management-Ebene: Erstens trifft man sich ausschließlich zu vereinbarten Terminen, zweitens äußert sich hier jeder nur darüber, was warum nicht geklappt hat und warum man die selbst gesteckten Vereinbarungen nicht erfüllt hat.

Die Spielregeln einhalten

Wie in einer Ehe so gilt es auch bei unternehmerischen Kooperationen, bestimmte Spielregeln einzuhalten. So banal es klingen mag: Sogar Pünktlichkeit gehört dazu. Regeln ziehen sich durch die ganze Unternehmung und durch alle Ebenen wie ein Stahlgeflecht im Beton. Es gilt, dauerhafte und verlässliche Rahmenbedingungen zu etablieren. Eine unbedingt notwendige Maßnahme, gerade bei großen Investitionen. Denn in weniger gut planbaren Zeiten ist Sicherheit ein wesentlicher Erfolgsfaktor einer Kooperation. Damit ist nicht gemeint, bestehende Vereinbarungen ungeprüft auf die neue Situation zu stülpen und fortzuführen. Vielmehr ist ein intensives Change-Management vonnöten. Hier liegt die große Chance oder sogar Verpflichtung, die neue Identität der Partner bis in die untersten Betriebsebenen sickern zu lassen und dort für Identifikation mit der neuen Orientierung zu sorgen. Wer offen und ohne Zögern vorweisen kann, dass das ganze Schiff im Wind der Kooperation segelt, braucht sich über Kritik an der eigenen Verlässlichkeit keine Sorgen zu machen. Es ist unumgänglich, dass alle Beteiligten die Kooperation auf ihre Fahnen geschrieben haben, sie als Teil ihres persönlichen Wertesystems betrachten. Es ist deutlich zu machen, dass man sehr wohl angreifbar ist und wenig Schutz vor Ausbootung hat. Dieses wiederum verstärkt die emotionale Verpflichtung des Partners, mit ebensolcher Offenheit innerhalb der Kooperation zu agieren.

Walk the Talk

Was auf der einen Seite die Verlässlichkeit, ist auf der anderen Seite des Vertrauens die Wahrhaftigkeit. Das bedeutet mehr, als zu seinem Wort zu stehen. Es bedeutet, genau das vorzuleben, was man von der Kooperation und den Kooperanden erwartet. Mit gutem Beispiel vorangehen. Meinen, was man sagt. Voraussetzung ist, dass alle Beteiligten ein gemeinsames Ziel vor Augen haben. Die Gewinner-Gewinner-Strategie ist eine langfristige Angelegenheit, eine Sache der Ehre und der Einstellung, des Wertesystems, in dem jemand lebt. Es ist genauso schädlich, dieses System einmal zu verlassen und Win-Lose zu spielen, wie das System nach Gutdünken zu wechseln.

Erfolgsmeldungen unaufgefordert an den Partner weiterzugeben, sich positiv mit der Entwicklung der Kooperation auseinandersetzen, eigeninitiativ die Sache voranbringen, Feedback geben, das sind Dinge, die deutlich machen, wie sehr jemand hinter dem Kooperationsgedanken steht. Vereinbarungen konsequent einhalten im Sinne von Eigenverpflichtung, aktiv sein und fleißig das Pensum erfüllen, das alles wirkt nicht nur Vertrauen bildend – diese Haltung entwickelt zudem eine Sogkraft, die in der emotionalen Verpflichtung besteht, es dem Partner mindestens gleich zu tun.

Authentisch, wahrhaftig zu sein ist das Wichtigste. Wer sich nicht für seine Tätigkeit begeistern kann, wer sich dabei unwohl oder fremd fühlt, sollte abwägen, ob er nicht etwas anderes lieber tun würde. Das gilt nicht nur für Mitglieder eines Teams, das gilt ganz besonders für Führungskräfte. Denn jeder Mensch kann nur erfolgreich sein, kann nur dann eine überzeugende Ausstrahlung entwickeln und glaubwürdig sein, wenn er genau das tut, was mit seiner Persönlichkeit übereinstimmt.

Authentisch zu sein ist das Wichtigste.

Wie Sie Kooperationen nutzen, um Ihr Unternehmen voranzubringen

Verfolgt man eine „Win-Win-Strategie", so ist Ziel, dass alle Kooperationspartner als Gewinner aus einem Projekt hervorgehen. Dabei verzichtet zwar jeder Partner auf das letzte Quäntchen vom Gewinn-Maximum, allerdings zu Gunsten einer langfristigen Fahrt auf der Gewinnerstraße zusammen mit den Partnern.

Als Voraussetzung dafür muss zunächst ein Klima von gegenseitigem Respekt und Offenheit geschaffen sein. Ziele sind gemeinsam zu vereinbaren, einseitige Interessen haben hinter den gemeinsamen zurückzustehen. Der Wettbewerb – sofern er bestand – wird abgeschaltet.

Ein Test

In Workshops testen wir die Kooperationsbereitschaft der Teilnehmer und erleben immer wieder Erstaunliches. Zwei Teilnehmergruppen, A und B, entscheiden pro Runde unabhängig voneinander, ob sie kooperieren möchten oder auf Risiko spielen. Dabei geht es um konkrete ökonomische Fragestellungen und unternehmerische Entscheidungen. Erste und wichtigste Aufgabe ist es, gemeinsam Gewinn zu machen. Wie das geht, wird beiden Gruppen erklärt. Es wäre also ein Leichtes, auf Nummer Sicher zu setzen, zu kooperieren und die zehn Runden mit einem satten Gewinn zu beenden. Doch die Verlockung scheint zu groß, den Partner mittels einer riskanten Entscheidung zu überholen. Denn gelingt der Coup, winkt ein Punktevorsprung, misslingt er jedoch, gibt es Punktabzug bei beiden Partnern. Nach zehn Spielrunden vergleichen wir die möglichen und die tatsächlich erreichten Punkte. Es stellt sich so gut wie immer heraus, dass beide Gruppen – jede auf ihren eigenen Vorteil bedacht – zu viel riskiert haben und somit den Erfolg der Kooperation torpedierten.

Ein Spiel ohne Realitätsbezug? Keinesfalls. Erstens ist das Ergebnis in den mehr als 600 durchgeführten Workshops immer wieder dasselbe. Zweitens entdeckt man mühelos die Parallelen im Alltag. Egal ob im Bereich der Ökonomie oder im Privatleben. Und überall, wo wir es gespielt haben, ob mit Vorständen oder mit Abteilungen in Unternehmen, mit Teams im unteren Management, war das Ergebnis gleich.

Dies ist leicht zu erklären. Jeder möchte besser sein als der andere und konzentriert sich darum immer auf den anderen, anstatt zu verstehen, dass es nur darum geht, mit seinen eigenen Unternehmungen bzw. Unternehmen Gewinn zu erzielen. Immer wieder ist die Absicht, den anderen reinzulegen, sich gegen den anderen zu behaupten, treibendes Motiv. Die eigentliche Aufgabenstellung, nämlich selbst Profit zu machen, aus purem Egoismus zusammenzuarbeiten und sicher zu punkten, rückt in den Hintergrund.

Die Denkstruktur, die dahinter steckt, besagt, dass alle Ergebnisse akzeptabel sind, solange man einen vorweisen kann, der noch schlechter ist.

Das 2-6-2-Prinzip

Ein Beispiel

Betrachten wir ein Unternehmen der Software-Branche. Die Nummer 4 weltweit, Nummer 1 in Deutschland. Die Produkte sind Business-Lösungen für klein- und mittelständische Betriebe, d.h. ERP-Software (Finanzbuchhaltung, Warenwirtschaft, Logistik, Lager/Warehouse).

Auch dieses Unternehmen war von starken Marktveränderungen betroffen: Das Feld der Anbieter konsolidierte sich, kleinere Anbieter verschwanden, die beiden Großen der Branche strebten auf den Mittelstandsmarkt. Gleichzeitig entwickelte sich die Technologie rasant, die wirtschaftliche Situation der Kunden am Standort Deutschland jedoch verheerend. Es kam zu einem Preiskampf mit dem Ergebnis heftiger Margenverluste.

Eine Strategie wurde verabschiedet: Wachsen in Spezialmärkten mit neuen Produkten, die an die Business-Partner des Unternehmens hohe Kompetenzanforderungen stellten. Von den rund 500 Business-Partnern in Deutschland kamen etwa 200 ernst zu nehmende, unternehmerisch handelnde Firmen in Betracht, jede mit unterschiedlichen Ambitionen, Kompetenzen, Ressourcen und Möglichkeiten. Einer der Schlüsselhebel bestand also darin, den Kooperationsgedanken bei den Business-Partnern zu integrieren und umzusetzen. Aber wie?

Ein **5-Punkte-Plan** wurde entworfen:

5-Punkte-Plan

1. **Bewusstsein schaffen**

   Alle Geschäftsführer der wichtigsten Business-Partner wurden zu Strategie-Workshops eingeladen. Dort spielte man das AB-Spiel, was dazu führte, dass die Brisanz des Themas erkannt wurde. Ein Nebeneffekt der Workshops lag im persönlichen Kennenlernen in einer lockeren Atmosphäre. Hier konnte zwanglos, unkonkret und unverbindlich über Kooperationsmodelle gesprochen werden. Mit einer wahren Success-Story zum Thema Kooperation wurde der Erfolgsfaktor deutlich gemacht.

2. **Kooperationsmodelle schmieden**

   Im zweiten Schritt wurden die regionalen Potenziale für ein bestimmtes Produkt ermittelt. Ebenso ging man der Frage nach, welches Kompetenz- und Ressourcenprofil die regionalen Business-Partner für dieses Produkt einsetzen können. Die passenden Partner waren schnell gefunden, bereits bestehende Netzwerke integriert und überregionale Aspekte mit berücksichtigt.

3. **Kooperationsmodelle vereinbaren**

   Ein wichtiger Baustein war die neu geschaffene Stelle „Business Development", die konkret mit einem erfahrenen Kooperationscoach aus der Branche gefördert wurde. Diese dritte Stufe des Plans sah konkrete Vereinbarungen vor, Aktionspläne und Ziele, die zu erfüllen man sich verpflichtete.

4. **Kooperationen coachen**

   Um den Ablauf so stringent wie nur möglich zu gestalten, coachte man die Vertriebsarbeit. Nachgehalten wurden Zuständigkeiten, Erfüllung der Aktionspläne usw.

5. **Resultate reviewen (Resulting)**

   Schließlich kam die Abrechnung, das Resultat: Die Verkaufszahlen waren gestiegen, die Marktstellung gefestigt. Doch im

Detail hatten nicht alle Kooperationspartner gewonnen. Das entspricht einer weiteren Erfahrung, die wir immer wieder machten: Das 2-6-2-Prinzip, welches besagt, dass

- zwei von zehn Kooperationen ausgezeichnet funktionieren,
- sechs Kooperationen funktionieren, allerdings noch nicht den möglichen synergetischen Effekt ausnutzen und
- zwei Kooperationen auseinander brechen.

Qualität im Großen ist die Summe von Einzelqualitäten

Oft siegt das Ego über das Gemeinwohl. In vielen Firmen ist es noch heute so, dass jeder das, was er weiß und kann, lieber für sich behält. Keiner ist wirklich bereit, Erfahrungen weiterzugeben, Wissen zu publizieren und andere in der Entfaltung ihrer Fähigkeiten zu unterstützen.

Diese Haltung ist auch unter Führungskräften weit verbreitet. Hier lebt man häufig in der Sorge, ein Kollege mit ähnlicher Ausbildung könne den hart erkämpften Platz für sich beanspruchen, wenn sich nur die kleinste Möglichkeit dazu böte. Doch wer weiß, vielleicht liegen dessen Fähigkeiten, abgesehen von seiner Ausbildung, auf ganz anderen Gebieten.

Nicht nur Führungskräfte, auch ganz „normale" Mitarbeiter können mitunter sehr schlecht akzeptieren, dass ein Kollege besser ist als sie selbst. Nicht generell besser, sondern ausgestattet mit Fähigkeiten, über die man selbst nicht verfügt. Diese Menschen ärgern sich insgeheim, wenn ein anderer mit einer brillanten Idee kommt, die sie selbst nicht hatten. Sie schauen mit Neid auf den Bonus, den der andere erhält. Sie sind sauer auf die Sekretärin, weil sie ohne Erlaubnis den Briefstil verbessert. Sie empfinden alles als Kritik an der eigenen Person, was andere besser können.

Dabei ist es das Beste, was passieren kann. Denn die Qualität einer Abteilung ergibt sich aus der Summe der Einzelqualitäten der Mitarbeiter. Kein Mensch kann alles können. Und da ist es doch geradezu fantastisch, wenn die Abteilung wie ein organisches Gebilde ist, in dem viele unterschiedliche Fähigkeiten zusammenkommen, die gemeinsam dieses System lebendig werden und wachsen lassen. Vorausgesetzt, man akzeptiert die Kooperation und lernt zu teilen – die Arbeit wie auch die Erfahrung. So muss das Rad nicht neu erfunden werden, sondern man kann sich gleich draufsetzen und in Richtung Ziel radeln.

Für das Wachstum eines Unternehmens ist jeder Bereich gleich wichtig – Entwicklung, Produktion, Vertrieb, Buchhaltung, Schreib-Pool – in jeder Abteilung werden fähige Mitarbeiter gebraucht, die sich für die Verwirklichung der gemeinsamen (Unternehmens-)Ziele einsetzen. Ein Unternehmen kann nur funktionieren und wachsen, wenn sich jedes Team und jedes Individuum als Teil eines Netzwerkes versteht. Konkurrenzdenken und Neid sind da völlig kontraproduktiv. Wer nur solche Dinge tut, von denen er hofft, dass andere nicht davon profitieren und möglicherweise die Lorbeeren ernten, erreicht nichts. Belohnt wird nur der, der mit Freude seine Leistung in den Dienst seiner eigenen Vision und der des Unternehmens stellt, welche sich im Idealfall zum großen Teil überdecken.

Ein Unternehmen kann nur funktionieren und wachsen, wenn sich jedes Team und jedes Individuum als Teil eines Netzwerkes versteht.

Verstanden werden muss, dass das Handeln des Einzelnen nicht immer unmittelbar in Zahlen zu messen ist, ihm auch nicht unmittelbar zu Gute kommt, sondern dass er auf einer anderen Ebene davon profitieren wird. Und sei es, indem er an Erfahrung gewinnt.

Egoistische Kooperation bringt mehr als der Teamgedanke

Noch ein Wort zu Teams: Der Teamgedanke wurde Anfang der 90er Jahre von Beratern in die Unternehmen getragen. Was sich als so genanntes „Team" schließlich etabliert hat, ist meistens eine Form von „Toll, ein anderer macht's" („T.e.a.m."). Meistens gibt es einen, der arbeitet, der die anderen mitzieht. Ob die im Team dabei sind oder nicht, spielt eigentlich keine Rolle. Die laufen doch nur nebenher. Daraus resultiert kein wesentlicher Erfolgsfaktor. Eigentlich könnte der eine „Macher" die Aufgaben auch alleine bewältigen. Kann das funktionieren? Dass ein solches „Team" uneffektiv ist, versteht sich von selbst.

Vergessen Sie die angeblich so wichtige Bedeutung des humanistischen Wir-Gefühls. „Elf Freunde müsst ihr sein" – dieses pathetische Miteinander half den deutschen Fußballern 1954, Weltmeister zu werden. Heute ist es überholt. Der klassische Teamgedanke ist out. Es ist vielmehr wichtig, dass man trotz möglicher Reibungen in einer Gruppe handlungsfähig bleibt. Harmonie ist ein gutes Gefühl, das zwar hilfreich, aber mitunter auch Effizienz raubend ist. Es genügt nicht, wenn alle nett zueinander sind und sich ihres Daseins freuen. Vielmehr ist *Egoistische Kooperation* das Stichwort. Egoismus ist eine Triebfeder des menschlichen Seins. Auch mit einem Nicht-Wir-Gefühl kann man tolle Resultate erzielen, wenn das Ziel verstanden und bei jedem integriert ist.

Führung mit Vertrauen

Den persönlichen Egoismus jedes Einzelnen zu wecken, ist die Aufgabe guter Führungskräfte.

Den persönlichen Egoismus jedes Einzelnen zu wecken, ist die Aufgabe guter Führungskräfte. Viele Manager führen dagegen mit Controlling, mit Zielen, mit Zahlen, mit Druck. Das nennt sich „Management by Objectives". Nichts ist gegen Ziele zu sagen, denn auch Kooperationen brauchen Ziele, damit sie eine Orientierung bekommen. Die Frage ist, wie man eine Team-Kooperation kontrollieren kann und inwieweit das sinnvoll ist. Eine Gewinner-Gewinner-Strategie, die den Führungskräften wie auch den Mitarbeitern langfristig Vorteile bringt, respektiert die Interessen aller. Wenn beispielsweise ein bis dato wertvoller Mitarbeiter einen Leistungsknick hat, ist nicht die Kündigung die einzig mögliche Konsequenz. Vielmehr ist zu hinterfragen, was zum Einbruch geführt hat. So kann man gemeinsam einen Weg finden, möglicherweise eine Versetzung in einen anderen Bereich oder eine Teilzeitlösung. Voraussetzung muss allerdings sein, dass eine Vertrauensbasis zwischen Mitarbeiter und Führungskraft besteht. Es muss gewährleistet sein, dass ein offenes Gespräch unter vier Augen möglich ist und zu keinen negativen Konsequenzen führt.

Von Win-Lose zu Win-Win

Stellen Sie sich vor, Sie seien Berater bei einem Versicherungsunternehmen. Bei einem Kundenbesuch haben Sie erfahren, dass Interesse an einer Lebensversicherung besteht. Schnell ist der Vertrag unterschrieben, die Provision kassiert. Vier Monate später ruft der Kunde Sie an und beschwert sich bitterlich, weil ein freundlicher Banker ihm eine weit höhere Rendite angeboten hat. Nun ist der Kunde sehr unzufrieden und möchte am liebsten aus dem Vertrag aussteigen. Was ist hier schief gelaufen? Ganz einfach: Sie haben Win-Lose gespielt. Allein die Provision vor Augen haben Sie den Kunden in einen Vertrag geholt, der seine Interes sen überhaupt nicht berücksichtigt. Hätten Sie zu Beginn gefragt, was der Kunde denn mit der Lebensversicherung bezwecke, dann hätten Sie erfahren, dass er eigentlich nur eine gute Geldanlage sucht, weil er eine Weltreise finanzieren will. Sie wüssten dann ebenfalls, dass gar kein Bedarf an der Absicherung finanzieller Folgen eines Schicksalsschlages besteht. Hätten Sie definitiv nach den Interessen gefragt, so hätten Sie dem Kunden ein anderes Produkt angeboten, ebenfalls eine gute Provision kassiert, darüber hinaus noch einen zufriedenen Kunden im Bestand gehabt. Eine echte Gewinner-Gewinner-Strategie!

Wer wenig Wert auf Freundschaften, gesunde Beziehungen und Respekt legt, der kann natürlich auch den Gewinner-Verlierer-Weg gehen. Über eine kurze Distanz kann das sogar einen Vorsprung bringen, wie ein Sprinter zieht er am 1 500-Meter-Läufer vorbei. Er gewinnt kurzfristig mehr. Aber was ist nach 500 Metern, was ist beim nächsten Mal? Im nächsten Jahr? Wer gewährt ihm einen Vertrauensvorschuss? Wird dieser Versicherungsberater seine Kunden halten oder gar neue hinzugewinnen können? Kaum!

Wenn das Vertrauen missbraucht wird, sollte man sehr schnell und unmissverständlich und mit allen Konsequenzen einen Schlussstrich ziehen und die Kooperation beenden. Die zweite Chance kann nur unter der Voraussetzung stattfinden, dass man von vorneherein klar macht, dass die geringste Unstimmigkeit erneut zum Abbruch der Kooperation führt.

Gemeinsam mit anderen sind Sie stärker!

Zum Weiterdenken

- Welche Erfahrungen haben Sie bisher mit Kooperationen gemacht? Listen Sie die guten und die schlechten einmal tabellarisch auf. Nutzen Sie eine dritte Spalte, um sich die Gründe dafür bewusst zu machen. Welche Strategie haben Sie wirklich verfolgt (Win-Win / Win-Lose / Lose-Lose)?
- Machen Sie nun eine zweite Liste mit Ihren Stärken und Ihren Schwächen. Entwickeln Sie für sich persönlich eine Strategie, wie Sie in Zukunft am schnellsten und effektivsten Ihren Zielen näher kommen. Können Partner Sie schneller machen? Wenn ja, in welchen Bereichen? Wenn nein, warum nicht?

- Tun Sie bitte das Gleiche für Ihr Unternehmen, Ihren Verantwortungsbereich, was Sie zuvor für sich persönlich gemacht haben. Zu welchem Ergebnis kommen Sie?
- Spielen Sie für unterschiedliche Aufgaben (Einkauf, Marketing, Vertrieb ...) verschiedene Kooperationsmöglichkeiten für Ihr Unternehmen durch (mit anderen Unternehmen Ihrer Branche, mit Unternehmen, die sich an anderen Stellen in der Prozesskette befinden als Sie, mit Unternehmen, die andere Produkte, aber die gleiche Zielgruppe haben wie Sie ...). Welche Chancen könnten sich daraus für Ihr Unternehmen ergeben?
- Verzehnfachen Sie Ihr selbst gestecktes Ziel! Überlegen Sie bitte realistisch, wie Sie dieses Ziel erreichen können.

10. Disziplin: Leidenschaft

Perfekte Unternehmen brauchen keinen Außendienst!

Wenn man häufig mit Verkäufern arbeitet, stellt man schnell ein konsequent wiederkehrendes Phänomen fest: Bei der erstbesten Gelegenheit, die sich ihnen bietet, sei es im Rahmen eines Workshops oder bei anderen Anlässen, findet oft eine breit angelegte Debatte über Sachverhalte innerhalb der eigenen Organisation statt, die nicht so laufen, wie sie sollten, und warum das so ist. Sei es bei der Unternehmensführung, Kolleginnen und Kollegen anderer Abteilungen oder dem Produktportfolio – hier liegen ungeahnte und unerschlossene Potenziale für Diskussionsstoff und Kreativität hinsichtlich der Verbesserungsvorschläge (was andere an sich verbessern könnten, wohlgemerkt!).

„Auf der einen Seite sollen wir langfristige, profitable Umsätze gewinnen – auf der anderen einfach nur schnell für Maschinenauslastung sorgen – wie soll das denn zusammenpassen? Unsere Oberen haben gar keine richtige Strategie!" Oder: „Was nützt es, neue Kunden und Aufträge zu gewinnen und unsere Produktion vermasselt direkt den ersten Testauftrag – wie soll man da erfolgreich verkaufen können?" Oder: „Würde man die ‚Auftragsverhinderer' (sprich die Controller) neutralisieren, hätten wir eine bessere Chance, unsere Produkte in den Markt zu verkaufen!" (An dieser Stelle eine bezeichnende Definition eines Verkäufers für einen Kundenauftrag: „Ein Auftrag ist das, was Innendienst und Controlling trotz erheblicher Gegenwehr nicht verhindern konnten!") Nur um es nicht unerwähnt zu lassen: Die Car Policy, also die Firmenwagenregelung, ist auch ein immer wieder gerne diskutiertes Thema, ebenso Wettbewerbssituation im Markt und der damit verbundene Preisdruck, dem man sich ausgesetzt sieht... etc. etc. etc.

Alles zusammen dauert dieser Prozess der Negativbetrachtung, je nach Moderator, 30 Minuten bis zu drei Stunden (bei mangelhafter Moderation existiert kein Zeitlimit).

Wie man Key-Account-Manager in Erstaunen versetzt

Vor einiger Zeit hatte ich (Peter Busch) exakt ein solches, recht ausgeprägtes Szenario mit zwölf Key-Account-Managern eines Telekommunikationsunternehmens. Nach circa einer Stunde des kollektiven Jammerns stellte ich folgende Fragen:

„Meine Herren (in dieser Runde saßen tatsächlich nur Männer), können Sie sich folgendes Szenario vorstellen: Stellen Sie sich vor (und bitte nicht sofort lachen), Sie würden für eine Firma im Vertrieb arbeiten, die einen ausgezeichneten Ruf als absoluter Marktführer genießt und deren Marke ein Siegel für Qualität und Best of Price bei den Kunden und Interessenten darstellt. Können Sie sich das vorstellen?"

„Ja", kam direkt als Antwort, „das können wir uns sehr gut vorstellen, allerdings sind wir davon meilenweit entfernt!"

Weiter fragte ich: „Können Sie sich weiterhin vorstellen, dass Sie gesegnet sind mit einem Top-Management, das außergewöhnlich vorausschauend ist und diesen Erfolg mit entsprechenden Maßnahmen viel versprechend in die Zukunft transportiert?"

„Na klar können wir das – amüsante Vorstellung!"

„Und können Sie sich darüber hinaus vorstellen, dass die interne Organisation absolut fehlerfrei arbeitet und zudem Spitze ist im Bezug auf Freundlichkeit und Kundenorientierung?" fragte ich weiter.

„Natürlich könnten wir uns das vorstellen, allerdings nützen uns keine Wunschszenarien wie diese! Unsere Welt sieht leider völlig anders aus!", erhielt ich als kollektive Antwort zurück.

„Ihr Glück!", erwiderte ich, „denn wäre dieses Wunschszenario Wirklichkeit, hätte ich leider eine sehr traurige Mitteilung für Sie: In dieser Firma bräuchte man Sie leider nicht! Sie wären arbeitslos – die Produkte würden sich von alleine verkaufen!"

Betretenes Schweigen im Auditorium!

Den einfachen, ohne großen Aufwand erreichbaren Erfolg gibt es ganz selten. Immer gehört zum Erfolg auch, dass man sich *leidenschaftlich* dafür einsetzen, manchmal sogar kämpfen muss. Und gerade das macht den Erfolg ja zu so etwas Besonderem.

Der 1 500-Meter-Lauf

Was es heißt, nicht nur bis zur letzten Zehnkampf-Disziplin *leidenschaftlich* zu kämpfen, weiß Frank Busemann. Und er hat sogar noch eins draufgesetzt:

Mein 1 500-Meter-Einzellauf

„Was mir in Zehnkämpferkreisen allergrößten Respekt, aber auch allergrößtes Kopfschütteln eingebracht hatte, war die Tatsache, dass ich als Zehnkämpfer freiwillig ein Einzelrennen bei den Spezialisten bestritten hatte. Man empfand es schon als Heuchelei, dass ich vor der abschließenden Disziplin niemals Angst hatte und fast Freude empfand. Dass ich aber außerhalb eines Mehrkampfes ein Einzelrennen bestritt, konnte niemand verstehen.

Als ich nach diesem Einzellauf so da lag und gegen die Übelkeit ankämpfte, verstand ich mein Handeln allerdings auch nicht mehr und verfluchte meinen scheinbaren Hang zum Masochismus. Ich konnte mir in diesem Moment absolut nicht vorstellen, dass ich jemals diesen Lauf noch einmal freiwillig bestreiten würde. Dafür ging es mir zu schlecht. Doch das Austesten der eigenen Grenzen und das Erreichen einer neuen Bestleistung ließen die Schmerzen und die Übelkeit nach einer Stunde verschwimmen, die Euphorie kehrte zurück und nach zwei Stunden konnte ich es nicht verstehen, weshalb ich nach dem Lauf an mein Karriereende dachte, nur um diese Schmerzen vermeiden zu können. Da konnte ich mich schon längst nicht mehr an das Schmerzgefühl erinnern, und es war gut, dass ich der festen Überzeugung war, wirklich alles gegeben zu haben.

Obwohl ich meine Schallmauer von 4:20 Minuten knapp um neun Hundertstel verfehlt hatte, war ich sehr zufrieden. Zum einen, weil sich ein Gefühl der Euphorie einstellte, da ich etwas angegangen war, was außergewöhnlich für einen Zehnkämpfer war, und zum zweiten, weil ich wusste, dass ich wirklich alles gegeben hatte und diese neun Hundertstel nicht verschenkt hatte, sondern dass sie schlicht und einfach nicht in mir steckten. Ich konnte mir im Nachhinein ein hundertprozentiges „Ja" für diesen Lauf geben und musste mich nicht ärgern, mein Ziel nur ganz knapp verfehlt zu haben. Ich konnte mir nichts vorwerfen. Es war ein Sieg in der Niederlage. Als ich mir dessen bewusst wurde, waren Leiden und

Übelkeit zwar immer noch genauso stark vorhanden, aber an sich unbedeutend.

Hier trennt sich die Spreu vom Weizen

Die besten Zehnkämpfer laufen nach 1 500 Metern fast eine Minute vor den letzten ein. Das macht in den schlimmsten Fällen einen Unterschied von beinahe 25 Prozent aus. Stellen Sie sich vor, dass vor Ihnen auf der Autobahn jemand mit 75 Stundenkilometern fährt. Wenn Sie mit 100 Stundenkilometern unterwegs sind, empfinden Sie die Bremsklötze vor Ihnen als echtes Hindernis. Beim abschließenden 1 500-Meter-Lauf sprengt sich das Feld nicht selten über fast eine Runde auf.

Es gab schon Weltklasseathleten, die nach fünfeinhalb Minuten ins Ziel getrabt und dabei fast zu Tode gekommen sind. Je schneller man läuft, desto eher ist man fertig – das ist eine Tatsache, die sie sich nicht zu Herzen nehmen können oder wollen. Ohne Böses unterstellen zu wollen, halte ich ihnen zugute, dass sie als besonders schnellkräftig die 100 Meter in 10,20 Sekunden laufen und andere Zehnkämpfer mit elf Sekunden mit ähnlichem Missverständnis im Ziel empfangen. Doch diese Unterschiede sind weder in der Optik noch in der mathematischen Betrachtung so verheerend wie das Szenario, dass der Schnellste den Langsamsten auf der Zielgeraden fast von hinten sehen kann. Auf Grund dieser großen Leistungsunterschiede lässt sich auf die verschiedenen Empfindungen vor, während und nach dem Lauf schließen. Alle Zehnkämpfer fühlen ähnlich und sind in ihrem Tun sehr angestrengt, doch je langsamer sie sind, desto schlimmer empfinden sie es.

Wenn ein Spezialist eine Bestleistung von 3:30 Minuten hat, kann er mit einer Zeit von 3:40 Minuten ganz locker das Ziel erreichen. Ein Zehnkämpfer merkt den Unterschied nicht und ist entweder zu 98 oder 100 Prozent angestrengt, wenn er das Ziel erreicht. Ihn machen die Strecke und die Dauer kaputt, weniger das Tempo, wenn es nicht eklatant langsamer ist.

Viele Zehnkämpfer geben nicht alles

Wie kann es sein, dass Zehnkämpfer unter Druck auf einmal viel schneller laufen können als ohne Druck? Wie kann es sein, dass ein Dan O'Brien bei den US-Ausscheidungen die 1 500 Meter in fünfeinhalb Minuten hinter sich bringt und einige Wochen später bei den Olympischen Spielen in Atlanta bereits nach 4:45 Minuten durchs Ziel rast? Wie kann es sein, dass ein Roman Sebrle mit den 9 000 Punkten vor Augen plötzlich zehn Sekunden schneller läuft als sonst? Sind das die autonomen Reserven? Was nicht ganz einleuchtend ist, da sie sich nicht in Lebensgefahr befunden haben. Oder war es die Faulheit in der Vergangenheit? Zeigten sie womöglich nie das, was sie wirklich konnten, und begnügten sich immer mit der bloßen Platzierung?

Bei diesen Ausnahmeathleten kann man vielleicht verstehen, dass es ihnen nur wichtig war, den Sieg nach Hause zu bringen und die Punkte absolut zweitrangig sind. Aber es gibt genügend Athleten, die durch ihre Panik gehemmt sind und Angst vor der eigenen Courage haben, so dass sie zwanzig Meter vor dem Ziel noch einen Angriff des Konkurrenten mit einem kurz angesetzten Endspurt abwehren können.

Nur wer mit einem 100prozentigen Ja auch die negativen Aspekte integriert, der kann an die Spitze gelangen.

Das hieße also, wenn sie noch Kraft für einen Endspurt haben, warum haben sie ihn nicht schon vorher angesetzt und wertvolle Sekunden herausgeholt? All diese Fragen muss ein jeder Athlet für sich selbst beantworten und sich im Klaren sein, dass die Einmaligkeit der Situation ein Abwägen nicht mehr zulässt und er in Zukunft mit der von ihm gezeigten Leistung leben und zufrieden sein muss. Was er unterwegs nicht gezeigt hat, er aber hätte zeigen können, ist genauso wenig wert wie die Tatsache, dass er ein ganz Großer geworden wäre, wenn er dazu Lust gehabt hätte. Aber eben diese Lustlosigkeit hat verhindert, dass er ein ganz Großer geworden ist. Nur wer mit einem 100prozentigen Ja auch die negativen Aspekte integriert, der kann an die Spitze gelangen.

Im Nachhinein bin ich überglücklich, in Atlanta bis zum letzten Meter gefightet zu haben, da ich dort nicht auf ein bestimmtes Endergebnis gelaufen bin, sondern „nur" mein Bestes geben wollte. Da ich mehr als vierzig Punkte Vorsprung auf den Drittplatzierten Dvorak hatte, genügte es, mit sechs Sekunden Rückstand auf ihn anzukommen. Doch ich wollte alles Mögliche erreichen und bin sehr zufrieden, dass ich alles versucht habe. Dass die

8 706 Punkte in der Endabrechnung für immer meine Bestleistung bleiben sollten, konnte ich mit 21 Jahren noch nicht wissen. Ich bin froh, dass ich nicht bei 8 699 hängen geblieben bin und mit Leidenschaft die letzten Punkte gerettet habe."

Gehen Sie Ihre Ziele leidenschaftlich an

Wer große Taten vollbringen und Zeichen setzen will, wer im privaten und beruflichen Bereich seine Projekte mit Erfolg managen will, der sollte *Leidenschaft* mitbringen. Es kostet manchmal Überwindung, mit den, sagen wir einmal, *unbequemen* Dingen des Lebens seriös umzugehen, sie nicht zu umgehen oder ihre Existenz zu leugnen. Aber das ist genau das Kriterium, woran wir uns messen können und gemessen werden. Und es bringt tiefe Genugtuung, wenn es uns das ein ums andere Mal gelingt. Dabei kann das 79/21-Gesetz helfen.

Das 79/21-Gesetz

Nichts im Leben ist hundertprozentig, oder so ist auch nichts zu 100 Prozent positiv. Ebenso wenig sind Dinge oder Situationen ausschließlich negativ oder exakt im Verhältnis Fünfzig/Fünfzig. Interessant ist, dass vieles im Leben nach dem 79/21-Gesetz zu funktionieren scheint. Das 79/21-Gesetz besagt beispielsweise, dass wir 79 Prozent einer Situation als positiv empfinden und 21 Prozent als negativ. Entscheidend ist, dass wir die 21 Prozent vermeintliche Negativität akzeptieren und gut damit umgehen können. (Die Zahl 21 ist keine feststehende Größe. Sie soll lediglich als Metapher dienen für den Anteil im Leben, der zur absoluten Perfektion fehlt.)

Wie können wir nun dieses Gesetz für uns nutzen? Betrachten Sie einmal die private Seite des Lebens. Selbst in der einvernehmlichsten Beziehung, die Sie zu 79 Prozent als tief beglückend erleben – oder wie Ephraim Kishon es einmal formulierte: „Mit der besten Ehefrau der Welt" – erleben Sie Auseinandersetzungen oder haben Eigenheiten entdeckt, die zumindest störend wirken. Was bringt es hier, wenn Sie sich auf die 21 nicht so erfreulichen Prozent konzentrieren und sie unbedingt eliminieren wollen? Wahrscheinlich wird es so sein, dass, sobald Sie sich einer Problemlösung nähern, Ihr Partner nichts Besseres zu tun haben wird, als eine neue 21-Prozent-Situation aufzumachen. An der Verteilung 79/21 wird sich nie etwas ändern, die Summe bleibt gleich, auch wenn Sie im Detail Lösungen finden, die Sie selbstverständlich auch anstreben sollen.

Gleiches gilt auch im Berufsleben. Wir alle kennen die Menschen, die nach dem perfekten Job streben, einem Beruf, der optimal die eigenen Fähigkeiten berücksichtigt und zu den eigenen Vorstellungen passt. Selten hört man von diesen Menschen den Satz „Ich bin zufrieden, so wie es läuft“. Vielmehr wird geschimpft über den Chef, die Kollegen, das nicht vorhandene Dienstfahrzeug, das nicht erreichte Umsatzziel. Dann wird die Firma gewechselt, und wieder passiert dasselbe. Schließlich, um den unbequemen 21 Prozent zu entgehen, zieht man möglicherweise sogar in ein anderes Land. Doch auch dort findet sich kein Paradies, weil dort vielleicht giftige Schlangen leben oder man mit der Mentalität der Menschen nicht klarkommt. Ganz ehrlich: Was im Leben ist denn schon perfekt?

Viele Menschen sehen ihre Welt durch die 21-Prozent-Brille. Das verzerrt die Wahrnehmung. Mit dem Blick auf alles Schlechte sehnen sie sich nach Ausgleich in Form von Spaß und Freizeit. Kein Wunder, dass Arbeit dann als Belastung empfunden wird. Montags wünschen sie sich bereits den Feierabend am Freitag herbei. Kann so ein von Glück und Zufriedenheit geprägtes Leben aussehen?

Wer offenen Auges durch die Welt geht, wird bestätigen, dass 79 Prozent des Lebens aus Arbeit und 21 aus Freizeit bestehen. Rechnen Sie nur einmal nach, wie lange Sie voraussichtlich arbeiten müssen und wie viel Zeit Sie im Alter noch sinnvoll nutzen können. Durchschnittlich kommt da jeder auf mindestens 40 Jahre Arbeit und einen Ruhestand von höchstens 20 Jahren. Zählen Sie nun noch rund 20 Jahre Schule und Ausbildung als Arbeitszeit hinzu, sind Sie schon bei 60/40.

Und es geht noch weiter. Täuschen Sie sich bitte nicht selbst mit dem Einwand, dass die Arbeitszeit pro Tag doch nur acht Stunden betrüge. Die Erfahrung zeigt, dass man immer genau dort ist, woran man denkt. Wenn Sie am Abend nach Hause fahren, gehen Ihnen noch tausend Dinge des vergangenen Tages durch den Kopf. Zu Hause angekommen, sind Sie gedanklich immer noch im Büro, auch wenn Sie sich schon längst mit Ihrer Familie beschäftigen. Und am nächsten Morgen unter der Dusche bereiten Sie sich schon auf die Konferenz vor oder das unangenehme Gespräch mit einem Kollegen. Erst am Samstagabend haben Sie es möglicherweise geschafft, voll und ganz zu Hause zu sein. Der Sonntag schenkt Ihnen sogar das Gefühl von Erholung. Nach dem Mittagessen tritt dann ein Phänomen auf: Schlagartig ist im Kopf das Wochenende vorbei und Sie machen sich schon wieder intensive Gedanken über den Montag und die kommende Woche. Das war's mit der Freizeit.

Ähnlich sieht es im Urlaub aus. Hier haben Sie endlich einmal genug Zeit, sich über einiges klar zu werden: Ist es überhaupt der richtige Job für mich? Verdiene ich genug Geld? Hoffentlich klappt mit der Urlaubsvertretung alles. Schade, dass der Urlaub so schnell vorbei ist. Was muss ich eigentlich noch vorbereiten?

Freizeit, das heißt arbeitsfreie Zeit, gibt es nicht. Es gibt nur die Zeit, die nicht mit Schlafen verbracht wird. Und in dieser Zeit existiert keine Trennung zwischen dem Leben im Job und dem Leben außerhalb. Schauen Sie auf einem Zollstock an, wo auf der Distanz von 0 bis 80 cm Ihr Lebensalter liegt. Wie viele Jahre haben Sie noch vor sich? Wie viel davon ist Arbeitszeit? Was liegt also näher, die Arbeitszeit so positiv wie möglich zu gestalten?

Im Leben wird man daran gemessen, wie man die schwierigen 21 Prozent meistert, nicht nach den 79 Prozent, die einem behagen.

Deshalb der Tipp: Akzeptieren Sie die Gesetzmäßigkeit der 79/21 Prozent. Die Herausforderung des Lebens ist, mit 21 Prozent umzugehen und dabei keine Kraft zu verlieren. Im Leben wird man daran gemessen, wie man diese 21 Prozent meistert, nicht nach den 79 Prozent, die einem behagen.

Wie Sie als Manager mit Leidenschaft führen

Der berühmte Zehnkämpfer Daley Thompson sagte einmal sinngemäß: „Es gibt im Zehnkampf neun Micky-Maus-Disziplinen und den 1 500-Meter-Lauf". Alle Zehnkämpfer haben eines gemeinsam: Sie fürchten diese letzte Disziplin. Sie passt nicht ins Konzept. Während die anderen neun über Technik oder Schnellkraft trainierbar sind, ist man für die 1 500 Meter geeignet oder nicht. Gegen Ende des Wettkampfes ist der Körper geschunden, ausgepowert, übersäuert und leer. Dann noch die 1 500 Meter! Man kann das so formulieren: Diese Disziplin liegt eindeutig im *Minus-Bereich*, im Bereich der 21 Prozent.

Micky-Maus-Disziplinen gibt es auch für Manager, Verkäufer, Ärzte, Politiker usw. Disziplinen, die sie mögen, die sie gerne ausführen, wo sie stark sind und glänzen können. Und es gibt auch den 1 500-Meter-Lauf. Das heißt, solche Arbeiten, zu denen sie sich regelrecht zwingen müssen, die sie hassen. Für manche Vertriebsbeauftragte ist es die Kaltakquise, für andere der lästige Papierkram, Berichte und Statistiken. Weil diese unangenehmen Begleiterscheinungen des Jobs die Tendenz haben, immer mehr ins Blickfeld zu rücken, sind diese Mitarbeiter bald völlig blockiert, weil sie sich nur noch mit den negativen Aspekten ihres Jobs auseinandersetzen, und bringen gerade noch einen Bruchteil ihrer Leistung.

Natürlich gibt es in jedem Job ein paar Dinge, die unangenehm sind (und damit ist nicht Arbeit an sich gemeint). Der Meister seines Lebens aber beherrscht die Kunst, mit ihnen umzugehen. Dabei sollten jedoch die positiven Aspekte überwiegen, denn es macht keinen Sinn, aus 21 Prozent 100 zu machen, wenn woanders die Möglichkeit winkt, bei 79 Prozent zu starten.

Nun ist es interessant, nach dem Blickwinkel auf die 21 Prozent zu fragen. Der eine steht auf der Seite der 21 Prozent und lässt sie das gesamte Blickfeld einnehmen. Er sieht zuerst alles, was ihm das Leben schwer macht. Der positive Teil hingegen ist weit entfernt und verschwimmt im Hintergrund.

Das 79/21-Gesetz

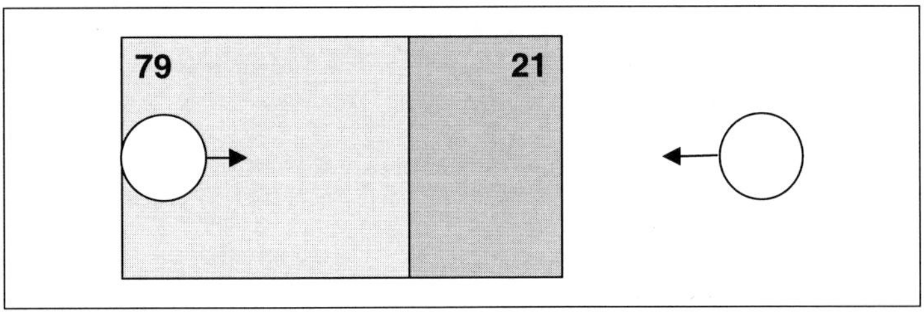

Den anderen Typus hingegen nennen wir Berufsoptimisten. Sie finden alles super und toll, lassen sich von Optimismus beflügeln, sehen nur die 79 Prozent, nicht aber den Rest. Klar, dass dieser Typus vor kleinsten Schwierigkeiten die Flucht ergreift oder zumindest völlig hilflos ist. Ist das etwa die Lösung, der Schlüssel zum immer währenden Glück? Wohl kaum. Denn: Es ist nicht nur angezeigt, das Ganze, also 100 Prozent, zu betrachten. Vielmehr sind besagte 21 Prozent im negativen Bereich der Prüfstein für unsere Daseinsberechtigung. Denn es ist von entscheidender

Bedeutung, mit wie viel Leidenschaft wir gerade diesen negativen Part, den jede Situation nun einmal an sich hat, in unser Leben integrieren, wie wir ihn managen. Oder wie es der berühmte Duke Ellington einmal treffend sagte: „Probleme sind gute Gelegenheiten zu zeigen, was man kann."

Es gibt keine Krise, nur ungeeignete Strategien

Sicherlich haben Sie die Volksweisheit: „Es gibt kein schlechtes Wetter, es gibt nur ungeeignete Kleidung." schon einmal gehört. Ins Ökonomische übertragen könnte sie lauten: „Es gibt keine Krise, es gibt nur ungeeignete Strategien." Sie alle kennen diese Schönwettermanager: Solange die Wirtschaft floriert, solange Produkte sich von selbst verkaufen, kennt man weder ihre Namen, noch weiß man so ganz genau, was die eigentlich den lieben langen Tag machen. Vor der Jahrtausendwende stand keiner von ihnen im Mittelpunkt des öffentlichen Interesses. Alles lief bestens. Es gab keine Diskussionen über Managergehälter oder über ihre Effizienz. Doch dann veränderte sich die Welt, die 21 Prozent schlugen voll durch. Ende der Neunziger verloren Schönwetter-Anleger Milliardenbeträge an den Börsen. Es zeigte sich, dass weder die Berufsoptimisten in den Chefetagen noch die zu Hause am PC voller Brokerage-Software irgendwelche Konzepte hatten, sich gegen die Katastrophe durchzusetzen. Sie hatten ganz einfach die 21 Prozent nicht auf ihrer Rechnung. Wir fragen hier einmal ganz bewusst, ob ihnen denn eigentlich jemand garantiert hatte, dass die Rahmenbedingungen sich nie ändern würden?

Der Preis des Erfolges ist Hingabe, harte Arbeit und unablässiger Einsatz für das, was man erreichen will.

Frank Lloyd Wright

Selbst Unternehmen mit großen Namen verschwanden von der Bildfläche wie platzende Seifenblasen. Und nach und nach werden die Namen bekannt, rücken die Personen ins Rampenlicht. Aber nicht etwa, weil sie in der Krise zur Höchstform aufgelaufen sind und Firmen und Arbeitsplätze und damit Schicksale gerettet haben. Eher das Gegenteil ist der Fall. Ungläubig müssen wir täglich hören, mit welchem Unvermögen Unternehmen in den Abgrund gefahren werden. Wo sind die Manager der 21 Prozent, die mit der richtigen Perspektive den Karren aus dem Dreck hätten ziehen können? Um die 79 Prozent muss man sich nicht kümmern, die sind sowieso im positiven Bereich und machen Freude. Wer jedoch die 21 Prozent ignoriert oder nicht managen kann, sollte besser Rosen züchten. Da richtet er wenigstens keinen Schaden an.

Leider mussten wir immer wieder Karrieristen beobachten, die, fest den Blick auf die 79 Prozent gerichtet, sich von einem Posten zum nächsten hangelten. Herausforderungen zu managen stand nicht auf deren Programm. Es interessierte sie nicht im Geringsten, welches Ergebnis ihre Tätigkeit für das Unternehmen und seine Mitarbeiter hatte. Allein das Erreichen der nächsten Karrierestufe zählte. Die 21 Prozent wurden nicht integriert, sondern wie die Pest gemieden. So hinterlassen diese Leute einen Scherbenhaufen, wo immer sie gewirkt haben.

Bei einem Coaching-Gespräch mit einem Vorstandsvorsitzenden ergab sich vor einiger Zeit folgendes Gespräch: „Wir haben doch für den Bereich x einen neuen Geschäftsführer eingestellt!", so der Kunde. „Ach ja", antwortete der Berater brav, „wie macht er sich denn so?" Der Vorstandsvorsitzende: „Neulich rief er mich an und erzählte mir von einem Problem. Ich habe mich köstlich amüsiert! Ich antwortete ihm: Na prima, dass Sie ein Problem haben! Dann weiß ich wenigstens, für was ich Sie eingestellt habe!"

Erfolg managen kann jeder! Zehnkampf-Manager sind dann Spitze, wenn's drauf ankommt, wenn es schwierig wird.

Erfolg managen kann jeder! Zehnkampf-Manager sind dann Spitze, wenn's drauf ankommt, wenn es schwierig wird. Vielleicht halten auch Sie es wie der Manager, der sagte: „Wissen Sie, die zehn Prozent der Dinge am Tag, die klappen, motivieren mich, den Frust mit den anderen neunzig Prozent der Dinge gut bewältigen zu können."

Was wir heute brauchen, sind Führungskräfte, die etwas anderes als die 21 Prozent sehen und imstande sind, sich mit ganzer Leidenschaft inhaltlichen Lösungen und nicht nur kurzfristigen Erfolgen zu widmen. Erfolgreiche Führungskräfte sehen sich als Problemlöser, als Resulter, Vordenker und Vorbilder. Sie wirken über 20, 30 Jahre mit Begeisterung und Leidenschaft an einer Position und schaffen ein Fundament, das für Generationen tragfähig ist. Ihr Wort hat Gewicht, auch noch nach ihrem verdienten Rückzug aus dem aktiven Berufsleben. Und ihre Namen werden in Publikationen immer wieder in positivem Kontext erwähnt. Wirkliche Leidenschaft ist dann messbar, wenn jemand auch die Gelegenheit hatte zu „leiden" und vor allem gezeigt hat, wie er damit umgeht!

Werden Sie Unternehmer mit Leidenschaft!

Zum Weiterdenken

- Überlegen Sie, was Ihren heutigen Tag ausmacht. Was sind die positiven Dinge, die Sie lieben, was die eher negativen Dinge, die Sie dann doch eigentlich nicht bräuchten. Machen Sie sich mit Hilfe dieser Liste ein Bild über die Verteilung von plus und minus.
- Versuchen Sie, Alternativen zu den Minusbereichen zu entwickeln. Wie könnten Sie diese „schlechte" Seite alternativ gestalten?
- Setzten Sie sich mit der Frage auseinander, was wäre, wenn die für Sie negativen Punkte ins Positive gedreht werden könnten? Wäre diese Aufgabe dann noch für eine längere Zeitstrecke attraktiv? Bitte überlegen Sie genau!
- Sind Sie bereit, zu „leiden" für Ihre Aufgabe? Was ist Ihnen Ihre Aufgabe wert?
- Können Sie heute am Ende eines jeden Tages ein klares Ja für sich formulieren? Können Sie Ja sagen zu diesem Tag, mit all seinen positiven, allerdings auch inklusive all seiner negativen Aspekte? Wenn Sie dieses Ja nicht geben können, was können Sie verändern?

Am Ziel – und immer wieder am Start

Die zehn Erfolgs-Disziplinen in einem Projekt

Dieses Buch hatte einen konkreten Ausgangspunkt: Die Frühjahrestagung eines Unternehmens aus der Verpackungsindustrie. Grundsätzlich ging es darum, das Kundenportfolio zu optimieren. Dabei hatte das Erschließen neuer Kundenpotenziale absolute Priorität. Es wurde ein Projekt festgeschrieben, welches einige wichtige Veränderungen auch im Unternehmen zur Folge hatte und noch hat. Jede der zehn beschriebenen Macher-Disziplinen bzw. Erfolgsfaktoren wurde konsequent im Projekt umgesetzt, wenn auch nicht immer und im Detail hier wiedergegeben.

Rund 200 potenzielle Neukunden stehen seit Start des Projekts im besonderen Fokus des gesamten Unternehmens. Management, Vertriebsleitung, Außendienst und Innendienst, die Entwicklung und sogar die Produktion sind allesamt ausgerichtet und sensibilisiert auf die Gewinnung dieser Top-Wunschkunden. Eine Drei-Monats-Strategie wird alle vier Wochen fortlaufend erarbeitet und für alle zur Information mit Status zugänglich gemacht. Dazu wurden seit jener Frühjahrstagung in Leipzig nachstehende Schritte unternommen:

1. **Neukundenstrategie**

   Es wurde ein Idealkundenprofil entwickelt und die Zielgruppen definiert. Anschließend wurden die Zielkunden identifiziert.

2. **Workshops Regionen und Key Account Management / Innendienst Task Force**

   Die Zielkunden wurden nach festgelegten Kriterien geprüft und endgültig vereinbart. Es wurden Zielthemen identifiziert und diese anschließend Ansprechpartnern bei den Zielkunden zugeordnet. Gemeinsam wurden kreative Anspracheformen entwickelt und Erstkontaktgespräche trainiert. Anschließend wurde eine Erfolgsplattform[5] pro Zielkunde erarbeitet und die Red-Line-to-green-Line-Transparenz kennen gelernt.

---

5 Wie das Schema der Erfolgsplattform funktioniert, ist beschrieben in Wolf W. Lasko/Peter Busch: Stammkunden profitabel managen, Wiesbaden, 4. Auflage 2003.

3. **Professionelle Neukundengewinnung durch die Erfolgsplattform**

   Für jeden Kunden der Erfolgsplattform wurde das Ziel festgelegt und mit der Ist-Situation abgeglichen. Ebenfalls je Kunde wurde dann der Weg (strategische Hebel, Maßnahmen, Zeit, wer ist verantwortlich usw.) erarbeitet.

4. **Umsetzungstransparenz mit Red-Line-to-green-Line**

   Für jeden Zielkunden wurden die qualitativen und quantitativen Ziele bis Jahresende auf Basis der Erfolgsplattform definiert. Für jeden Kunden gibt es eine Monatsstrategie. Mittels Red-Line-to-green-Line erfolgt ein monatliches Review über den Umsetzungsstatus. Die Idee hierzu ist:
   - einen monatlichen Überblick für die Top drei Zielkunden pro Gebiet zu geben,
   - konkrete, messbare, eigeninitiativ erreichbare Teilziele zu formulieren und zu realisieren,
   - eine nachhaltige Umsetzung unserer Zielfokuskunden sicherzustellen.

Die Verantwortung der Zielerreichung pro Zielkunde liegt beim Außendienst und den Verkaufsleitern. Teilziele gibt es aber für alle Vertriebsbereiche.

Monatlich werden Red-Line-to-green-Line-Poster mit dem aktuellen Umsetzungsstatus ausgehängt und sind auch für jedermann im Intranet einsehbar. Großformatige Poster werden ausgestellt und monatlich aktualisiert.

Und die Ergebnisse?

Nun ist an diesem Punkt sicher interessant zu erfahren, was denn konkret bei dem Projekt heraus gekommen ist. Gibt es zählbare Ergebnisse? Was hat das Ganze gebracht? Ja, es gibt messbare und nicht direkt messbare Resultate!

Beispiele sind, laut Bericht des Projektverantwortlichen: „Von Kunde G. haben wir nach einem Besuch im Werk die ersten Aufträge für Produkt X erhalten. Hier war die Zusammenarbeit des Verkaufs mit Bereich X ein wesentlicher Erfolgsfaktor. Seit vielen Jahren versuchen wir bei Kunde Y eine Chance zu erhalten. Der zuständige Einkaufsleiter hat uns immer abgeblockt. Über eine äußerst kreative Anspracheform haben wir einen Besuchstermin beim Geschäftsführer erhalten. Dies sind nur zwei Beispiele. Darüber hinaus gibt es noch viele positive Beispiele bei anderen Zielkunden des Projekts."

Wie bereits an einer früheren Stelle dieses Buches erwähnt, ist dies nur ein Beispiel bezogen auf ein sehr konkretes Projekt. Mittlerweile wurde durch diese Maßnahmen eine Vielzahl der Kunden gewonnen, die auf der Wunschliste standen. Der Verkaufszyklus in dieser Branche kann ein bis drei Jahre dauern, bis ein Kunde mit vollem Potenzial gewonnen werden kann. Die Herausforderung ist es oft, zunächst bei einem neuen Kunden „einen Fuß in die Tür" zu bekommen, eine Chance zu erhalten, um dauerhaft eine Geschäftsbeziehung aufbauen zu können. Dies ist hier ideal gestartet und umgesetzt worden.

Die Erfolgsfaktoren, abgeleitet aus unserem Zehnkampfbeispiel, waren effizient. Damit bekamen wir die Verkaufsmannschaft hinter dieses (doch sehr anspruchsvolle) Projekt und entfachten die Leidenschaft für das Thema. Den Mut für ungewöhnliche Schritte aufzubringen, Neues zu versuchen, Fehler zuzulassen, Dinge anders als alle anderen zu tun, Kreativität in allen Bereichen einzubringen – dies alles waren ausschlaggebende Faktoren.

Ihnen, liebe Leser, wünschen wir, dass Sie, egal ob privat oder beruflich, ebenfalls von den beschriebenen Erfahrungen und Erfolgsprinzipien profitieren können!

Wolf W. Lasko – Frank Busemann – Peter Busch

Literatur

Busemann, Frank: *Aufgeben gilt nicht,* Köln 2003.

Beckmann, Reinhold (Hg.), *Feuer und Flamme – Das Olympiabuch, Frank Busemann,* Berlin 2004.

Chopra, Deepak: *Die sieben geistigen Gesetze des Erfolges,* Berlin 2004

Freud, Sigmund: *Das Ich und das Es,* Frankfurt 1992.

Grün, Anselm: *Das kleine Buch vom wahren Glück,* Freiburg 2001.

Lasko, Wolf W.: *Personal Power. Wie Sie bekommen, was Sie wollen,* Wiesbaden 1995.

Lasko, Wolf W./Busch, Peter: *Professionelle Neukundengewinnung. Die Erfolgsstrategien kreativer Verkäufer,* Wiesbaden, 3. Auflage 2003.

Lasko, Wolf W./Busch, Peter: *Resulting – Projektziel erreicht! So führen Sie Projekte kompetent und kreativ zum Profit,* Wiesbaden 2003.

Lasko, Wolf W./Busch, Peter: *Stammkunden profitabel managen, Strategien zur Kundenbindung und Umsatzsteigerung,* Wiesbaden, 4. Auflage 2003.

Malik, Fredmund: *Führen, Leisten, Leben,* Stuttgart/München 2000.

Rautenberg, Werner/Rogoll, Rüdiger: *Werde, der Du werden kannst,* Freiburg, 13. Auflage 2004.

Robbins, Anthony: *Das Robbins Power Prinzip,* Berlin 2004.

Robbins, Anthony: *Grenzenlose Energie – Das Power Prinzip,* Berlin 2004.

Schulz von Thun, Friedemann/Stegemann, Wibke: *Das innere Team in Aktion,* Reinbek 2004.

Tolle, Eckhart: Jetzt! *Die Kraft der Gegenwart. Ein Leitfaden zum spirituellen Erwachen,* Bielefeld 2000.

Trout, Jack: *Große Marken in Gefahr. Was Sie aus den verhängnisvollen Fehlern bekannter Spitzenunternehmen lernen können,* Landsberg 2002.

Danksagung

An dieser Stelle möchten wir all denen, die am Buch mitgearbeitet haben, ein herzliches Danke sagen. Insbesondere möchten wir danken:

- den Entscheidungsträgern unseres Pilotkunden, die dieses Buch erst möglich gemacht haben,
- Christo Quiske für seine Gedanken,
- unserem Partner Raimund Schmitz, der die Autoren zusammengebracht hat,
- Volker Heiderich, der beim Texten unterstützt hat,
- Nina Faber für die Cover-Gestaltung,
- Barbara Möller und Manuela Eckstein, den Lektorinnen vom Gabler Verlag,
- und allen unseren Kunden und Seminarteilnehmern, von denen wir vieles lernen durften.

Die Autoren

Wolf W. Lasko, Jahrgang 1953, ist Unternehmer und Geschäftsführer der Winner's Edge Ges. für Führungs-, Strategie- und Verkaufscoaching mbH, eines Beratungsunternehmens mit über 50 Partnern. Ferner ist er Gesellschafter der B.E.S.T. GmbH (Prozessoptimierung) sowie Gesellschafter der @yet (IT-Outsourcing). Seine Schwerpunkte sind die Kundengewinnung, die Integration von Changeprojekten und die Umsetzung hoch komplexer Vertriebsprojekte. Er ist zudem Autor zahlreicher Bücher; bei Gabler sind bereits zwölf Titel erschienen.

Kontakt: Telefon 0 21 75 / 97 01 01,
E-Mail: wolf@lasko.de

Frank Busemann, Jahrgang 1975, gewann 1996 als 21-Jähriger bei den Olympischen Spielen in Atlanta die Silbermedaille im Zehnkampf. Heute studiert er Wirtschaftswissenschaften. Er ist als Co-Moderator in Sportsendungen tätig. Als Experte schreibt er außerdem regelmäßig für Sportmagazine und ist Botschafter des Ruhr Marathons.

Kontakt: www.frank-busemann.de

Peter Busch, Jahrgang 1967, ist Geschäftsführer der NOSORROWS Management Consulting & Business Services S.A., Luxemburg, eines Beratungsunternehmens mit Fokus auf Interims-Management und Unternehmenskonzepte. Darüber hinaus ist er Partner der Winner's Edge Ges. für Führungs-, Strategie- und Verkaufscoaching mbH. Seine Schwerpunkte sind resultateorientierte Vertriebsprojekte, Motivation und Begeisterung in Führung und Vertrieb sowie Vorträge.

Kontakt: Telefon +352 091 95 12 590,
Internet: www.peterbusch.info,
E-Mail: peter@busch.net

MIX
Papier aus verantwortungsvollen Quellen
Paper from responsible sources
FSC® C105338

Printed by Books on Demand, Germany